Tim Moore

# ALPENPÄSSE & ANCHOVIS

*Eine exzentrische Tour de France*

Die Originalausgabe erschien unter dem Titel
»French Revolutions. Cycling the Tour de France.«
erstmals bei Yellow Jersey Press, London.


**Tim Moore:**
**Alpenpässe und Anchovis.**
Eine exzentrische Tour de France.

Aus dem Englischen von
Olaf Bentkämper und Jens Kirschneck.

1. Auflage, 2003
Covadonga Verlag, Bielefeld
ISBN 3-936973-05-9

Besuchen Sie uns im Internet: www.covadonga.de

*In Gedenken an Tom Simpson*

# Prolog

Ob Paragliding, Höhlenwandern oder Schlittenfahren: Selbst für jene Sportarten, die keine besondere Geschicklichkeit erfordern, benötigt man Eigenschaften, die mir nur dann einmal zuteil werden könnten, wenn der Zauberer von Oz verdammt gute Laune hätte. Doch wir alle können Fahrrad fahren. Wohl jeder kennt das Gefühl, sich einen steilen Anstieg hinauf zu quälen und auf der anderen Seite wie ein Verrückter ins Tal hinab zu sausen. In seiner einzigartigen Doppelfunktion als Fortbewegungsmittel und Kinderspielzeug hat das Fahrrad in unser aller Leben eine prägende Rolle gespielt.

Meine persönlichen Erinnerungen ans Radfahren sind aber weniger in die nostalgischen Brauntöne vergilbter Schwarzweiß-Fotos getaucht, als dass sie in grellen Neonfarben von der Angst und vom Scheitern erzählen. Schon wenn ich das erste Kapitel von *Rough Ride* lese, der Biographie des früheren irischen Radprofis Paul Kimmage, fühle ich mich zutiefst gedemütigt. Kimmage erinnert sich liebevoll, wie sein Vater bei der ersten schicksalhaften Fahrradfahrt im Alter von sechs Jahren gleich die Stützräder abbaute, den Sohn in den Sattel hob und ihm auf dem Parkplatz vor ihrem Dubliner Mietshaus einfach einen Schubs gab. »Ich schwankte ein wenig, hatte aber eigentlich keine Schwierigkeiten, das neue Gefährt auf Kurs zu halten, und war stolz und glücklich.« Man ersetze »Schwierigkeiten« durch »Chance« sowie »stolz und glücklich« durch »mittelschwer verletzt«, und man hat ein ungefähres Bild von meiner eigenen Debütvorstellung.

Ich hatte einfach zu lange auf drei Rädern gelebt. War vergnügt durch den Walpole Park geradelt, mit einem kastanienbraunen Dreirad, auf dessen klobigem Gepäckträger extravagant ein Wappen des Königshauses prangte, das mein Vater irgendwo erstanden hatte. Ich muss den anderen Parkbesuchern wie ein entsetzlicher kleiner Lackaffe vorgekommen sein. So kam es, dass ich acht Jahre alt wurde, ohne gelernt zu haben, auf das beschämende dritte Rad zu verzichten. Wieder und wieder wurde ich von einer zunehmend frustrierten Mutter auf einem ausrangierten Mädchenfahrrad durch unseren Garten geschoben. Doch ich war kein Naturtalent. Mir fehlte jener unerschrockene Heldenmut, der meine Altersgenossen längst auf zwei Rädern durch Ealing Common fahren ließ, zumeist freihändig, oder - schlimmer noch - mit nonchalant verschränkten Armen.

Mein erstes richtiges Fahrrad war ein altertümliches Gefährt. Allein schon sein Name - Wayfarer oder Valiant - klang behäbig nach Britischem Empire. Sein unverblümt gusseisernes Design ließ sich auch dadurch nicht übertünchen, dass ich die Schutzbleche abbaute und durch ein Modell im Bonanza-Stil ersetzte. Im Grunde hätte ich mir nichts sehnlicher wünschen sollen als einen Raleigh Chopper, doch dann bekam Tomas Kozlowski genau so ein Rad, und als ich sah, wie der schlanke Sattel dessen bereits prächtig gedeihende slawische Arschbacken unvorteilhaft teilte, verstand ich mit einer jugendlichen Vorahnung, auf die ich heute noch stolz bin: Raleigh Chopper waren scheußlich. So hatte ich also das Valiant zwischen meinen auf- und abschnellenden jungen Knien, als ich mir von diversen Parkwächtern »Mach dich vom Acker, Eddy Merckx!« hinterher rufen lassen musste. Die Reifen des Valiants waren es, die über die Füße der verrückten Mrs. Lewis fuhren und sie animierten, meinen Eltern einen Beschwerdebrief zu schreiben, der sich rühmen kann, das Wort »Delinquent« zu enthalten. Mein Valiant begleitete mich, als ein Nachwuchspsychopath am Gunnersbury Park mich mit einer Reihe anderer Wörter traktierte, die ebenfalls neu, aber viel kürzer waren. Und natürlich war das Valiant dabei, als ich etwa vier Sekunden später den mir in liebevoller Erinnerung gebliebenen ersten Schlag in die Fresse empfing.

Was folgte, war eine ganze Reihe geerbter Modelle. Es dauerte bis zu meinem sechzehnten Geburtstag, dass ich erstmals ein neues Rad mein Eigen nennen durfte: ein in Ostdeutschland produziertes Rennrad mit zehn Gängen. Als wir es abholten, fühlte sich mein armer Vater genötigt, seinen jüngsten Sohn offiziell im Mannesalter zu begrüßen, indem er mir eine zögerliche Einführung in Verhütungstechniken angedeihen ließ, deren rührendste Verniedlichungen mir jedesmal wieder einfielen, wenn ich auf diesem Rad saß. Gnädigerweise zerfiel das DDR-Produkt binnen weniger Wochen in seine Einzelteile – nie zuvor war mir der Gedanke gekommen, dass Korrosion ein Prozess war, bei dem man zusehen konnte. Andererseits hatte sein frühes Hinscheiden zur Folge, dass ich meine besten Teenagerjahre damit verbringen musste, mit dem Bickerton-Klapprad meines Vaters durch die Gegend zu juckeln.

Meine damalige Freundin, übrigens meine heutige Frau, hatte einen häufig wiederkehrenden Traum, in dem ich nackt auf dem Bickerton von ihrem Haus weg radelte. Da jenes Fahrrad aber an zwei notdürftig aneinander geflickte Einräder erinnerte, darf man sicher sein, dass es sich dabei nicht um einen erotischen Traum gehandelt hat. Das Bickerton war ein albernes Gefährt mit der Stabilität einer Menschenpyramide. Sein einziges Verkaufsargument war seine Tragbarkeit, was auch ein monatelang ausgestrahlter Werbespot zu vermitteln versuchte. Darin brachte ein überheblicher Manager auf einem überfüllten Bahnsteig zahllose Pendler in viel zu großen Hosen zum Kichern, weil er angestrengt einen großen Beutel voller Metallteile durch die automatische Fahrkartenkontrolle hievte – verfolgt und angetrieben von spöttischem Geflüster aus dem Off: »Bickerton! Bickerton!«

Gleichwohl: Als es mir immer schwerer fiel, jenen pfeifenden Tenor zu erzeugen, der zunehmend skeptische Busfahrer davon überzeugen konnte, mir eine ermäßigte Kinderfahrkarte zu verkaufen, gewann das Bickerton an sozialem Nutzen. Ich fuhr mit dem Klapprad zu Kneipen und auf Parties. Auf dem Rückweg hatte ich meistens die Lampe an, war aber stets ohne Licht unterwegs. So kollidierte ich regelmäßig mit Baustellen und Gartenzäunen, bis ich dem Bickerton schließlich in filmreifer Manier das Rückgrat brach:

Ich knallte mit solcher Wucht in ein geparktes Auto, dass dessen Nummernschild in der Mitte durchbrach und ich auf dem Dach landete.

Es sollte lange Jahre dauern, bis ich wieder auf ein Fahrrad stieg. So lange, dass ich fast vergessen hatte, wie man ein solches Ding bewegt. Doch als ich einmal eine Auktion für nicht abgeholte Fundsachen besuchte, erweckte ein eigentlich eindeutig für minderjährige Mädchen konstruiertes Rad mein Mitleid, und ich kaufte es für drei Pfund. Nach einem anregenden Meinungsaustausch mit meiner Frau Birna bezüglich des praktischen Nutzens des Gegenstandes verpflichtete ich mich, mein neues Rad fortan für den Weg zum Arbeitsplatz zu nutzen, den Büros von Teletext Ltd.

Sechs Monate später provozierte wachsende Vertrautheit mit der tagtäglichen Route einen Leichtsinn, dem ich eines sonnigen Morgens recht spektakulär zum Opfer fiel, als ich in die Schikane am Old Ship einbog. Als ich im Büro eintraf – der Prozess der Blutgerinnung war noch in vollem Gang – wurde ich zu einem improvisierten Treffen mit der Geschäftsführung gerufen. Nun ergänzte auch noch der Tatbestand des unerlaubten Blutens eine lange Liste ähnlicher Vergehen gegen die Arbeitsdisziplin, und vier Minuten später eskortierte man mich aus dem Gebäude. Das war eine Schande, denn es machte nicht nur meinen bereits weit entwickelten Plan zunichte, das Hauptmenü des britischen Videotextes auf 24,7 Millionen Fernsehbildschirmen gegen die graphische Animation eines ejakulierenden Penis auszutauschen, es zwang mich auch zu einem wutentbrannten Abgang auf einem kleinen, rosafarbenen Fahrrad.

Als das Mädchenrad – vermutlich von Birna – direkt vor unserem Haus gestohlen wurde, befand es sich längst in einem Zustand, wo es für eine langwierige Runde des Kartenspiels Tier, Pflanze oder Mineral gesorgt hätte. Als Ersatz diente ein altes Peugeot-Tourenrad ohne Bremsen, gekauft bei einem Mann, der mit Sicherheit nicht dafür bezahlt hatte. Das aber wurde nur gelegentlich als innerstädtisches Transportmittel für mäßig Betrunkene verwendet.

Ich wurde 30, ohne je mit eigenen Händen eine Reifenpanne behoben zu haben, ohne je mit einem Rad etwas überholt zu haben, das schneller als eine Milchkanne war, ohne je sturzfrei freihändig gefahren zu sein. Mein Karrierepfad als Radsportler, ohnehin ein müder arthritischer Schnörkel, war unbemerkt verödet.

Bis ich am 28. Juni 1997 um 9 Uhr 32 in der isländischen Stadt Blönduós ankam. Es ist vermutlich nur schwer vorstellbar, dass jemand Europas zweitgrößte Wüste versehentlich mit einem Fahrrad durchquert, aber nur so lassen sich die Ereignisse dieses Tages und der drei vorhergehenden beschreiben. In Gesellschaft von Birnas Bruder Dilli durchquerte ich das Land meiner Schwiegereltern auf einem vermeintlichen Tagesausflug, der bald außer Kontrolle geriet und in einer Odyssee endete, die all meine Kritiker verblüfft hätte. Während dieser langen, einsamen Stunden im Sattel sah ich Dilli vor mir am Horizont, wie er verzweifelt nach dem zurückbleibenden Reisegefährten Ausschau hielt, und dabei fing ich an, einen epischen Kommentar vor mich hin zu brabbeln: eine Geschichte von Wasserträgern und Reifenlutschern, von Hungerästen und Ausreißern - ein Vokabular, das ich mir durch eine zehnjährige saisonale Besessenheit für das größte alljährlich wiederkehrende Sportereignis der Welt angeeignet hatte.

Die Existenz der Tour de France hatte ich erstmals wahrgenommen, als mein älterer Bruder 1976 einen französischen Austauschschüler zu Gast hatte. Dieser Denis verbrachte drei Wochen lang jede wache Minute damit, sein Gesicht an ein Transistorradio zu pressen, wo es ihm gelungen war, einen schwachen Mittelwellenkanal aufzuspüren, der das Rennen übertrug. Das war ein Maß an Ausdauer und Hingabe, das es mit den Anstrengungen der Fahrer selbst aufnehmen konnte. Ganz klar: Dies war ein Ereignis, das wie kein anderes eine ganze Nation fesseln konnte und seinen Würgegriff erst nach einundzwanzig Tagen wieder lockerte.

Leider war Denis ein furchtbarer Junge, der beim Monopoly schummelte und den erneuten Sieg eines Belgiers bei der Tour jenes Jahres rächte, indem er mit einem großen Rasenmäher Amok durch unsere Blumenbeete lief, und so schrieb ich dem Objekt seiner Besessenheit damals nicht eben positive Eigenschaften zu. Mein eigenes Interesse schlummerte noch bis in die späten Achtziger, als Channel 4 gerade zu der Stunde, in der es mein Lebensstil zu einer beschwerlichen Aufgabe machte, nach dem Ende von *Countdown* aufzustehen und den Kanal zu wechseln, über die Veranstaltung berichtete. Nur durch Zufall wurde ich also einer von einer Milliarde Menschen, die im Fernsehen die Tour de France verfolgen.

Es war der denkwürdige, ungeschminkte Kommentar, mit dem Phil Ligget die heldenhafte Leistung des Iren Stephen Roche während seiner erfolgreichen Tour 1987 begleitete (»Da kommt jemand aus dem Nebel heraus... es kann nicht... er ist es! Es ist Roche! Es ist Stephen Roche!«), die meine Faszination begründete. Ich begann, die heroische Größe des Rennens und seine unglaublichen Anforderungen zu bewundern, die mörderischen Anstiege und die Abfahrten mit 90 Stundenkilometern, auf denen oftmals dem Tod ein Schnippchen geschlagen wird und tragischerweise manchmal auch nicht. Ich begriff, dass jede Etappe ein Rennen innerhalb des Rennens ist, und dass es mit den bulligen Sprintern und den vogelartigen Kletterern unterschiedliche Spezies von Fahrern gibt. Ich lernte, die Terminologie zu beherrschen – die bescheidenen *Domestiques*, die ihre Mannschaftskapitäne mit Verpflegung versorgen und vor dem Wind schützen; das *Peloton*, das Hauptfeld, in dem die Fahrer in irrsinnigem Tempo Ellbogen an Ellbogen und Rad an Rad unterwegs sind; die *Gendarmes*, die dafür abgestellt sind, Ausreißversuche von Rivalen zunichte zu machen; die Demütigung des *Voiture Balai*, des Besenwagens, der auf Abruf zur Stelle ist, um jene Fahrer aufzusammeln, die in den Alpen eingebrochen sind. Bald wusste ich das Regenbogentrikot des Weltmeisters von jenem reizenden gepunkteten Fummel zu unterscheiden, den der Führende in der Bergwertung trägt. Und schließlich, nach zwei Jahren, wurde ich Zeuge, wie ein Fahrer plötzlich ein Bein seiner Rennhose hoch schob, um bei 50 Kilometern pro Stunde direkt in eine Zuschauermenge zu pinkeln.

Dass jene, die bei diesem Vorfall nass wurden, mit der Freude Neugetaufter reagierten, illustriert, dass die Heldentaten der zahllosen Fans am Straßenrand auf ihre Weise nicht weniger bemerkenswert sind als die der Fahrer. Ein Drittel aller Franzosen schaut der Tour von Seitenstreifen und Abhängen aus zu. Die Menschen vertreiben sich das lange Warten in sengender Sonne, indem sie die Namen ihrer Lieblinge auf den Asphalt pinseln. Um den kurzen Kontakt mit den Fahrern möglichst intensiv zu gestalten, schwärmen sie über die Landstraße aus, kippen warmes Evian über die Köpfe der Spitzenreiter, brüllen Anfeuerungsrufe und holen hin und wieder einen Unachtsamen vom Rad. Der Rest Europas steuert eine typische Auswahl an Originalen bei: Deutschland einen Dreizack schwingenden Teufel mit Pferdehufen, Dänemark einen Haufen Betrunkener, die sich ihre Gesichter mit der Landesfahne bemalen. Die Tour ist das einzige mir bekannte Sportereignis mit einer eigenen Persönlichkeit.

Allerdings weckte mein reges Interesse zehn Jahre lang keine größeren Bedürfnisse als den eher vagen Wunsch, eines Tages mal als Teil der weltweit größten Zuschauermenge aller Sportveranstaltungen in die überschwänglichen Feierlichkeiten am Straßenrand einzutauchen. Doch nach meinem isländischen Triumph, den ich ohne Vorbereitung erreicht und lediglich mit vernachlässigenswerten chronischen Verletzungen bezahlt hatte, hegte ich kühnere Ambitionen. Ich mochte zu alt sein, um noch eine Rolle im größten Drama des Sports zu spielen, aber möglicherweise war ich in der Lage, wenigstens einmal auf derselben Bühne zu stehen. Wenn es mir gelingen würde, die Route der Tour de France auf dem Rad abzufahren, hätte ich etwas Bemerkenswertes erreicht, selbst wenn ich derlei nur für mich und in moderatem Tempo bewerkstelligen würde: Ich hätte eine jener seltenen Herausforderungen bestanden, die einen heute noch zum echten Mann machen können. Und so stand ich an Silvester mit einer Flasche Milleniums-Champagner am Fenster, um den von benebelten Hirnen überall auf dem Erdball ausgebrüteten guten Vorsätzen mein eigenes größenwahnsinniges

Gelübde hinzuzufügen. Als die letzte einsame Feuerwerksrakete niederging, erkannte ich angesichts ergrauter Schläfen und dreier Kinder, die alt genug waren, in zwei Sprachen zu fluchen, dass Gevatter Zeit an Gevatter Tim nagte. Wenn ich es nicht in diesem Jahr machen würde, dann nie. Im nächsten Jahr könnte es bereits zu spät sein.

Anders als bei den meisten anderen Veranstaltungen im Profisport geht es bei der Tour de France eher darum, dabei zu sein, als tatsächlich zu gewinnen. Lediglich zwei oder drei der 180 Teilnehmer gehen mit ernsthaften Hoffnungen auf den Sieg ins Rennen. Den meisten genügt es, einfach nur zu beenden, was die Menschen (oder zumindest die Journalisten) *La Grande Boucle* nennen: die große Schleife. Schaff es bis nach Paris – und in manchen Jahren gelingt das weniger als der Hälfte der Fahrer – und du bist ein Gigant der Landstraße. Dem Letzten im Klassement, dem Träger der Roten Laterne, wird ein besonders stürmischer Empfang bereitet, und er darf sich auf ein Jahr voller lukrativer Rennangebote und Sponsorenverträge freuen.

Ein Rennen, das einem viel Applaus und Bargeld beschert, wenn man Letzter wird, schien mir auf den Leib geschneidert zu sein. »Gigant der Landstraße«: Damit könnte ich leben. Vielleicht sollte ich ein paar Visitenkarten drucken lassen. Okay, wir reden hier zwar über eine Menge Radfahren – aber wie schlimm kann eine Menge Radfahren schon sein? Ich wollte bereits übermütig werden, als ich von Tom Simpson las.

»Setz mich wieder auf das verdammte Rad.« Das waren die letzten Worte, nachdem Simpson bei der Tour de France 1967 auf dem Anstieg zum grausamen Mont Ventoux zusammengebrochen war. Mit seinem Herztod – verursacht durch Einnahme von Amphetaminen, die sowohl in seiner Leber als auch in seiner Trikottasche gefunden wurden – schaffte es Simpson als erster Engländer in der Geschichte der Tour in die Abendnachrichten. Sein Schicksal bewies: Den monströsen Anforderungen der Tour waren nur Männer gewachsen, die über ihre Grenzen hinausgingen. Und es zeigte, dass manche bereit waren, ihr Leben aufs Spiel zu setzen, um eine der berühmtesten Trophäen des modernen Sports zu erringen.

Die Tragödie um Tommy war das Thema eines Artikels, den ich in einer Wochenendbeilage las. Der Autor stellte die These auf, dass die Lektion seines Todes zwar eindeutig gewesen, aber immer noch nicht verstanden worden sei. Besonders gefesselt war ich von den schulbuchartigen Illustrationen, die zeigten, dass selbst in einem Zeitalter, in dem der Profisport manch abstruse Körper hervorbringt, es wohl keine groteskere Spezies gibt als den Radsportler. Seine geölten, rasierten Oberschenkel gleichen mit Bratensaft beträufelten Weihnachtsschinken, die fasrigen, verhutzelten Arme gemahnen an Cocktailwürstchen, die vom Vorabend übrig geblieben sind. Zieh ihn aus, wie es auch der Illustrator zur Hälfte getan hat, und es wird noch schlimmer: Lungen so groß, dass sie unter den Rippen hervorquellen wie Schmerbäuche. Abrupt endende Sonnenbräune, an die sich gespenstisch bleiche, unter Trikots und Rennhosen verborgene Hautpartien anschließen. Und im Inneren des Körpers hat jahrelanges Doping das Blut so verdickt, dass es die Konsistenz von Zahnpasta hat und sich nur mühsam durch lederne, dank ständiger Kreislaufbeanspruchung aufgeblähte Herzkammern pressen lässt.

Alles in allem kein schönes Bild, aber wenigstens müssen sich die Radsportler nicht allzu lange damit abfinden. Wegen der Herausforderungen der Tour de France und deren Tradition als Forschungslabor der Pharmaindustrie verwundert es kaum, dass sich ehemalige Teilnehmer über die kürzeste Rente im Profisport erfreuen. Ihre Lebenserwartung ist fünfzehn Jahre niedriger als die des Bevölkerungsdurchschnitts, was jene vor Probleme stellen dürfte, die eine Seniorentour für Exprofis organisieren möchten.

Das alles waren ganz schöne Nackenschläge. Schließlich hatte ich mir meine eigene Tour als ausgedehnten Ausflug entlang von Weinbergen und Sonnenblumen vorgestellt. Vielleicht würde ich einen Sonnenbrand und einen wunden Arsch bekommen, aber ich war nicht im Geringsten scharf darauf, eine Apotheke in den Alpen aufzusuchen – in der einen Hand meine Lungen, während die andere im Wörterbuch nach der korrekten Übersetzung von »Meine Organe sind aufgebläht« blättert. Wenn solche Dinge selbst gesunden Jungspunden in der Blüte ihrer Jahre passierten, wie erging es wohl einem Mann, der theoretisch bereits Kinder haben konnte, die alt genug wären, sich an Adam & the Ants zu erinnern?

Ich brauchte dringend Beistand, und ich fand ihn in der Leistung von Firmin Lambot. Der »Glückliche Belgier« hatte die Tour de France im Alter von 36 Jahren gewonnen, was hoffen ließ, dass es mir - immerhin ein ganzes Jahr jünger - möglich sein würde, die Strecke zu absolvieren, ohne den Tommy zu machen.

# Eins

»Ach, Sie schon wieder.«

Es empfiehlt sich nicht, eine Französin öfter als einmal in zwei Wochen anzurufen, auch dann nicht beziehungsweise erst recht nicht, wenn sie dafür bezahlt wird, ein Infotelefon zu bedienen. Beim Pressebüro der Tour de France nach dem genauen Streckenverlauf zu fragen, steht auf der Beliebtheitsskala für Telefonanfragen offenbar irgendwo zwischen »Haben Sie schon mal über die Vorzüge einer Haustierversicherung nachgedacht?« und »Was ist die Farbe Ihrer Schlüpfer?« Da spielt es auch keine Rolle, dass die grobe Route der Tour bereits lange vor der offiziellen Vorstellung im September feststand, und die war sechs Monate her.

»Wir geben diese Information nicht vor dem 15. Mai bekannt,« sagte die Stimme trotzig, dann war die Leitung tot. Man konnte sich lebhaft vorstellen, wie sie gereizt den Hörer auf die Gabel knallt, während eine mitfühlende Kollegin von ihrer *Paris Match* aufsieht, ein weiteres Bonbon auswickelt und fragt: »Sag nichts – wieder so ein Journalist.«

Wie dem auch sei, immerhin hatte ich ein Datum. Mein Plan war, die Strecke vor dem Beginn des eigentlichen Rennens am 1. Juli abzufahren. Würde ich am 15. Mai aufbrechen, hätte ich sechs Wochen Zeit – doppelt so lange wie die Profis. Es bedeutete außerdem, dass ich immerhin noch während der ersten drei Tage 35 Jahre alt sein würde. Andererseits waren alles, was mir zur Vorbereitung und Planung meiner Odyssee zur Verfügung stand, vier Wochen Zeit und eine aus der Oktoberausgabe von *Procycling* herausgerissene Landkarte im Postkartenformat, auf der mit geschnörkeltem Federstrich die Start- und Zielorte jeder Etappe miteinander verbunden waren.

Jede Tour folgt einer neuen Route – in einem Jahr fährt man mit, im nächsten gegen den Uhrzeigersinn. Die Tour 2000 verlief gegen den Uhrzeigersinn. Beginnend im mittleren Westen des Landes, mäanderte die gemalte Linie nach Norden in die Bretagne, machte dort kehrt, eilte südwärts in die Pyrenäen, dann durch die Provence über Simpsons Ventoux in die Alpen. Hier hielt sie sich eine erschreckend lange Zeit auf, zuckte dabei wild hin und her und arbeitete sich über viele Umwege nach Norden vor. »Die gesamte Länge der französischen Alpen von Süden aus, eine Strecke, die zuletzt 1949 gefahren wurde, mit den Cols d'Allos, Vars und Izoard, alle über 2.000 Meter hoch,« keuchte *Procycling* gierig. Dann kamen zwei Tage in der Schweiz und in Deutschland, danach ging es zurück über den Rhein ins Elsass und weiter nach Westen zur traditionellen Ankunft in Paris.

Die beiliegende Karte war glücklicherweise klein, doch die Zahlen, die in einem Kasten daneben standen, waren es nicht:

5. Juli, 5. Etappe: Vannes – Vitré, 198 km.
6. Juli, 6. Etappe: Vitré – Tours, 197 km.
7. Juli, 7. Etappe : Tours – Limoges, 192 km.
*Sechshundert Kilometer in drei Tagen, um Himmels Willen. Darf ich jetzt Pause machen? Anscheinend nicht.*
8. Juli, 8. Etappe: Limoges – Villeneuve-sur-Lot, 200 km.
9. Juli, 9. Etappe : Agen – Dax, 182 km.
10. Juli, 10. Etappe: Dax – Lourdes/Hautacam, 205 km.
11. Juli, 11. Etappe: Bagnères-de-Bigorre – Revel, 219 km.

In sieben Tagen sollten die Fahrer eine Strecke zurücklegen, die sie unter anderen (und eher dämlichen Umständen) bis in die Vororte von Warschau geführt hätte. Schlimmer noch: Durch meine Fernseherfahrung wusste ich, dass die Fahrer eine Menge dieser Kilometer freihändig fahrend bei einem Schwätzchen mit den Kollegen zurücklegen würden, wobei sie ein Tempo hielten, das ich auch bei größter Anstrengung nicht erreichen konnte.

Sobald es in die Berge geht, ist es mit der Gemütlichkeit aber vorbei. Die Route mag sich Jahr für Jahr ändern, doch jede Tour wird in der zweiten Woche gewonnen oder verloren, wenn die Anstiege der Pyrenäen und Alpen in der Nachmittagssonne brutzeln, und die letzten Nachzügler nach acht Stunden Gluthitze und Atemnot als Bild des Jammers über die Ziellinie trudeln. Fußballer stöhnen bereits, wenn sie mehr als ein Spiel pro Woche bestreiten müssen, Olympiateilnehmer verlangen nach einem Tag Pause, wenn sie eine halbe Runde durchs Stadion gelaufen sind. Aber wenn die Tour de France die Berge erreicht, kämpfen die Teilnehmer Tag für Tag von Sonnenaufgang bis -untergang am Rande der Erschöpfung und quälen sich halbtot die höchsten Straßen Europas herauf, um sie dann in halsbrecherischem Tempo wieder hinunterzustürzen.

Zur Demonstration hatte *Procycling* freundlicherweise ein Streckenprofil der zwölften Etappe von Carpentras zum Mont Ventoux beigefügt. Ein Angst einflößendes Auf und Ab, das wie der Ausdruck eines Lügendetektors aussah. Alles in allem mussten 3.630 Kilometer und sechzehn Berge in drei Wochen bewältigt werden, was darauf hinauslief, jeden Tag von London nach Bristol zu fahren, nur dass Swindon auf der im kalten Nebel liegenden Spitze eines Berges läge, der so steil wäre, dass man sich beim Versuch, ihn zu Fuß zu erklimmen, das Knie ins Gesicht rammen würde.

Langsam aber sicher wurde mir die Halsstarrigkeit meines Vorhabens bewusst. Da ich aber bereits in zwei Wochen starten wollte und ein voreilig erstandenes Zugticket nach Dover in der Tasche hatte, riss ich mich zusammen. Ich meldete mich bei einem Fitnessstudio an, kaufte mir *Chris Boardman's Complete Book of Cycling* und versuchte, die Bremsen meines Peugeot-Rades in Ordnung zu bringen.

Den Text von Mr. Boardmans Buch beachtete ich nicht weiter, nachdem ich gelesen hatte, wie wichtig es sei, am Weihnachtstag zu trainieren, um gegenüber der Konkurrenz einen psychologischen Vorteil zu haben. Und nachdem ich auf Sätze gestoßen war wie: »Die Tour war dabei, mich zu zerstören, denn sie zermürbte meinen Geist...

Die Tour ist das Größte. Sie ist wie Olympia, Wimbledon und die Fußball-WM in einem... Dieses Gefühl in deinem Bauch, dass die nächsten drei Wochen verdammt weh tun werden.«

Angesichts solcher Worte schien es nicht ideal, dass ich weniger als zwei Wochen vor meiner Abreise eigentlich kein straßentaugliches Rad besaß. Jeden Abend für eine halbe Stunde den Treidelpfad rauf und runter zu joggen, war ein Schritt in die richtige Richtung, aber kein besonders großer. Ich musste Rad fahren. Oder wenigstens Übungen machen, die mit Radfahren zu tun hatten.

Von Chris Boardman, einem früheren Olympiasieger und dem ersten Engländer im Gelben Trikot seit Tom Simpson, konnte man wenigstens erwarten, dass er etwas von Trainingsmethodik verstand. So imitierte ich zweimal täglich das gezeichnete Ebenbild von Mr. Boardman, wobei ich den Text mit einer Hand verdeckte (die bloße Erwähnung von »Muskelgruppen auf den Oberschenkeln« verursachte mir Übelkeit). Manches wirkte zumindest authentisch, ähnelte den Verrenkungen, die Fußballer an der Seitenlinie machen, um sich aufzuwärmen: die Ferse an den Hintern pressen, sich gegen die Wand stemmen, mit dem Bein auf einem Stuhl die Nase auf den Oberschenkel drücken (zu der Variante mit dem Bein auf dem Tisch arbeitete ich mich vor, als das Gefühl, dass meine Knie jeden Moment nachgeben und durchbrechen würden, nachließ). Andere Übungen, etwa solche zur Stärkung der Wirbelsäule und des Gesäßmuskels, nötigten mich zu seltsamen Posen, die ich zuletzt eingenommen hatte, als Miss Pillins uns in der zweiten Klasse aufgefordert hatte, uns vorzustellen, wir seien die aus dem frostigen Boden sprießenden ersten Schneeglöckchen des Frühlings.

In den letzten Jahren waren solche Sperenzchen zunehmend zum Bestandteil eines gefährlichen und lächerlichen Fitness-Ticks geworden, als dessen gefährlichste und lächerlichste Ausformung das Spinning gelten muss. Sich auf einem Heimtrainer abzurackern, mit pathologischem Gruppenzwang, gebellten Kommandos und hysterischem *Hi-NRG*-Aerobic-Soundtrack, schien verglichen mit Jogging am Fluss wie eine Bärenjagd im Vergleich zu Yoga. Mit anderen Worten: gerade drastisch genug für das, was ich vorhatte. Eine Woche vor meiner Abfahrt ging ich also zum Spinning.

Der stickige Spinning-Raum meines Fitnessstudios bestand aus einer Klaustrophobie verursachenden Menge von Heimtrainern, die sich in engen, respektvollen Halbkreisen um die Maschine des Kursleiters gruppierten. Voller Unbehagen setzte ich mich auf den viel zu hohen Sattel – inmitten von zwei Dutzend drahtigen Frauen in ihren Vierzigern und einem dicken, rothaarigen Iren. Ich wünschte mir jetzt gleich eine Invasion vom Mars, wobei das erste Mitglied des Säuberungskommandos, das seinen grünen Kopf durch die Tür streckte, sicher zu der Auffassung gelangen würde, einen geweihten Raum entdeckt zu haben, in der eine obskure Meute ihrem König Spin huldigte. Erst später wurde mir bewusst: Mit den unermüdlichen Anfeuerungsrufen, den Ellbogenduellen mit den Nebenleuten, dem ständigen Aus-dem-Sattel-Gehen, dem zermürbenden, rücksichtslosen Wettbewerbsdenken glich die Spinning-Runde einem geschlossenen Peloton. Näher würde ich der Erfahrung eines wilden Massensprints nie kommen.

In der Hoffnung, eine vergleichsweise gute Figur zu machen, hatte ich mich neben den Iren gesetzt. Aber nach zehn Minuten Kommandos, *Flashdance*-Sound und zunehmendem Reifenwiderstand (»Schaltet einen Gang hoch, und eins und zwei und AUF die Pedale, und gebt mir zehn, und LOS!«) rann der Schweiß bereits in Sturzbächen von meinem herabhängenden Kinn auf die malochenden Knie, von dort aus auf das sich nutzlos drehende Vorderrad, um sich dann auf das durchtrainierte, rasierte Fleisch in meiner Umgebung zu verteilen. Im Fitnessstudio wie im Profiradsport geht es darum, sich niemals Schmerzen oder Schwäche anmerken zu lassen. Doch als der Bergauf-Sprint begann, kam der Kursleiter zu mir. Wohl weil er bemerkt hatte, mit welch beeindruckendem Schauspieltalent ich einen Mann mimte, der in der Sauna exekutiert wird. »Lass es ruhig angehen, ja«, flüsterte er besänftigend, als Donna Summer Liebe zu fühlen begann. Das heisere Grunzen, das ich als Antwort herausbrachte, half mir nicht weiter.

Danach schaltete ich immer dann einen Gang runter, wenn er uns aufforderte, hoch zu schalten. Dennoch fühlte ich mich am Ende der vierzigminütigen Trainingseinheit sehr, sehr schlecht; vermutlich schlechter, als ich mich je zuvor gefühlt hatte. Der Techno-Beat meines gebeutelten Herzens pochte in meinem Kopf, meine Muskelgruppen hatten sich aufgelöst und ein mittelalterlicher Schlachter mit Lederschürze riss ungelenk an meinen Sehnen. Als ich endlich zitternd vom Rad in eine unansehnliche Pfütze aus Körperflüssigkeiten stieg, hatte ich das Gefühl, dass meine Füße zu platt getretenen Anhängseln geworden waren.

»Das erste Mal?«, fragte der Ire, der aus irgendeinem Grund dem Tode weniger nah zu sein schien als vorher.

»Das letzte Mal?«, witzelte eine hohlwangige Frau mit Armen wie Schleppkabel, deren fliederfarbenes Oberteil lediglich mit einem winzigen Spritzer Schweiß befleckt war, der wahrscheinlich einmal mir gehört hatte.

Ich blieb eine Antwort schuldig. Doch nach dem Training am nächsten Tag offenbarte ich mich dem Kursleiter. »Das ist aber ein ganz schönes Unternehmen«, sagte er und dachte wahrscheinlich, dass es auch mein letztes sein würde. Dann erzählte er, dass eine »seiner« Frauen gerade von einer Radtour in den Anden zurückgekehrt sei, eine andere sei im Himalaya gewesen. »Keine Angst«, sagte er, als er bemerkte, dass mich das weder tröstete noch aufbaute, »das war schon ein ziemlicher Brocken, den wir vorhin simuliert haben. Ungefähr 22 Kilometer. Du wirst wahrscheinlich nur etwa 20 Prozent dieser Leistung aufbringen müssen.«

Ich nickte schwitzend. Alles, woran ich denken konnte, war, just in einem Raum voll überhitzten Lycra-Stoffes 22 Kilometer für nichts und wieder nichts gefahren zu sein. Es würden wohl Zeiten kommen, in denen ich mir nichts so sehr wünschte wie diese 22 Kilometer zurückzubekommen, um sie während einer schweren alpinen Krise als Joker einsetzen zu können. »Allerdings«, sagte der Kursleiter und blinzelte nachdenklich, »wirst du das Level etwa acht Stunden am Tag halten müssen.«

Ich blendete diese Ungeheuerlichkeit irgendwie aus und ging noch einmal zum Spinning und zweimal joggen. Dann fragte ich nochmals vorsichtig bei Chris Boardman um Rat und sah mich mit der erschreckenden Enthüllung konfrontiert, dass »das Training eine Woche vor dem Start abgeschlossen sein sollte... Es ist unwahrscheinlich, danach noch eine bessere Form aufzubauen.« Weil es bei mir schon in fünf Tagen losgehen sollte, interpretierte ich die Theorie der Trainingsreduktion (»Das Volumen wird langsam verringert, wenn das Ziel näher rückt«) dahingehend, dass ich meine Bemühungen umgehend einstellte. Stattdessen ging ich einkaufen.

Sportartikelhersteller profitieren von dem ehernen Gesetz, dass Menschen ihr Versagen lieber auf das Fehlen von teurem Equipment als auf körperliche Unzulänglichkeiten zurückführen. Zumal ersterem leichter abzuhelfen ist. Jedesmal, wenn ich die Zeichnungen von Mr. Boardman betrachtete, wie er auf allen Vieren einen unsichtbaren Mond anheulte oder sein Bein über den Esstisch schwang, hatte ich das dringende Bedürfnis, sein erschreckendes Buch zuzuklappen und in der Stadt Dinge aus Kohlefaser zu kaufen.

Da ich keine Ahnung von Fahrrädern hatte, wenigstens nicht von solchen, die mehr als 15 Pfund kosteten, wurde das Durchstöbern der Kleinanzeigen in Radmagazinen zu einer ernüchternden Erfahrung. Es schien ein leichtes zu sein, mehr als 1.500 Pfund allein für einen Rahmen auszugeben, also für eine radlose, kettenlose, pedallose Ansammlung von Metallrohren. Fast willkürlich legte ich die Hälfte dieser Summe als Budget für ein komplettes Rad fest. Alles darunter rief in mir die Angst wach, wieder an einen Trabant auf zwei Rädern zu geraten, und dann würde alles wieder hochkommen: Materialermüdung nach vier Tagen, und mein Vater, wie er mir gütig die Hand auf die Schulter legt und erklärt, dass ein Mann keine Angst vor den Wechseljahren haben muss. Sollte ich dagegen mehr als 750 Pfund ausgeben, wäre ich vermutlich zu doof, den Unterschied zu bemerken und würde außerdem die Grundregel vernachlässigen, wonach teures Gerät fachkundige Wartung verlangt. Ich wollte keinen Fiesta und auch keinen Ferrari. Ein hübscher Golf würde reichen.

Ich weiß nicht mehr, warum mir das GT ZR3000 sofort gefiel. Es mochte die Erinnerung an das schräge GT-Logo sein, das auf vielen Querstangen im Peloton blinkte; vielleicht auch die Kombination aus Zahlen und Buchstaben, welche Bilder eines enorm kraftvollen Motorrades hervorrief und hohe Geschwindigkeit bei minimaler menschlicher Anstrengung versprach. Als sich durch einen Anruf bei Martin Warren von GT herausstellte, dass das ZR3000 ein Vorjahrsmodell war und daher zu einem attraktiven Discountpreis zu haben war, stand meine Entscheidung fest. »Wollen Sie es selber zusammenbauen, oder...?«, fragte er und beendete die folgende, lediglich von meinem Wimmern unterbrochene Stille mit den Worten: »Oder... ja, ich, ähm, werde bei Ihnen die ›Oder‹-Option notieren.«

Das Rad war natürlich nur der Anfang. Die Tour wird von sage und schreibe 4.000 Leuten – Journalisten, Offiziellen, den Mitgliedern der Promotion-Karawane – begleitet, von denen allein 600 dafür da sind, die zwanzig Teams mit ihren jeweils neun Fahrern zu unterstützen. Diese Helfer werden in über 1.000 Fahrzeugen durch die Gegend kutschiert und sorgen für Essen, Getränke, Ersatzteile und -kleidung, Vitamine und, äh.., »Vitamine«. Alles Dinge, die ich mir eigenhändig besorgen und in Taschen transportieren musste.

Es gibt eine Menge Leute, die ihr trauriges, langweiliges Dasein dadurch erhellen, dass sie in Ausübung ihres Berufes anderen Menschen das Leben schwer machen. Die meisten arbeiten bei der Polizei oder in Paris, doch bei den letzten Erledigungen für meine Reise musste ich feststellen, dass viele auch hinter den Tresen von Fahrradgeschäften lauern.

Ich hatte mich bis jetzt von solchen Läden ferngehalten, doch die Zeit drängte und ich brauchte Hilfe, egal wo und von wem. In oberlehrerhaftem Ton informierte man mich, dass das ZR3000 als Modell vom Vorjahr ebenso konkurrenzfähig wie ein Eimer voller Kippen und gebrauchter Teebeutel war und überhaupt lächerlich ungeeignet für mein Vorhaben. Die Muffen, was und wo auch immer sie waren, würden abbrechen, sobald ich Taschen anbrachte, ganz abgesehen davon, dass meine Taschenhalter nicht passten und sowieso bloß ein Vollidiot Taschen benutzen würde – und hör dir das mal an, Dave, hier ist so ein Vogel, der will die Tour de France fahren, verstehst du, und weiß noch nicht mal, ob sein Rad Presta- oder Schraders-Ventile hat.

Es war Martin Warren, der wohl ahnte, mit welch außergewöhnlicher Zahl von Wichsern ich es zu tun haben würde, und der mir deshalb nahegelegt hatte, mit Richard Hallett zu sprechen, dem technischen Redakteur der *Cycling Weekly*. Hallett war offenbar ein gefragter Mann, wegen seiner Fähigkeit, einen in Kleidungs- und Zubehörfragen zu beraten, ohne den Bittsteller zu verspotten. Eigentlich wollte ich ihn nicht behelligen, aber nachdem mir zwei Widerlinge in einem Laden in der Fulham Road sagten, ich würde nicht wie ein Radfahrer gehen, hatte ich die Schnauze voll und rief ihn an. Er hörte geduldig zu, dann stellte er in ziemlich strengem Ton eine einzige Frage:

»Sind Sie dick?«

Dass ich eben das nicht bin, war, ehrlich gesagt, mein einziger Trost gewesen, während ich den wachsenden Stapel an Radsportliteratur durchgesehen hatte. Die besten Sprinter mögen breitschenklige Kraftprotze sein, doch die Kletterer – diejenigen, die mit Leichtigkeit über die kahlen Hänge des Ventoux oder des Izoard fliegen – waren meist ebenso zerbrechlich aussehende Hänflinge wie ich. Tatsächlich hatte ich mir, so lächerlich das klingen mag, größenwahnsinnige Phantasien gestattet, in denen ich als Hochgebirgsspezialist groß 'raus kam, allein aufgrund der Behauptung, wonach man »zum guten Kletterer geboren und nicht gemacht« wird.

»Nein«, sagte ich und kostete eine der seltenen Gelegenheiten aus, Stolz zu empfinden. (Später fragte ich mich, wie er wohl reagiert hätte, wenn ich gesagt hätte: »Aber sicher bin ich fett! Ich bin ein riesiger Pfannkuchen!«)

»Na, dann werden Sie zumindest nicht sterben. Und nun lassen Sie uns über die Ausrüstung reden.«

Hätte ich Sachen hören wollen wie »Na ja, kommt drauf an, was Sie wollen«, so wäre ich bei Richard Hallett an der falschen Adresse gewesen. Ich hatte überhaupt keine Ahnung, was ich wollte; ich wollte Anweisungen. Richard ist der Typ, der Antworten gibt wie »Italia Turbomatic 3; Michelin Axial Pro 25Cs; Shimano SH-MO36«, und dafür gebührt ihm mein tief empfundener Dank. Fragen des Sattels, der Schuhe, der Reifen, des Schlosses, des Werkzeugs und vieler anderer Dinge, die ich vernachlässigt hatte, wurden in einem Stakkato aus kurzen Sätzen erledigt. »...Dann brauchen Sie noch vier Schläuche, eine Ersatzkarkasse, einen Sechskantschlüssel, drei Paar Trägerhosen, zwei Flaschenhalter... oh, und ausreichend Savlon.«

»Für den Fall, dass ich stürze?«

»Nein. Na ja, schon, aber nicht nur. Ist gut gegen Blasen und Infektionen. Jeden Morgen auf alle Stellen auftragen, die mit dem Sattel in Berührung kommen. Wissen Sie, wo Ihr Perineum ist?«

Er hielt inne, vielleicht spürte er, dass unsere Unterhaltung auf haarigem Terrain angelangt war. Vielleicht aber auch nicht. »Kurz gesagt, schmieren Sie sich einfach ordentlich den Arsch und die Eier ein.«

Tut mir leid, Mr. Hallett, aber daran, sich ordentlich Arsch und Eier einzuschmieren, ist nichts einfach. Ich hatte die scheußliche Vorstellung, nackt auf einem Hotel-Bidet zu sitzen und mir die Lenden zu salben wie ein künftiger Ehemann bei einem Junggesellenabschied, zu dem niemand erschienen ist.

»So ist es nun mal. Ihre Eier werden schwitzen, das gibt Infektionen.« Richard Hallett klang jetzt wie ein Oberfeldwebel, der seiner Einheit einen Vortrag über die Gefahren im Umgang mit den örtlichen Mädchen hält. Dann verlor er für einen kurzen Moment seine Strenge und fügte in einer seltsam verträumten Stimme hinzu: »Nun, ja... kleistern Sie sie richtig satt zu.«

In den folgenden Tagen bekam ich regelmäßig Besuch von Lieferanten, die Ortlieb-Taschen, wasserdichte Kleidung von Parrot, Oakley-Sonnenbrillen und andere Ausrüstungsgegenstände brachten, die den Eindruck erwecken sollten, ich wüsste, was ich tat.

Zum Ausgleich entschied ich mich gegen ein modernes Tour-Jersey und für ein monochromes Peugeothemd im Retro-Design, das an jene Hemden erinnerte, die der junge Eddy Merckx oder auch Tom Simpson getragen hatten. Wäre da nicht die schreckliche Synthetikmischung gewesen, hätte ich es lieben können, mehr jedenfalls als die obszönen und lächerlichen Lycra-Shorts, in deren Schritt sich ein dickes, belüftetes Polster befand, das aussah wie eine Damenbinde aus der Zeit, als sie noch keine »Flügel« hatten. Es dauerte nicht lange, bis meine Kinder herausgefunden hatten, dass die Shorts wegen ihrer starren Struktur auf einer flachen, festen Oberfläche ganz von alleine standen.

Drei Tage vor meiner Abfahrt öffnete ich schließlich die Tür und wurde von einer Pappschachtel in der Größe einer Matratze begrüßt. Das ZR3000 war da. Aufgeregt wie ein kleines Kind riss ich die Schachtel auf: Darin befand sich eine sehr blaue, sehr leichte Maschine mit Reifen, die so dünn wie Hula-Hoop-Ringe waren. Ich zählte die Ritzel (wie ich die Zahnräder an beiden Enden der Kette mittlerweile zu bezeichnen gelernt hatte) und fand heraus, dass mir, bei drei Kränzen vorn und neun hinten, insgesamt 27 Gänge zur Verfügung standen. Nach einer längeren Panik und einem Anruf bei Martin Warren, der mit vorwurfsvollem Geschnatter begann und beschämtem Flüstern endete, stellte sich heraus, dass man die Gänge wählte, indem die Bremshebel nach innen und außen bewegt wurden.

Nicht weniger schwer war es, den von Richard Hallett empfohlenen Sattel anzubringen eine gnadenlose Arschpresse, die an die alte Anzeige in den Gelben Seiten erinnerte, in der ein junger Bursche auf seinem Geburtstagsgeschenk in den Sonnenaufgang radelt, während Dad durch die Gardinen lugt und selbstzufrieden murmelt: »Ich hatte recht mit dem Sattel.« Um meinen Sattel hatte es viele Auseinandersetzungen gegeben. Einige hatten mir ein pummeliges, mit Silikon gefülltes Exemplar empfohlen. Hallett, dessen komplizierte Psyche von infizierten Hoden und Quälerei in der Tradition Stakhanovs erfüllt war, bestand darauf, dass ich mir damit auf lange Sicht keinen Gefallen tat. »Es wird drei Tage lang bequem sein, dann fangen die Entzündungen an,« sagte er und veranschaulichte das mit einer Geschichte über den Holländer Joop Zoetemelk, der während der Tour 1976 eine Pressekonferenz zum Verstummen brachte, indem er seine Hosen hoch rollte und eine Eiterbeule von der Größe eines Hühnereis zur Schau stellte.

Man hatte mich vor den Pedalen gewarnt, oder vielmehr vor den skiähnlichen Bindungen, die man heute verwendet. Ich war bislang noch nicht einmal mit den mittlerweile überholten Pedalhaken gefahren, die die Tour-Fahrer seit 1903 und bis Mitte der Achtziger benutzt hatten. Als jemand, der sich auf einem Rad nicht wohl fühlt, wenn er an einer roten Ampel nicht beide Füße auf den Boden pflanzen kann, war die Vorstellung, an Pedale festgegurtet zu sein, nicht gerade angenehm. Aber wenigstens konnte man diese Pedalhaken sehen, große Stahlschlaufen um die Schuhspitzen. Und wenn man sie gesehen hatte, war alles, was man tun musste, um sich zu befreien, den Fuß zurückzuziehen. Das Problem mit dem neueren System war dagegen, dass die Klaue (ein Begriff, dessen Beigeschmack von Fußfesseln und Strafvollzug mich verfolgen würde) außerhalb des Blickfeldes an der Fußsohle befestigt war. Aus den Augen, aus dem Sinn.

Meine erste Fahrt, bei der ich vorsichtig den Bürgersteig bis zur Kew Bridge entlang geschwankt war (mit eingehakten Schuhen, aber ohne Jersey und Shorts, für die ich mich noch nicht qualifiziert fühlte), ließ mich tief verstört zurück. Die ungewohnte Fahrhaltung mit dem Kopf nach unten war nicht bloß unangenehm, sondern auch gefährlich: Wollte man sehen, wohin man fuhr, anstatt woher man gerade kam, erforderte dies eine unnatürliche – und außerdem unbequeme – Drehung des Halses. Die Lenkergriffe waren auch keine Hilfe: so schmal und steif, dass jeder Buckel im Asphalt den ganzen Rahmen vibrieren ließ wie eine Stimmgabel. So federleicht und empfindlich, dass man sich auf einem nicht zugerittenen Bullen beim Rodeo wähnte, wenn man einen Bordstein herunter fuhr. Als ich mit dem Überangebot an Übersetzungsoptionen experimentierte, ging ich runter in Gang Nummer 27: Die Füße kurbelten wie verrückt, ein Dutzend widerstandsfreie Umdrehungen für eine Strecke von zwei Autolängen. So ungeheuerlich mir das schien, so wusste ich tief im Innern, dass Zeiten kommen würden, in denen ich mit aller Kraft in die Pedale treten musste, um mit Gang Nummer 27 im Schneckentempo vorwärts zu kommen, ja, in denen nicht mal 27 genug sein würde, nicht annähernd genug.

Sekunden später aber spielte das keine Rolle mehr. Als ich in den fünfzehnten Gang oder so zurückschaltete, war ich verblüfft über den leichtfüßigen Auftritt des ZR3000: Mit den früheren Rädern war die langgezogene Steigung der Kew Bridge stets ein Hindernis gewesen, bei dem es einem die Lungen zerriss. Jetzt schwebte ich majestätisch an zwei Schulmädchen auf Mountainbikes vorbei und fühlte mich mit einem Schlag ziemlich erfolgreich.

Was kommt noch gleich vor dem Hochmut? Ach, ja. Gerade hatte ich den Scheitelpunkt der Brücke im Galopp genommen und raste die andere Seite hinunter, als ich mich plötzlich mit einer langen Schlange stockenden Verkehrs konfrontiert sah. Von der unmittelbaren Effizienz der Bremsen überrascht, vergaß ich die für die Befreiung des Schuhs vom Pedal erforderliche Drehung des Fußgelenks. Die gute Nachricht war, dass ich an einer Bushaltestelle zum Stillstand kam und durch die innige Umarmung mit einem Betonpfeiler eine Rolle vorwärts in den vierspurigen Stoßverkehr vermeiden konnte. Die schlechte Nachricht war, dass da zwei Dutzend Leute auf den Bus warteten, denen die bühnenreife Premiere von Mister Drunkpedal unerwartete, jedoch willkommene Unterhaltung bot. Wenn man einmal von dem Schuljungen absah, der sich gegen den Betonpfeiler gelehnt hatte.

Was wenig verheißungsvolle Starts angeht, so stand dies auf einer Stufe mit Captain Scott, wie er aus seinem Zelt auf die Tundra blickt und sagt: »Ich weiß nicht, wie es euch geht, aber Südpolen hatte ich mir anders vorgestellt.« In kaum hundert Stunden würde es losgehen, und mit je mehr Leuten ich sprach, desto mutloser wurde ich. Martin Warren wurde sehr still, als ich ihn anrief, um zu erfragen, wie oft die

Bremsbeläge geölt werden müssten, und mein Freund Matthew war entsetzt ob der umfassenden Unwissenheit und Inkompetenz, die ich während einer Unterweisung im Hinterradwechsel an den Tag legte. Ein Anruf bei einem anderen Freund, Simon O'Brien – der mir dankbar für die Erwähnung seines Liverpooler Radlertreffs *The Hub* sein wird, weniger dankbar für den Hinweis auf seine berühmt-berüchtigte Rolle als Damon Grant in der TV-Serie *Brookside* – wurde regelmäßig von ungläubigen Lachsalven unterbrochen.

In den kurzen Pausen dazwischen schenkte mir Simon ein paar wohlmeinende Ratschläge. Fahr nicht mehr als durchschnittlich 80 Kilometer pro Tag; buche dir für jeden zehnten Tag ein gutes Hotel, um dir ein Ziel zu geben und eine Belohnung dafür, es zu erreichen; schaufele Kohlenhydrate in dich hinein. »Du kannst überhaupt nicht genug essen«, betonte er. Das sind genau die Worte, die man hören will, wenn man im Begriff ist, vier Wochen in Frankreich zu verbringen. Vorausgesetzt, man überhört den nächsten Satz: »Vor allem Bananen und Backpflaumen.«

War es auch eine traurige Aussicht, sich warme, matschige Früchte in den trockenen Mund zu stopfen, so war sie doch immerhin den Ernährungstipps vorzuziehen, auf die ich in Diskussionsforen im Internet stieß. »Für eine 200-Kilometer-Fahrt packe ich gewöhnlich vier Power-Riegel und zwölf *Fig Newtons* ein«, schrieb ein kanadischer Ausdauerenthusiast. Ich versuchte mir vorzustellen, wie ein Power-Riegel aussieht, und versuchte, mir bloß nicht vorzustellen, wie ein *Fig Newton* schmeckt. *Fig Newton*. Das klang wie das Ergebnis jenes alten Spiels, bei dem man sich eine Zweitidentität als Pornostar ausdenkt, indem man den Namen seines ersten Haustiers mit dem der Straße kombiniert, in der man als Kind gewohnt hat.

Es kam immer mehr Ausrüstungskrempel zusammen. Meine Ortlieb-Taschen wurden durch ein hübsches kleines Täschchen ergänzt, das am Lenker befestigt wurde und schließlich mein bester Freund werden sollte. Nachdem ich alles angebracht hatte – ein Prozess, der wahrscheinlich nicht ganz so viele Stunden hätte dauern sollen und bei dem ich auch nicht unbedingt Komponenten des demontierten Rades wie ein in die Ecke gedrängtes Wiesel hätte anfauchen müssen – begann ich zu packen.

Wenn ich heute die Liste betrachte, die ich damals zusammengestellt habe, sehe ich, dass das Wort »Rasierer« durchgestrichen, wieder hingeschrieben und erneut durchgestrichen ist. Seitdem ich Mr. Boardmans Einschätzung gelesen hatte, dass selbst wenige Kilos den Ausschlag geben können, ob man den höchsten Gipfel der Provence hinauffliegt oder sich im Tal des Todes wiederfindet, hatte ich wochenlang gebrütet, wie sich Gewicht einsparen ließe. Mein treuer Braun-Elektrorasierer (175 Gramm) hatte dabei entscheidende symbolische Bedeutung gewonnen: ihn durch eine federleichte, aber erbärmliche Einwegklinge (7 Gramm) zu ersetzen, würde beweisen, dass ich die Sache ernst nahm. Ich hatte gar überlegt, ganz aufs Rasieren zu verzichten, war aber zu der Einsicht gelangt, dass ich nach einem Monat unbarmherziger Sonne und Pflaumen schon genug Ähnlichkeit mit Robinson Crusoe aufweisen würde.

Als ich die unverzichtbaren Dinge auf einen Haufen warf, wurde mir die Hoffnungslosigkeit des Unterfangens bewusst. Karten, Ersatzteile, Werkzeug, Schloss, Allwetterkleidung und (so oft ich auch versuchte, sie unter Multivitaminen und der Zahnbürste zu verstecken) eine riesige Tube Savlon, die mich lüstern anstarrte: Nachdem das alles in den Taschen verstaut war, benötigte man zwei Personen, um das ZR3000 zu tragen. Und das, wo es doch einst ein flüchtiger Luftgeist gewesen war, den man mit zwei Fingern hochheben konnte.

Aber nun kam es auch nicht mehr drauf an. Ich hatte meine Abendgarderobe auf ein T-Shirt, ein paar Slips, eine dünne Baumwollhose und eben jenes Schuhwerk beschränkt, an das ich tagsüber gefesselt sein würde, doch jetzt packte ich noch drei Shirts und Unterhosen, eine ausgebeulte Strandhose, einen Haufen Socken und ein Paar Espandrilles ein. Auch ein paar dicke Ratgeber schafften den Sprung von der Warteliste, ebenso ein halbes Dutzend Ausgaben von *Procycling*, die Matthew mir geliehen hatte. Dazu gesellte sich mein Braun, wenngleich ich als Zeichen des guten Willens auf die Schutzhaube und die lustige kleine Reinigungsbürste verzichtete. Ich schnitt mir die Nägel extrakurz, nahm den Siegelring ab und legte mir einen strengen Kurzhaarschnitt zu. Dann setzte ich mich hin und schaute ein Video.

*Tour de France 1903-1985* hielt, was die Verpackung versprach, wenigstens bis kurz vor dem Ende. Nachdem die großen Fahrer der Tour gebührend gefeiert worden waren, wurde die nasale, schlecht synchronisierte britische Stimme abrupt ausgeblendet, um einer aufwühlenden Orchestereinlage im *Onedin Line*-Stil Platz zu machen. Vor einem Hintergrund aus grobkörnigen Sechziger-Jahre-Bildern begann mit bedeutungsschwangerer Stimme ein Mann zu sprechen, der sich anhörte, als würde Charles Aznavour einen auf Orson Welles machen.

»Gleich einem von Napoleons Soldaten braucht ein Teilnehmer der Tour de France nur ›Ich war dabei‹ zu sagen, und schon wird ihm der Respekt und die Bewunderung zuteil, die außergewöhnlichen Menschen vorbehalten ist. Jener Elite, die sich durch Hingabe und Leidensfähigkeit auszeichnet und wie Guillaumet, der Mechaniker des Luftfahrtpioniers Mermoz, von sich sagen kann: ›Ich habe getan, was kein Tier vermag.‹«

Es folgte eine kurze Pause, in der sich der Erzähler vermutlich zwei Schafe vorstellte, wie sie verwirrt vor einem Werkzeugkasten für Flugzeugreparaturen stehen. Dann setzte erneut schmetternd der epische Soundtrack ein, und der Kommentator legte wieder los.

»In einem scheinbaren Widerspruch erreicht der Fahrer Transzendenz in Bezug auf sein Ich, und er gewinnt einen neuen Sinn für das Absolute, indem er tief in sich geht und sich selbst träumt, so wie es Tiere tun, wenn der Überlebensinstinkt ihnen befiehlt, zu laufen, zu rennen, zu kämpfen. Der Fahrer in der Tour hat seinen Platz irgendwo zwischen den Tieren und den Göttern, mal ist er das eine, mal das andere, oftmals beides. Er ist ständig hin- und hergerissen zwischen diesen beiden entgegengesetzten Polen seines Schicksals.«

Na, das war etwas, worauf ich mich freuen konnte. Vielleicht hatte ich ja bisher alles falsch verstanden. Statt Muskeln aufzubauen oder zumindest halbherzige Versuche in diese Richtung zu unternehmen, hätte ich besser meinen Sinn für das Absolute verfeinern sollen. Eine konzentrierte Einheit auf dem Laufband der Transzendenz und mein Schicksal würde mit dem der Allerbesten um die Wette schwingen.

Bedauerlicherweise deutete meine einzige ausführliche Trainingsfahrt - nach Harrow und zurück, alles in allem eine Strecke von 20 Meilen - an, dass mein Platz eher bei den Tieren denn bei den Göttern war, und wahrscheinlich näher bei den Wirbellosen als bei den Säugern. Auf dem Radweg der North Circular Road musste ich auf Höhe des Gunnersbury Parks scharf und schmerzvoll bremsen, um den Zusammenstoß mit einem großen Radfahrer zu vermeiden, der mit hoher Geschwindigkeit aus einem der Parktore schoss. Als ich wacklig, aber glücklicherweise mit ausgehakten Schuhen zum Stehen kam, standen unsere Reifen vielleicht einen Zoll auseinander. Mit einem Gefühl, als hätte ich Rheumasalbe mit Savlon verwechselt, schaute ich auf und erkannte, dass der große Radfahrer jener Typ Skinhead mittleren Alters war, von dem jeder außer unseren Zeitungskarikaturisten annimmt, dass er längst von den Straßen verschwunden ist.

»Sorry, Kumpel«, sagte er, doch das fiese Grinsen, das seine dünnen, aufgescheuerten Lippen formten, ließ erahnen, dass an dieser Entschuldigung ein Haken war. Als ich wortlos weiterfuhr, war es dann auch keine Überraschung, von hinten den lauten Ruf »PIMMEL!« zu hören.

Nachher wunderte ich mich über die unselige Chemie, die anscheinend immer dann entsteht, wenn man ein Fahrrad und mich mit dem Gunnersbury Park kombiniert. Da war ich also wieder, fast dreißig Jahre später, um erneut von einem hässlichen, gelangweilten Kerl beleidigt zu werden. Und wenn ich darüber nachdenke, ist es absolut möglich, dass die beiden Ereignisse nicht nur auf derselben Bühne, sondern auch mit denselben Darstellern stattgefunden haben.

In solchen Momenten arbeitet das Gehirn auf Hochtouren. Als ich die Beschimpfung doppelt und dreifach zurückgab, geschah das in der Vermutung, dass Körperbau und unterlegenes Gerät meinen Feind an einer erfolgreichen Verfolgung hindern würden. Meine Berechnungen berücksichtigten aber weder meine eigene körperliche Verfassung, noch die Tatsache, dass ich mich durch den plötzlichen Halt in einem unpassend hohen Gang befand. Und wenn etwas erbärmlicher ist als wegzulaufen, dann ist es wegzulaufen, während man vorgibt, man täte es nicht. Bestrebt, eine Balance zwischen lebensrettender Flucht und gesichtswahrender Nonchalance zu finden, kroch ich innerlich sterbend die North Circular Road hinauf und wagte nicht, mich umzudrehen, bis ich zwei Meilen später den Hanger Hill erklommen hatte.

Diese Anstrengung, im Zusammenspiel mit einem allzu pikanten Abendessen, das eine Hommage an meine lebenslange Vorliebe für Tabasco, Malzessig und Grapefruitsaft gewesen war, brachte den pH-Wert meines Körpers derart durcheinander, dass mir bei der Abfahrt zum Kreisverkehr an der Hangar Lane arg blümerant wurde. Es begann mit einem leichten Stechen, doch der kleine Mann mit der Nadel geriet bald außer Kontrolle. Ich stoppte in der Nähe einer Gruppe von Rauchern vor einem großen Bürogebäude, und im Gefühl, innerlich tätowiert zu werden, stieg ich wimmernd vom Rad. Während zahlreicher weiterer Nothalte verschaffte ich mir kurzfristig Linderung, indem ich mich vornüber beugte und mit beiden Fäusten kräftig auf meine linke Magenseite schlug. Nicht eben die Haltung, die man am Rande einer öffentlichen Schnellstraße einnehmen wollte, und ich nehme an, dass meine Darstellung eines Mannes, der versucht, sich die eigene Milz zu entfernen, bei den Verkehrsteilnehmern während der Nord-Londoner Rush Hour einiges Aufsehen erregt hat.

Als ich die Residenz meines Freundes Paul Rose in Harrow erreichte, sah ich aus wie Stephen Roche in La Plagne und hörte mich an wie Stephen Hawking in der Skala. Nachdem er mir über die Schwelle geholfen hatte, leitete Paul lebensrettende Maßnahmen ein.

Dazu gehörten drei Bier, sechs Magentabletten und mehrere Dutzend Durchläufe eines Videoclips auf einem Heimwerkerkanal im Kabelfernsehen. Darin brachte ein zuvor harmlos wirkender Bildhauer plötzliche und radikale Verachtung für seine halb vollendete, katzenartige Schöpfung zum Ausdruck, indem er sie mit einem einzigen, herzhaften Aufwärtshaken köpfte. Ich hatte zwei Stunden für die Fahrt hierher gebraucht; für den Rückweg benötigte ich nur ein Viertel der Zeit.

Dennoch war es keine ermutigende Jungfernfahrt gewesen. Hätte ich vorgehabt, mit dem Fahrrad nach, sagen wir mal, Oxford oder Brighton zu fahren, hätte ich die Sache wohl abgeblasen. Merkwürdigerweise war es gerade das gewaltige Ausmaß meiner Reiseroute, das mich nicht den Mut verlieren ließ: Diese verrückte, aufgeblähte Zahl von 3.630 Kilometern konnte man einfach nicht ernst nehmen.

Am Abend vor meiner Abreise schlenderte ich leicht angeschickert die Straße hinunter zum Fluss. Es war mild, und einige Mädchen saßen um ein munter knisterndes Lagerfeuer am Ufer herum. Offenbar hatten sich die Elemente und die Umgebung verschworen, mir Heimweh einzuflößen, bevor ich überhaupt weg war. Beinahe unvermeidlich tummelte sich eine Gruppe französischer Studenten um eine Bank und unterhielt sich über die Tour de France. Obwohl ich bloß das eine oder andere Hauptwort verstand – »Armstrong«, »Virenque«, »EPO« (das berüchtigte Mittel zur Mehrung der roten Blutkörperchen) – war die Vorfreude nicht zu überhören. Das Rennen würde erst in einem Monat beginnen, doch die im Exil lebende Jugend Galliens befand sich schon jetzt in Alarmbereitschaft.

Das ZR3000 lehnte neben der Haustür, und auf dem Heimweg drückte ich mich an ihm vorbei und fragte mich, was ich für mein Fahrrad empfand, und wie sich diese Empfindungen nach 3.630 Kilometern geändert haben würden. Erschlagen vom Gepäck war das schlanke, hungrige Aussehen der Maschine verschwunden: Es war, als sei auf einem Lotus ein Dachgepäckträger angebracht worden. Meine

Kinder hatten die winzige Oberfläche des Sattels über und über mit Cinderella-Aufklebern dekoriert (»Du wirst auf diesen Ball gehen, Cinderella«), und es gab bereits einige lange Kratzer und eine hässliche Beule, weil ich es beim wiederholten, unbeholfenen Absteigen auf dem Weg nach Harrow nicht geschafft hatte, meine Metallsohlen über die Querstange zu wuchten.

War ich wirklich drauf und dran, mein Bein über diese Querstange zu schwingen und es dort für über einen Monat zu lassen? Als unverbesserlicher Faulpelz hatte man mich mehr als einmal gedrängt, mich aufs Rad zu setzen. Wer aber hätte gedacht, dass es soweit kommen würde?

## Zwei

In Frankreich ist Radfahren Nationalsport. Deshalb ärgerte ich mich, nicht vorausgesehen zu haben, dass es dort unmöglich ist, sein Rad mit in den Zug zu nehmen. Beziehungsweise: Es ist möglich, aber lediglich bei willkürlich verstreuten lokalen Bahnlinien, und dann nur unter der Bedingung, dass es demontiert und verpackt auf einen Güterzug verladen wird, der garantiert 72 Stunden nach dem eigenen eintrifft.

Weil mich diese Nachricht nur wenige Stunden vor meiner Abfahrt erreicht hatte, gab es immerhin etwas, worüber ich mir den Kopf zerbrechen konnte, als mich meine Familie aus der Haustür hinaus in einen prachtvollen Morgen schob. Gleich sieben Etappen würden in einiger Entfernung zum Zielort des vorherigen Tagesabschnitts beginnen. Ich hatte gehofft, diese Transfers mit dem Zug zu bestreiten. Vor allem aber hatte ich gehofft, in – äh – sechs Stunden in einem Zug von Calais zum Futuroscope zu sitzen, dem technologischen Themenpark nahe Poitiers, wo die Tour startete.

Organisationstalent zählt nicht zu meinen Stärken. Wenn ich aus einem Flugzeug auf komplexe, urbane Landschaften unter mir schaue, dann bewundere ich fassungslos die Leute, die das alles erschaffen haben, und denke zugleich mit namenlosem Schrecken an das unbeschreibliche Chaos in Billigbauweise, dass entstehen würde, wenn ich selbst auf irgendeine Weise an der Ausführung beteiligt wäre. Die Aufgabe, das Equipment für meinen Fahrradausflug (»Tour« würde ich es erst nennen, wenn ich das Recht hatte, die Shorts und das Jersey zu tragen) zusammenzustellen, war erdrückend genug gewesen. Nun stand ich hier, war bepackt wie ein Kamel, und die Neuigkeiten über die französische Bahn gaben mir den Rest.

Die Klassenkameraden meiner Söhne wurden gerade zur Schule gebracht, und während ich mühsam versuchte, mein mit Taschen voll gepacktes Rad in einer Art Reisegeschwindigkeit zu bewegen, erkannten mich einige Mütter und winkten mir leicht manisch zu, als wollten sie sagen: »Gib ihnen Saures!« Ich war allerdings nicht in der Lage, auch nur einen Finger vom wackligen Lenker zu nehmen, um diese Grüße zu erwidern, und es fehlte mir auch an der nötigen Motivation.

Der Ärger über die Transportsituation, vermischt mit Birnas fehlgeschlagenem Versuch, in letzter Minute ein paar Freiwillige zu meiner Begleitung zusammenzutrommeln, ließ Urängste in mir aufsteigen. Ich begann, mich wie ein naiver Wehrpflichtiger zu fühlen, der an die Front geschickt wurde, um einen brutalen, dreckigen Tod zu sterben. Wie ein zwischen zwei Reifen zerquetschter Schmetterling. Selbst Menschen, die keine Ahnung vom Radsport, ja nicht mal vom Sport überhaupt hatten, schienen sich darüber im Klaren zu sein, dass die Tour de France eine grauenvolle, bösartige Marter war. Diese Tatsache hatte ich so lange wie möglich ausgeblendet und ignoriert, doch nun war es soweit, und sie starrte mich in Gestalt der gehässigen Ziffern auf dem kleinen, an der Querstange angebrachten Kilometerzähler an: 0.97... 0.98... Durften sich meine Schulterblätter bereits jetzt so anfühlen? 0.99... Teufel, fast hätte dieser Wohnwagen meinen Ellbogen mit seinem Außenspiegel erwischt... 1.0. Schmerz und Gefahr auf einem einzigen Kilometer. Und noch dreitausendsechshundertundneunundzwanzig zu fahren.

Später wurden das ZR3000 und ich im ansonsten leeren Wagen des Schaffners nach Dover gefahren – hin und her gerüttelt und geschüttelt in einem zünftigen alten Waggon, der mit Planken ausgekleidet und mit von Zigarettenqualm vergilbtem Glanzlack verziert war. Jemand hatte ein alte Ausgabe des *Daily Telegraph* liegen lassen. Während wir durch den Green Belt ratterten, kam ich zum Sportteil, und dort sah ich einen Mann, dessen Blick auf ein trostlos aussehendes Wattenmeer gerichtet war, während seine

Ellbogen auf dem erhöhten Sattel eines Mountainbikes mit schlammverklebten Reifen ruhten. Ich erkannte ihn als Mr. Christopher Boardman wieder. Sogar in Großbritannien hatte der Tour-Hype bereits begonnen. Mr. Boardman, kein zur Übertreibung neigender Mann, beschrieb die bevorstehende Herausforderung als »körperlich sehr unangenehm«. Um dem Artikel die angemessene Dramatik zu verleihen, hatte der Autor das Interview mit einem Zitat Greg LeMonds eingeleitet, einem Amerikaner, der 1990 den letzten seiner drei Tour-Siege feierte. »Am Ende der ersten Etappe brennen deine Lungen wie Feuer, deine Beine fühlen sich an, als hätte man sie in geschmolzenen Teer getaucht, deine Arme brennen, deine Brust, deine Schultern, dein Rücken, alles brennt. Sogar deine Augenlider schmerzen. Und vor dir...« Wir rauschten in einen Tunnel, und ich stand da in der ohrenbetäubenden Dunkelheit, machte ein paar halbherzige Dehnübungen und stellte mir Greg vor, wie er über seinen *Fig Newtons* zusammenzuckte, während das Savlon zu wirken begann. Wir rauschten wieder heraus, die Lettern verschwammen vor meinen Augen. »Und vor dir liegen noch weitere drei Wochen Tour de France.«

Er konnte sich nicht einmal dazu durchringen, ein »der« hinzuzufügen. Ohne den bestimmten Artikel klang es wie eine schreckliche Strafe: »Ich verurteile Sie zu drei Wochen Tour de France.« Wenn ich mir die Tour als Instrument des Strafvollzugs vorstellte, verstand ich, warum Chris Boardman dabei nie sein Potenzial ausschöpfen konnte. Auf all den Bildern, die ich von den Großen der Tour gesehen hatte, hatten jene einen Ausdruck im Gesicht, dass man sie sich problemlos im Trakt für Schwerverbrecher vorstellen konnte. Jacques Anquetil, fünfmaliger Gewinner in den Sechzigern, hatte schmale, wieselartige Züge und ein sarkastisches Grinsen. Die milchgesichtige Legende Eddy Merckx betrachtete die Welt mit kalten, leeren Augen, die ihm den Spitznamen Kannibale einbrachten. Miguel Indurain, der in den frühen Neunzigern dominiert hatte, war ein großer, stiller Terminator. Am beängstigendsten von allen war Bernard Hinault, der in den

Siebzigern und Achtzigern fünfmal gewonnen hatte. Sein Spitzname war Dachs, was ein bisschen nach dem Kinderbuch »Wind in den Weiden« klingt, es sei denn, man hat mal einen Dachs in einem indizierten Video in Aktion gegen zwei Jack-Russell-Terrier gesehen. Hinaults gewöhnliches Verhalten auf einem Fahrrad ließ vermuten, man habe ihm just mitgeteilt, dass ein Stück weiter die Straße hoch ein Kerl in einem Hochzeitskleid tänzelt und dabei singt: »Bernard, Bernard, *je m'appelle* Bernard.« Er strahlte eine ungezügelte, urtümliche Wut aus, von der man annehmen durfte, dass sie nur durch einen Kampf auf Leben und Tod mit einem ganzen Rudel Hunde gestillt werden konnte.

Chris Boardman dagegen war einfach nur ein freundlicher Typ mit einer großen Nase, der sanft in den Nebel von Southport schielte, mit einem Ausdruck, der sagte: »An einem klaren Tag kann ich von hier aus das Haus meiner Mutter sehen.« Er war ein außergewöhnlicher Radfahrer, aber kein Kannibale. Müsste man ihm einen Spitznamen geben, es wäre »Der Lebensmittelhändler«.

Weit weniger schmeichelhafte Kosenamen musste ich mir von französischen Austausch-Tagedieben auf dem Sonnendeck anhören, als ich den Landungssteg in Calais hinunterrollte. Doch als ich mit dem ZR3000 über die wackeligen Planken auf französischen Boden fuhr, war mir das egal. Es war eine großartige Überfahrt gewesen: Als einziger Radfahrer auf der Fähre war ich durch die gewaltigen Bugtore hinaufgefahren, beschwingt ob der Größe des Moments, und hatte mein Rad an einem rostigen Geländer fest gemacht, neben den riesigen Lastern, die all das transportierten, was die Franzosen zugeben konnten, von uns Engländern zu wollen. Meine Laune hatte sich außerdem dadurch gebessert, dass ich erfolgreich den Tagesausflugs-Trick angewendet hatte: Binnen zwölf Stunden zurückzukehren, war billiger als eine einfache Fahrt, und es war mir gelungen, mich und mein Rad für fünf Pfund auf die Fähre zu mogeln. Die Dinge wendeten sich weiter zum Guten durch einen Geistesblitz während der Überfahrt, nämlich den, dass ich meine logistischen Leiden elegant lindern konnte, indem ich in Calais ein Auto mietete, das Rad auseinandernahm und im Kofferraum verstaute, um dann den Wagen in Poitiers wieder abzugeben.

»Sie sind wohl nicht eine mechanische Mann«, sagte der Angestellte von Avis, während er mir dabei zusah, wie ich Begriffe wie »Schnellspann-Nabe«, »Umklappbarer Rücksitz« und »Große Jungs weinen nicht« ad absurdum führte. »Bestätigt, Master,« sagte ich in einem idiotisch affektierten C3-PO-Geträller, das ihn nicht davon abhielt, mir das jetzt alarmierend schiefe ZR3000 aus den zerschundenen Händen zu nehmen. »Ein schönes *Vélo*«, fuhr er fort, während er mit feiner Effizienz Radeinzelteile in meinen VW Polo packte. »Sie machen eine Tour?«

Es war mir klar, dass es lächerlich klingen würde, aber trotzdem sagte ich: »Nein, ich mache die *Tour*.«

*Monsieur* Avis drehte sich langsam um und schenkte mir ein dämliches »Das ist die richtige Einstellung, Sportsfreund«-Zwinkern, eines von der Sorte, die man normalerweise für kleine Neffen reserviert, die die Absicht äußern, später mal das Space Shuttle fliegen zu wollen. Dunkle Gedanken wälzend, machte ich mich auf nach Poitiers. Während das Vorderrad des ZR3000 meinen Nacken zerkratzte, fuhr ich eine Reihe von *Autoroutes* hinunter, von denen viele in die richtige Richtung führten. Bald fühlte ich mich wie jener dänische Fahrer am Ende des Videos über den Giro d'Italia 1973, das ich am Abend zuvor gesehen hatte. Wie er sein Rad fröhlich in den Kofferraum eines Peugeot 504 schiebt und mit einem letzten Kratzen seiner Koteletten in den römischen Stoßverkehr entschwindet. Auf zum nächsten Rennen; wo immer ich mein Rad abstelle, ist mein Zuhause; habe Rad, werde fahren; es ist ein harter Job, Profi zu sein, aber jemand muss ihn tun. Und so raste ich an alten Farmern vorbei, die ihre ledernen linken Arme aus den Fenstern von Citroen-Lieferwagen hängen ließen, trat die Kupplung und zog die Sache durch.

Diese Moral in den sechseinhalb Stunden bis zum Futuroscope aufrechtzuerhalten, war eine echte Herausforderung, doch als ich an die betont anonyme Rezeption des Ibis Hotels schlurfte, klammerte ich mich immerhin noch an einen seidenen Faden. Es war 22:15 Uhr, und ich erreichte das Restaurant auf den letzten Drücker. Ich schlemmte allein zwischen ungeduldigem Personal und stopfte mich zielgerichtet mit Kohlenhydraten voll, dann stolperte ich ins Bett und fiel in einen gnädigen, traumlosen Schlaf.

Sechs Stunden später war ich wach und glotzte triefäugig aus dem Fenster, auf die in der Morgendämmerung liegenden riesigen Türme, in denen die gewaltigen Virtual-Reality-Reisen stattfinden, die das Futuroscope ausmachen. Skipisten runter geschleudert werden, durch die Milchstraße rasen (»ein schwindelerregender 3-D-Albtraum«, hieß es im *Rough Guide to France* [620 Gramm], was allemal reichte, um mich abzuschrecken): Es gab bestimmt preiswertere Methoden, eine Sonnenbrille zu verlieren oder Übelkeit zu verspüren. Nun, eine davon probierte ich gerade aus.

Mit seinen Horden von Familien beim Picknick und der schamlosen Kommerzialisierung ist die Tour de France im Grunde eine Veranstaltung in der Tradition der Fünfziger. Da ist es durchaus angemessen, wenn die Tour regelmäßig das Futuroscope besucht, dessen atemlose Glorifizierung technischen Fortschritts vom Geist der Nachkriegszeit beseelt ist. Die verzweifelte Zurschaustellung all der Errungenschaften des Weltraumzeitalters hat fast etwas Kommunistisches. Die Trümmer der Concorde haben sie nicht in die Knie zwingen können: Frankreich will immer noch die schnellsten Züge der Welt, die meisten Atomkraftwerke und ein aktives Raumfahrtprogramm. Der High-Tech-Kampfjet, der später an diesem Tag über meinem Kopf kreischte, sollte nur die erste von zahlreichen Erfahrungen mit Tieffliegern sein. Während Britanniens Automobilindustrie (Ruhe bitte auf den billigen Plätzen, kein Gelächter...) sich mit Rover- und Jaguar-Fahrzeugen im Retro-Stil an vergangenem Ruhm weidet, drängt Frankreich immer wieder mit seltsam futuristischen Konzeptautos auf den Markt. Der lustig ausschauende Renault Twingo etwa wird für so extravagant erachtet, dass gar nicht erst versucht wurde, Modelle für den englischen Linksverkehr herzustellen.

Nach dem Frühstück breitete ich meine Michelin-Karten auf dem Tisch aus. Der Prolog zur ersten Etappe führte rund um das Futuroscope und war gerade mal 16 Kilometer lang. Sogar ich sollte in der Lage sein, das problemlos zu schaffen, danach das Rad in den Kofferraum zu stopfen, das Auto in Poitiers abzugeben, um dann mit dem Rad zurückzufahren und die Etappe des nächsten Tages vom Futuruscope nach Loudun in Angriff zu nehmen. Zwei Etappen an einem einzigen Tag. Putzt euch mit eurem Gelben Trikot den Hintern ab, Jungs.

An der Rezeption arbeitete ein leutseliger, schlapper Langweiler. Gemeinsam verfolgten wir das Vorankommen einer Kolonie Ameisen auf seiner Theke, bevor ich ihn fragte, wo genau die Tour de France beginnen würde.

Es war der 16. Mai, der Tag nach dem Termin, an dem das Pressebüro die Details der Route bekannt geben sollte. Da konnte man mir doch zumindest die Information schenken, an welchem Punkt es losgehen sollte. Vorläufig aber stellte sich heraus, dass der Langweiler überhaupt keine Ahnung hatte, wovon ich redete. Zum Teil, weil die Frage – obwohl mehrere Dutzend Male im Geiste geübt – in einem faszinierenden Sprachengemisch von meinen Lippen tröpfelte (es sollte zwei Wochen dauern, bis ich aufhörte, das isländische »*nei*« statt »*non*« zu sagen), zum Teil, weil die Aufmerksamkeit des Mannes von den Ameisen in Anspruch genommen wurde, insbesondere der Vorhut, die gerade seine Telefonanlage erreichte. Endlich gab er mir eine Frankreichkarte im Maßstab von 1 zu 5 Milliarden und sagte: »Sie probieren das Futuroscope, ah, *Service de Presse*?«

Zehn Minuten später klopfte ich zart an eine kleine Tür neben dem Parkeingang, umgeben von Busladungen von Schulkindern, die bei Wind und Sonne plappernd darauf warteten, dass der Haupteingang geöffnet wurde. Ich wartete einen Moment, dann drückte ich die Klinke. Die Tür flog nach innen, und ich überquerte die Schwelle. Vor mir stand eine adrett aufgemachte junge Frau mit einem Namensschild aus Emaille, auf dem die Flaggen all der Länder zu sehen waren, deren Bürger sie kraft ihrer Befugnis schlecht behandeln durfte.

Der Blick, mit dem sie mich langsam von oben bis unten musterte, hätte einen Vase Nelken auf zwölf Schritt zum Welken gebracht, doch das sollte man ihr nicht vorwerfen. Im Hotel hatte ich erstmals mein komplettes Tour-Outfit ausprobiert: Trikot, Hose, verspiegelte Sonnenbrille, weiße Socken von Nike, Handschuhe, Schuhe. Im Spiegel hatte es überraschend überzeugend ausgesehen, eine Sinfonie schlanker Logos. Angesichts meiner Qualitäten als Radfahrer sah ich allerdings ein, dass es zu überzeugend aussah. Wenn ich nicht wie die letzte Aufschneider wirken wollte, durfte ich mich nicht so sehr aufbrezeln.

Das Peugeot-Trikot durfte bleiben, wurde aber jetzt mit einer ausgebeulten Tartanhose kombiniert, die ich über die Lycras zog. Ich behielt die Handschuhe, verzichtete aber auf die Sonnenbrille und ersetzte sie durch einen dämlichen, zwiebelförmigen weißen Helm, der verdächtig an jenen Look erinnerte, dem einst Woody Allen in seiner Rolle als Samenzelle den Weg geebnet hatte. Große, fette Campingtaschen vervollständigten das Bild. Im Hotelspiegel hatte ich schneidig ausgesehen; vor dem Pressebüro von Futuroscope sah ich aus wie ein Idiot.

Ich sah einen Union Jack auf ihrer Plakette und erhob meine Stimme: »Ich folge der Tour de France, und Sie würden mir sehr helfen, wenn... wenn...« Irgend etwas stimmte nicht. Ich schaute an mir herunter und sah, was es war. Ihre Hand lag auf meiner Brust – sie schob mich aus ihrem Büro hinaus. Weil ich nicht wusste, was ich sonst tun sollte, sprach ich einfach weiter, während die Tür hinter uns zuknallte: »Wenn sie... vielleicht...«

»Dies ist ein Pressebüro. Es ist vielleicht... besser, mit Ihnen vor die Tür zu gehen.«

»Nein, nein, ich denke, es wäre richtig... da drinnen mit Ihnen zu reden. Ich bin nämlich Journalist, oder wenigstens ein Autor, obwohl ich im Moment ein wenig wie ein Penner aussehe, aber das ist nur, weil ich, äh...«

»'aben Sie einen Ausweis? Einen Presseausweis?«

»Ja! Nein.«

Es sah nicht gut aus, doch ich hatte eine Idee. Ich wühlte in einer der Taschen und kramte eine Zahnbürste, drei Socken und meine Krankenversicherungsbescheinigung hervor, die vom plötzlich aufkommenden Wind sofort weggeblasen wurde. Im Bewusstsein, komplizierte Knochenbrüche von nun an eigenhändig mit meinem Reifenflickzeug behandeln zu müssen, fand ich endlich eine Ausgabe von *Procycling*.

»Hier! Dies ist das führende Radsport-Magazin im Vereinigten Königreich,« sagte ich in einem immerhin ansatzweise autoritären Tonfall. »Wir machen alle möglichen Beiträge über Pedale, Lenker, Savlon...«

Sie nahm das Magazin, und nachdem sie es oberflächlich durchgeblättert hatte, untersuchte sie das Impressum mit der argwöhnischen Wachsamkeit eines israelischen Grenzsoldaten.

»Im letzten Monat haben wir das Geheimnis der *Fig Newtons* aufgedeckt.«

»Und Ihr Posten...?«, erkundigte sie sich knapp.

Na ja, das war einfach. »Technischer Redakteur.«

»Dann sind Sie also... Steeeeve Robinson?«

»Eben der.«

»Nun, *Monsieur* Robinson, 'aben Sie eine Frage?«

Ich blickte auf meine Hände und stellte fest, dass ich die Handschuhe falsch herum angezogen hatte. »Ja. Es ist eigentlich ganz einfach: Ich wüsste nur gerne die Strecke der ersten Etappe der Tour de France.«

Ihre Augen begannen zu funkeln. »Nein, nein, nein! Es tut mir leid, aber es ist nicht möglich, das zu sagen!«

»Aber die genauen Einzelheiten wurden gestern bekannt gegeben.«

Sie lachte scheußlich. »Nein, nein! Es ist ein grooooooßes Ge'eimnis!«

»Das Pressebüro der Tour de France hat mir aber gesagt, dass...«

Das war ein schwerer taktischer Fehler und eröffnete ihr einen neuen Fluchtweg, um bequem jemand anderem den Schwarzen Peter zuschieben zu können. »*Eh bien*, nun, Sie müssen mit ihnen darüber reden. Groooßes Ge'eimnis 'ier!«

»Es ist aber kein besonders tolles Geheimnis, oder? Die Etappe ist nur 16 Kilometer lang.«

Wir standen jetzt knietief im Leck-mich-Sumpf.

»Aber ich bin mit einiger Sicherheit wichtiger als Sie,« sagte ich, als die Tür vor meiner Nase geschlossen wurde.

Als ich um die riesigen Parkplätze herum in einen bereits jetzt entmutigenden Gegenwind fuhr, machte ich eine Bestandsaufnahme. Die winzige Karte aus *Procycling* deutete an, dass der Prolog vom Futuroscope aus in einer Schleife nach Norden führte. Nur eine einzige Straße schien in diese Richtung zu führen, und nachdem ich siebenmal den Kreisverkehr vor dem Ibis umrundet hatte, fand ich sie auch.

Nach weniger als fünf Minuten war ich nur noch von Bauern und Klatschmohn umgeben, ein erstaunlicher Kontrast zum Futuroscope, aber ohne Zweifel einer der Gründe, warum die immer noch stark landwirtschaftlich geprägten Franzosen derart besessen davon sind, ihre Technologie zur Schau zu stellen. Als ein TGV wie an der Schnur gezogen über ein entferntes Feld rauschte – die Antithese zu dem »Thomas, die Dampflok«-Gerät, mit dem ich durch Kent gerattert war – erinnerte ich mich daran, einmal gelesen zu haben, dass noch 1965 nur 15 Prozent aller französischen Haushalte ein Telefon hatten.

Nach nicht einmal zehn Minuten hatte ich mich verirrt. Ich hatte mir vorgestellt, die Strecke sei irgendwie offensichtlich, gesäumt von Blumengebinden und Fähnchen, doch als ich, umgeben von einer Milliarde Hektar Raps und muhenden Rindern, auf der vom Wind gepeitschten Spitze eines Hügels an einer Kreuzung stand, stellte ich fest, dass dem nicht so war. Ich fühlte mich einsam und lächerlich und erlaubte mir, mich vom Wind zurück zum Futuroscope blasen zu lassen. Dort fuhr ich noch einige Male um den Kreisverkehr und fragte mich, wie diese ernüchternde Situation noch zu retten war.

Vierzig Minuten später hielt ich am Rande eines der überdimensionierten Parkplätze am Futuroscope. Mit vielen Dutzend Runden im Uhrzeigersinn, vor einem aus zwei Gärtnern und einem Busfahrer bestehenden, verständlicherweise neugierigen Publikum, hatte ich meinen Prolog beendet. Als ich zu Atem kam und auf meinen Kilometerzähler sah, realisierte ich, dass ich die 16 Kilometer in einer Durchschnittsgeschwindigkeit von 27,7 km/h bewältigt hatte, bei einer Höchstgeschwindigkeit von 36,5 km/h. Ich wusste, dass die Profis den doppelten Schnitt fahren würden, aber das machte nichts. Meine Tour hatte begonnen.

Mir war bereits jetzt sehr warm, und mir wurde noch viel wärmer, als ich das Auto in Poitiers ablieferte, um danach zurück zu radeln und die Route der zweiten Etappe zu finden. Der Wind hatte sich gelegt, und als ich auf dem faszinierend hässlichen Hof der Autovermietung zuerst das ZR3000 und dann ein kompliziertes Baguette zusammen bastelte, brannte die Sonne mit aller Macht auf mich herab. Ich war noch nie in Poitiers gewesen und hatte eigentlich gedacht, die alte Stadt wäre einen Blick wert, aber da mir der Brie im Schoß dahinschmolz und das blaue Oberrohr des Rades fast zu heiß zum Anfassen war, wollte ich einfach nur auf die Straße und mir den Wind um die Nase wehen lassen.

Richard oder Matthew oder Simon oder wer auch immer hatte gesagt, die Hitze sei kein Problem, solange ich nicht anhalten oder bergauf fahren würde. Er hatte Recht. Die Straße, die in Richtung Nordwesten aus der Stadt heraus führte, bot Aussicht auf einige atemberaubend reizvolle *Châteaux*, doch als ich in Dissay anhielt, um mir eines davon anzuschauen, drohte ich fast umgehend, ein unfreiwilliges Nickerchen zu machen. Davon abgesehen wollte ich ein paar Kilometer schaffen. Schließlich wären die wirklichen Fahrer zu diesem Zeitpunkt schon... ja, wo wären sie eigentlich? Ich vergaß immer wieder, dass ich mir die Strecke während der Fahrt selbst zurechtlegte. Was ich aus der Karte von *Procycling* so gerade erahnen konnte, war eine weitläufige Schleife, die zuerst östlich vom Futuroscope und dann nach Norden in Richtung Loudun verlief. Zu versuchen, daraus etwas kartographisch Sinnvolles zu erkennen, war allerdings genau so schwierig, als müsste man den Weg von meinem Haus zum nächsten Supermarkt mit Hilfe eines Kinderglobusses beschreiben.

Immerhin, ich fuhr in die halbwegs richtige Richtung, und solange man in Bewegung blieb, war es ein herrlicher Tag. Vögel und Grillen kreischten manisch aus Gebüschen, die nach heißem Tee dufteten. Alte Frauen mit Strohhüten und Hausmänteln hackten protzig-makellose Schwertlilienbeete. Auf einer halsbrecherischen Abfahrt durch Saint Cyr durchbrach ich das Tempolimit von 50 km/h – ein entscheidender Moment in meiner Karriere als Radsportler – und schluckte meine erste Fliege. Ich weiß nicht, warum ich eine Fliege schluckte. Vielleicht würde ich sterben.

Und komisch: Wegen des ehernen Gesetzes, dass auf steile Abfahrten steile Anstiege folgen, wäre es fünf Minuten später fast wirklich mit mir vorbei gewesen.

Simon hatte mir dringend geraten, die Klarsichthülle für Karten auf meiner Lenkertasche zu nutzen, was eine Zeit sparende Navigation während der Fahrt ermöglichte (wenn auch auf Kosten eines großen Schritts in Richtung einer optischen Gemeinschaft mit der schlimmsten Sorte von Radtouristen – bärtigen Idioten mit Wandersocken). Er hatte mir außerdem empfohlen, einen Satz riesiger Wanderkarten mitzunehmen. Das aber wäre mit der traumatischen logistischen Herausforderung verbunden gewesen, Gewicht zu sparen, indem ich die jeweils relevanten Kartenbündel postlagernd an im Voraus gebuchte Hotels gesandt und die alten nach Hause geschickt hätte, weshalb ich es lieber bleiben ließ. Eine Karte in großzügigerem Maßstab hätte diesen Anstieg nach Beaumont vermutlich unverblümter als eine Anstrengung identifiziert, die direkt aus der klassischen Mythologie stammte. Alles, was das Michelin-Männchen zu sagen hatte, waren dagegen ein paar winzige, undefinierbare Kringel, abgesehen von: »Bitte tu mir nicht weh – ich sehe absolut albern aus und bin außerdem viel zu fett.«

Wie die Routiniers vorhergesagt hatten, geriet die Hitze zum echten Problem, wenn die Straße schmaler wurde und anstieg. Ich hatte meinen trüben Blick auf den löchrigen Asphalt unmittelbar vor mir gerichtet und blinzelte mir bald den Schweiß aus den Augen. Noch beherrschte ich die verwirrende Vielfalt der Gänge des ZR3000 nicht aus dem Effeff und schaltete permanent vorne einen runter statt hinten einen rauf. Eigentlich unvorstellbar, dass ich Gelegenheit haben würde, Nummer 27, den niedrigsten Gang, einzulegen, bevor die Baumgrenze in den Pyrenäen überschritten war. Doch obwohl Beaumont unter professionellen Gesichtspunkten nicht mehr als ein läppischer Pickel war, quälte ich mich nach und nach in den siebenundzwanzigsten Gang, und noch immer war kein Gipfel in Sicht.

»Lass die Pedale kreisen«, hatte Martin Warren gesagt, »nimm einen leichten Gang und halt die Drehzahl hoch.« Mr. Boardman war präziser gewesen. »Erhalten Sie eine durchschnittliche Kadenz von 80 Umdrehungen pro Minute aufrecht«, hatte er gesagt. Jene Restbestände meines Gehirns, die noch nicht wie manische Nebelhörner tuteten, errechneten, dass dies mehr als eine Umdrehung pro Sekunde war. Doch wenn ich die qualvolle Arbeit meiner geröteten und dampfenden Beine betrachtete, schien ich näher an 80 Umdrehungen pro Stunde zu sein.

Als ich das Dorf auf dem Gipfel erreichte, sah ich aus wie Bernard Hinault, der einen Betonmischer gebiert. Ich war dankbar, dass es mitten am Nachmittag in Frankreich war und niemand mich sah. In Poitiers hatte ich meine beiden 750-Milliliter-Flaschen gefüllt – oder *Bidons*, wie man mich barsch belehrt hatte – und schon jetzt waren sie leer. Es dauerte vierzig weitere Kilometer als hirnfreies Brathuhn, bevor ich sie auffüllen konnte, und zwar in einer schäbigen Kneipe in Angliers, durch deren vom Nikotin vergilbte Netzvorhänge ich eine Gruppe Dienstagnachmittags-Stammgäste vor kleinen Gläsern mit fluoreszierenden Aperitifs sitzen sah.

Bis in die Siebziger war es eine Tradition der Tour gewesen, blitzartige Überfälle auf Kneipen wie diese zu verüben, um

Erfrischungsgetränke zu erbeuten, was von den Inhabern toleriert oder sogar freudig erwartet wurde. Als dämlich aussehender englischer Tourist hatte ich mit solch einem Empfang nicht gerechnet, doch sobald ich mit einer leeren Flasche in jeder Hand hinein stolperte, erwachte der Raum zum Leben. Hunde bellten, ein rotgesichtiger Bauer hob sein Glas und murmelte ein paar wohlmeinende Alkoholizismen, der übertrieben schnurrbärtige Wirt entriss mir meine Flaschen und füllte sie mit einer Mischung aus Eiswasser und Orangensaft (*»Pour les vitamines«*, sagte er mit einem liebenswürdigen, konspirativen Zwinkern). Nach einem kräftigen Zug von dieser Mixtur erkannte ich, dass mir die Anwesenheit menschlichen Lebens eine verspätete Gelegenheit bot, festzustellen, ob meine provisorische Route nach Loudun zumindest ungefähr richtig war.

*»La Tour de France passe par ici?«*, fragte ich, eine weitere geübte Phrase, die täglich zur Anwendung kommen sollte – allerdings nicht regelmäßig genug, um zu erfassen, dass ich mich (da ich *»la«* statt *»le«* sagte) in Wahrheit danach erkundigte, ob der Turm von Frankreich hier durchfahren würde. In jedem Fall aber hat der Wirt nicht gelogen, als er durch Kopfschütteln, Händewedeln, Gaumenklicken und vielem mehr aus dem beachtlichen Verneinungsrepertoire der Franzosen andeutete, dass dem nicht so war. »La Roche-Rigault«, sagte er etwas wehmütig. Es war ein Name, den ich den ganzen Nachmittag über auf Straßenschildern gesehen hatte.

Städte und Dörfer bemühen sich über Monate oder gar Jahre, in den Streckenverlauf aufgenommen zu werden: Jene Orte, die Start oder Ziel einer Etappe sind, bezahlen den Organisatoren der Tour gewaltige Summen für dieses Privileg. Teil der Route zu sein, bedeutet enormes Prestige, doch nach all den endlosen Vorbereitungen – Herausputzen der ganzen Stadt, neue Parkplätze – verläuft der Tag des Rennens selbst zwangsläufig grauenvoll; so hatte ich es zumindest in den diversen Berichten über die Jahre auf Channel 4 empfunden. Zuerst kommt die groteske Karawane der Werbefahrzeuge – mobile Cornflakes-Packungen und riesige

Orangen, die von Werbeartikel werfenden Blondinen besetzt sind, wie man sie auf Kalendern in Kfz-Werkstätten findet – bevor die Fahrer selbst binnen Sekunden hindurch rauschen, ein beängstigender vielfarbiger Schwarm, der von hupenden und ausweichenden Begleitfahrzeugen, Polizeiwagen und Motorradkameras flankiert wird. Es ist, als würde man ein ganzes Jahr damit verbringen, sich für ein großes Date zurecht zu machen, um dann in kürzester Zeit mit billigen Geschenken überschüttet, grob betatscht und unsanft fallen gelassen zu werden.

Die armen Franzosen. Radfahren ist ihr Nationalsport, und sie sind richtig schlecht darin geworden: kein Gewinner seit 1985, kaum ein Etappensieg in den letzten Jahren. Erst hatte ich darüber gelacht, doch als ich in die Gesichter um mich herum sah, erkannte ich, wie schmerzlich die letzten fünfzehn Jahre gewesen sein mussten. »Für ein an Bevölkerungsrückgang, wirtschaftlichem Versagen und militärischer Schmach leidendes Land«, las ich in einem amerikanischen Bericht über die 84er Tour, »lieferte die Tour de France ein tröstliches Bild des Franzosen als zäh, stark und flink.« Das waren noch Zeiten. In den vergangenen Jahren haben ihre Fußballer die Welt- und Europameisterschaft gewonnen, doch der durchschnittliche *Homme* auf der *Rue* würde wohl beides für einen einheimischen Tour-Champion eintauschen.

Ich wollte bezahlen, was allerdings vehement abgelehnt wurde, und angetrieben vom feuchten, elektrischen Atem eines aufkommenden Gewitters erreichte ich Loudun so schnell, dass ich fast durchgefahren wäre. Vom Startpunkt der zweiten Etappe bis zum richtigen Zielort hatte ich 104 Kilometer geschafft, inklusive meines 16 Kilometer langen Parkplatzprologs. Da die eigentliche Gesamtstrecke allein der zweiten Etappe 191 Kilometer betrug, konnte man davon ausgehen, dass die Abkürzungen, die ich zwischendurch gewählt hatte, großzügig bemessen waren, aber das kümmerte mich wenig. Ich war von A nach B gefahren, hatte die empfohlenen 80 Kilometer pro Tag übertroffen, und ich hatte überlebt. Obwohl ich auf das Savlon verzichtet hatte, schienen sich keine gekochten Eier zu den ohnehin vorhandenen gesellt zu haben, mein Hintern hatte sich im Kampf mit dem Sattel wacker geschlagen. Ein kurzes Flattern der Augenlider – keine Schmerzen, Mr. LeMond. Davon abgesehen aber schaffe ich es normalerweise, mich auszuziehen, bevor ich ins Bett gehe, was überdies nicht oft um viertel vor sechs am Abend passiert.

Zwei Stunden später wachte ich desorientiert auf, und mein Bauch klagte lautstark den Ausgleich eines gewaltigen Kaloriendefizits ein. Das Ibis am Futuroscope hätte sonstwo sein können, doch als ich jetzt verspätet meine unmittelbare Umgebung in Augenschein nahm, fiel mir auf, dass ich mich nunmehr definitiv in einem französischen Hotel aufhielt. Abgenutzte Tapeten, schrottreife hölzerne Fensterläden, ein Teppich, der aussah und roch, als sei er eher von einem Hund geleckt als von einem Staubsauger gereinigt worden, und unter meinem schmerzenden Nacken ein unnachgiebiges Polster von der Größe und dem Gewicht eines unter Drogen gesetzten Schankwirts. Wie betäubt wusch ich mein Hemd und meine Shorts im Waschbecken und wrang sie in einem Handtuch trocken – ein alter Profitrick, den ich aus dem Buch von Paul Kimmage hatte (wie ungeheuerlich es schien, dass von den Fahrern im Peloton erwartet wurde, sich durch Reinigung ihrer verdreckten Wäsche in einem Hotel-Bidet zu erholen, nachdem sie sich im Sattel halb zu Tode geschuftet hatten). Dann, in gebückter Haltung und Espandrilles, schlurfte ich hinaus, um jene Stadt zu erkunden, die vom Nachmittag des 2. Juli bis zum nächsten Morgen die Aufmerksamkeit der Sportwelt auf sich ziehen würde.

Das hässliche und langweilige Loudun nährte den Verdacht, dass Städte, die bereit waren, große Summen für den kurzen Ruhm als »*Ville d'Étape*« zu bezahlen, dies in der ausschließlichen Hoffnung taten, ein dringendes Imageproblem zu beheben. Das drohende Gewitter war während meines Komas gekommen und gegangen, und ließ die dreckigen Straßen nass und leer zurück. Das einzige Lebenszeichen war übellauniges Geschrei aus einem Billardschuppen und dem Furcht erregenden Hotel, das ich zuerst aufgesucht hatte – heilfroh (aber mehr noch befremdet) darüber, dass es belegt war. Der *Rough Guide* sah keinen Grund, Loudun auf seinen 1.124 Seiten überhaupt zu erwähnen, und diese Ignoranz war nachzuvollziehen. Von den umgestürzten Einkaufswagen auf dem mit Schlaglöchern übersäten Parkplatz des Supermarktes bis zu den schmutzigen Fenstern der Häuserreihen aus dem 19. Jahrhundert: Alles machte den düsteren Eindruck eines Ortes, wo es nichts zu tun gab, und wo doch so viel hätte getan werden müssen.

Viele der kleinen Städtchen, die ich an dem Tag passiert hatte, priesen ihre einzigartigen Reize auf den Straßenschildern am Ortseingang: Ouzilly – *Ses Parcs*, Lencloitre – *Son Château*. Je näher ich Loudun gekommen war, desto verzweifelter wurden die Einheimischen: *Son Camping* war das Beste, was ein Ort zu bieten hatte. Der nächste brachte es nur noch auf *Son Parking*. Loudun selbst gab einfach auf (verkündete seinen Besuchern allerdings die Partnerschaft mit einer Stadt in Burkina Faso, die vermutlich sonst niemand haben wollte).

Plakate der Front National hingen an den meisten der unzähligen verlassenen Häuser. Die Jugendlichen, deren Eltern sie einst bewohnten, waren wahrscheinlich von den grellen Lichtern (oder zumindest den glimmenden Lämpchen) der Großstadt angelockt worden und nach Tours abgewandert, 60 Kilometer nordöstlich von hier. Die wenigen, die geblieben waren, kurvten traurig in kümmerlich umgebauten, verdunkelten Renaults herum, die nach ländlicher Tradition unter Vernachlässigung der Abgasverordnung frisiert waren. Unmengen blauer Flyer auf dem nassen Bürgersteig deuteten an, dass sich das aufregende Nachtleben in Morton abspielte, was, wie ich später feststellte, ein winziges Dorf in 20 Kilometer Entfernung war. Nachdem ich die Schaufenster der örtlichen Immobilienmakler durchgesehen hatte, wusste ich: Egal, wie verlockend die Aussicht war, die schäbige, kleine Wohnung in London gegen ein riesiges Château aus dem 19. Jahrhundert inklusive Türmchen und Wald zu tauschen, so würde man es doch besser lassen, wenn es gleichzeitig bedeutete, den wöchentlichen Einkauf in Loudun zu erledigen.

Immerhin, sie gaben sich Mühe. Nach fünfzehn ziellosen Minuten, in denen ich wie ein schlecht genährter Zombie durch die Gegend gestolpert war, befand ich mich in einem Teil des Ortes, der die Altstadt sein musste, auf einem kleinen Hügel, die engen, gewundenen Straßen aufpoliert durch Brunnen und verzweifelt geschrubbten Kalkstein. Und als ich wahllos ein Kellerlokal aufsuchte, überlegte ich, wenn schon nichts dafür sprach, in einer gottverlassenen, todlangweiligen Stadt ausgesetzt zu werden, so sollte man, sofern sie in Frankreich lag, zumindest gut essen können. Um mich herum machten durchtriebene, kichernde Halbwüchsige eben dies, sie stießen mit Rosé an und schleckten ihre Muscheln, während sie in England an einem verregneten Dienstagabend vermutlich mit einer Tüte pappiger Pommes Frites auf einer Bank herumgelungert hätten, um sich neue Arten zu überlegen, alles in Schutt und Asche zu legen.

Mit der Toleranz, die der kleine und hungrige Mann an den Tag legt, wenn ihm ein großer Teller billiges Essen vorgesetzt wird, machte ich mich in versöhnlicher Stimmung über eine Lasagne von der Größe einer Bibel her. Die Poster der FN waren alt und verblichen. Die Verbindung zu Burkina Faso verlieh der Stadt einen Hauch von Exotik und Geheimnis. Die Ankunft der Tour würde das niedergehende Loudun zu neuem Leben erwecken und die mutlose Bevölkerung vereinen. Ja, offenbar machte sich selbst mein Hotel für den großen Tag bereit, jedenfalls hatte man sämtliche ausrangierten Teppiche in den rückwärtigen Garten geschmissen. Ich ignorierte die fatalen Auswirkungen von 3.000 Kalorien und vier Gläsern Roten auf leeren Magen und versuchte bei der unfreundlich dreinblickenden Kellnerin zu erfragen, welche Bedeutung die Tour für Loudun hatte. Sie schaute grimmig, während mein Satzbau aus den Fugen geriet, und dann gab sie mir eine stumme Antwort, die ebenso unergründlich wie vielsagend war: die Rechnung.

Auf meinem schwankenden Weg zurück fand ich ein Hotel mit poliertem Mauerwerk und Kronleuchtern, das mir besser zu Gesicht gestanden hätte. Als ich auf die Veranda ging, um zu sehen, was es mich gekostet hätte – tatsächlich nur drei Pfund mehr als mein Zimmer mit rostigem Bidet – erfuhr ich zufällig noch etwas anderes. Denn dort hing, aus einer zwei Wochen alten Lokalzeitung kopiert und ins Fenster geklebt, eine detaillierte Karte des Etappenverlaufs durch diese Region. Die idiotische Phrase »Grooooßes Ge'eimnis« schwirrte in meinem Kopf umher. Bald trällerte ich sie gleichermaßen idiotisch vor mich hin und kniete mich auf die nassen Steinstufen, um mir die Sache näher anzusehen. Hinter Loudun bewegte sich die Tour nordwestlich nach Nantes. Da die Route schnell aus dem örtlichen Département Vienne hinaus führte, gab es über die ersten paar Kilometer hinaus keine Details. Aber nachdem sie bis in die Bretagne reichte, wand sich die Strecke vier Etappen später wieder zurück nach Tours und von dort runter nach Limoges. Die Einzelheiten dieses Teilstücks waren vollständig dargestellt, und während stehendes Wasser langsam meine Hosen durchdrang, kritzelte ich eifrig die wichtigsten Ortsnamen auf den Umschlag meiner Michelin-Karte: Chambray-les-Tours, Loches, Verneuil, Saint-Flovier, Azay-le-Ferron.

Böse grummelnd machte ich mich auf zu meinem Bett. Einen kräftigen Arschtritt für die Mitarbeiter der französischen Pressebüros. Was war mit diesen Leuten bloß los? Warum, so fragte ich mich, konnten sie mir nicht sagen, was sie diesem Am-Arsch-der-Welt-Anzeiger bereits zwei Wochen vorher mitgeteilt hatten?

Als die ersten Regentropfen fielen, suchte ich schimpfend Schutz unter dem Vordach einer Peugeot-Werkstatt. Es war halb zehn, doch eine Gruppe älterer Herren spielte noch immer *Pétanque* auf einem Stück Park neben der Straße. Erst als die Blitze im Zickzack den Himmel spalteten und der Donner gegen meine Brust trommelte wie Drum'n'Bass, packten sie ihre Kugeln in kleine Mäppchen, fluchten unflätig in ihre Obelixbärte und machten sich auf den Heimweg. Einer stürmte klatschnass in ein riesiges, heruntergekommenes Haus direkt gegenüber, nur um zwei Minuten später mit einem Parka und zwei albernen kleinen Hunden wiederzukommen, begleitet von schrillem weiblichen Gelächter. Ich hatte nunmehr zwanzig Minuten unter dem Dach gestanden, und wachgerüttelt von der Anwesenheit anderen Lebens auf der Straße, entschloss ich mich, zu rennen. Ein Fehler, und zwar einer, der auch dadurch nicht vollständig wieder gut gemacht werden konnte, dass ich Schutz unter einem kleinen Bäumchen neben dem Boule-Platz suchte. Das Gewitter war nun ein infernalisches Unwetter, das die Abflussrohre in Sturzbäche verwandelte, und dessen Gewalt das bisschen Vegetation an meinem Baumregenschirm in Fetzen riss. Dies war kein guter Zeitpunkt, Segeltuchschuhe zu tragen, erst recht nicht, als ich herab sah und ein über meine Füße gehobenes Hundebein entdeckte.

# Drei

Verbrechen lohnt sich nicht, heißt es, doch wer immer das gesagt hat, weiß nichts vom Radfahren in Frankreich. Das erste Radrennen aller Zeiten wurde 1869 in Paris ausgetragen (gewonnen von einem Engländer namens James Moore, den ich begeistert als meinen Ururgroßvater geltend mache, obwohl er es nicht war), und es dauerte nicht lang, bis Fairness durch kriminelle Energie ersetzt wurde. *Bidons*, damals noch aus Glas, wurden vorsätzlich über die Schulter geworfen, um die Reifen der nachfolgenden Fahrer zu durchlöchern. Falls das nicht hinhaute, waren Fans mit Reißzwecken zur Stelle. Fahrer klauten die Tinte an den Meldestellen, so dass ihre Verfolger sich nicht eintragen konnten und bestraft wurden. Der Sieger der ersten Tour im Jahr 1903, Maurice Garin, wurde nach seinem ersten Platz 1904 disqualifiziert, als herauskam, dass er die ebenso einfallslose wie wirkungsvolle Maßnahme ergriffen hatte, auf einigen der längeren Etappen zugunsten eines Eisenbahntransports auf sein Rad zu verzichten. Auch die Fahrer auf den nächsten drei Plätzen wurden nachträglich entehrt, zwei von ihnen, weil sie sich an Seilen befestigte Korken zwischen die Zähne gesteckt und von Autos bergauf ziehen lassen hatten. Juckpulver in den Hosen der Rivalen, vergiftete Getränke, versetzte Straßenschilder – das alles hatte etwas von Blake Edwards' »Das große Rennen rund um die Welt«.

Eine andere beliebte Methode war, wichtige Teile der Maschine des Gegners durchzusägen, während er schlief, einer Tatsache, der ich Rechnung trug, als ich den Inhaber des Hotels bat, mein Rad in der Garage einzuschließen. Die Fahrer von früher haben ihre Räder immer ins Hotelzimmer geschleppt, was mir auch Richard Hallett empfohlen hatte, weniger um Sabotage als vielmehr einem Diebstahl vorzubeugen. Doch ich wollte weder darum bitten (»Ja, wir nehmen die Flitterwochen-Suite«), noch sehnte ich mich nach dem Erlebnis als solchem (»Rutsch rüber, ZR, immer muss ich in der Öllache schlafen«).

Es ist vermutlich deutlich geworden, dass ich dabei bin, einen ungeheuerlichen Betrug als bloßes Aufrechterhalten einer langen und stolzen Tradition zu rechtfertigen. Als ich allein beim Frühstück saß, Brot und Marmelade einpackte und mit meinen Schuhen auf den alten, kalten Kacheln klapperte, blickte ich hinaus in einen weiteren grauen Tag mit düsteren Wolken, die von einem mächtigen Westwind den Himmel entlang getrieben wurden. Sollte ich wirklich in diese entmutigende Unerfreulichkeit hineinfahren und meine Taschen mit nassen Espandrilles bis an die Küste der Bretagne schleppen, auf einer Route, die ich mir während der Fahrt zusammenstellte, weg von der Sonne, den Alpen und allem anderen, worum es in der Tour ging? Oder sollte ich einen auf Maurice Garin machen, mein Rad auf den Zug nach Tours schmeißen und mich dem Rennen vier Tage später wieder anschließen, wenn die Straßen, die ich entlang strampelte, wenigstens die richtigen sein würden?

Jedesmal, wenn ich die Karte aus *Procycling* studierte, hatte mich derselbe verlockende Gedanke gequält. Schneid diese störende kleine Schleife einfach ab. Lass die Rundfahrt mehr nach der Großen Schleife aussehen, die sie sein sollte, und nicht wie ein fallen gelassener Schnürsenkel. Andererseits würde ich damit 634 Kilometer der Reiseroute einfach abschneiden, und wenngleich immer noch 3.000 Kilometer übrig blieben, waren 634 eine Menge, das konnte man drehen und wenden, wie man wollte... Wie auch immer: Eine Falte hier, ein Riss dort, und die Karte war wirksam verarztet. Für Schuldzuweisungen war später noch Zeit. Ich musste einen Zug erwischen.

In einem derart schikanösen Sport ist es unvermeidlich, dass die besten Fahrer auch die besten Betrüger sind. *Monsieur* Garin hatte *Operation Choo-Choo* wahrscheinlich nicht in einer Touristeninformation zwei Stunden vor dem Start der Etappe geplant, und hat deshalb wahrscheinlich auch nicht zu hören bekommen: »Es gibt keine Zug für... *Passagers*. Ist nur für, äh, *Marchandises*, *oui*?« Seufz. Ich schaute mir die Karte an: Es waren 80 Kilometer bis Descartes, wo ich auf die Strecke der siebten Etappe stoßen konnte. Ich nahm dies als eine Art Bestrafung hin (die durch die Einsicht gemildert wurde, dass ich von einem kräftigen Rückenwind dorthin geblasen werden würde, wenn das Wetter so blieb), gab ein leises Geräusch der Ohnmacht von mir und erinnerte mich an den zweiten Grund meiner Anwesenheit in diesem Büro.

»Ist die Tour wichtig für Loudun?«

Die Frau am Schalter hatte auf mein Eintreten reagiert, als sei sie seit 1974 dort eingesperrt gewesen, und so war sie auch gekleidet. Als der anfängliche Schrecken gewichen war, sprach sie mit der nervösen Bedächtigkeit eines Menschen, der seine eigene Stimme seit langer Zeit nicht gehört hat. »Ja... dies die, äh... erste Mal, dass Loudun ist *Ville d'Étape*.« Um den Tourismus zu fördern? »*Non*. Nein. Äh... Loudun ist *une Village bicyclette*.« War das so? Plötzlich fiel mir auf, dass ich bis jetzt keinem einzigen Konkurrenten begegnet war – nicht mal irgendeinem alten Sack mit Barett und einem Schwein in der Satteltasche. »Der *Maire* ist eine, äh, *Passionné du Vélo*.« War er jetzt da? *Non*. Hatte die Stadt für das Privileg bezahlen müssen? *Oui*. Wieviel? *Enormement*. Würden die Teams über Nacht hier bleiben? *Non*. Poitiers. Nur drei 'otels *ici à* Loudun. (Was du nicht sagst, Schätzchen.)

Ich wurde mit einem schüchternen, aber ehrlichen »*Bon courage*« auf den Weg geschickt und folgte ihren Anweisungen bis zur Ziellinie der zweiten Etappe und dem Startpunkt der dritten. Denn das war alles, was den Behörden Louduns von den wankelmütigen Wächtern des Grooooßen Ge'eimnisses verraten worden war. Der Place du Portail Chaussée, Start der dritten Etappe, war von gewissenhafter Bescheidenheit: eine stille, offene Durchgangsstraße, begrenzt von einer frisch gestrichenen Billardhalle, einer Tankstelle und einer Fahrschule, in deren Fenster sich Spielzeugautos mit vielen toten Insekten einen verstaubten Verkehrskreisel aus Pappe teilten. Jetzt verstand ich, warum Loudun so aussah, wie es aussah: Die wie mit dem Lineal gezogenen Straßen, die hier von weit draußen zusammentrafen, ließen vermuten, dass es sich in der Zeit Napoleons einen Namen als Verkehrsknotenpunkt gemacht hatte, und all die Architektur des 19. Jahrhunderts zeigte, dass das Zeitalter der Eisenbahn der Stadt einen weiteren Aufschwung beschert hatte. Als die Autobahnen kamen und die Eisenbahn ging, war Loudun plötzlich überflüssig.

Um sich diesen Schauplatz dichtgedrängt mit kosmopolitischen Menschenmassen, Kommentatoren und Sportstars vorzustellen, reichte kein geistiger Hüpfer, es bedurfte schon eines mentalen Dreisprungs. Und die Zielgerade der Vortagsetappe, die Zufahrtsstraße eines halb fertigen Gewerbegebietes hinter der Tankstelle, war eine kaum glaubwürdigere Bühne für die größte jährlich stattfindende Sportveranstaltung der Welt. Der einzige Vorteil der Avenue de Ouagadougou (eindeutig nach etwas Burkina-Fasischem benannt oder aber aus den am Ende einer Scrabble-Partie übrig gebliebenen Buchstaben zusammengesetzt) war ihre lineare Gleichförmigkeit, aber selbst die wurde durch eine weitläufige Kurve 500 Meter vor dem Ende beeinträchtigt. Selbst ich konnte erkennen, dass dies den Sprintern, deren halsbrecherische Leistungen auf dem letzten Kilometer einer Flachetappe an den Film *Rollerball* erinnern, Probleme bereiten würde.

Doch als ich die Stadt verließ und mit dem Wind im Rücken auf der schnurgeraden Straße in Richtung Richelieu unterwegs war, wurde mir schlagartig klar, dass Loudun perfekt zum Ethos der Tour de France passte. Es war der ideale Kontrapunkt zum Futuroscope mit seinem Spiegelglas-Ultramodernismus, es war die Kehrseite des Francs. Die Vorstellung, dass ein hässliches Entlein für einen Tag zum Schwan werden konnte, war rührend romantisch, und es sprach für die Menschen von Loudun und ihren Bürgermeister *passionné*, dass sie so viel investiert hatten, um diesen Traum wahr werden zu lassen. Ich hoffte nur, dass sie alle wach sein würden, wenn es soweit war.

Es tut mir Leid, wenn ich soviel über den Wind rede, aber es machte mich wirklich glücklich, so nonchalant an flachen Weizenfeldern vorbeizurollen, während sich die raschelnden Garben genau wie ich Richtung Richelieu neigten. Männer mit Baretts, die rauchend auf großen Holzstapeln saßen. Hunde mit ihren Pfoten auf den Armaturenbrettern von Treckern. Ein buchstäblich qualmender Haufen Mist. Wären da nicht die Lastwagen gewesen, es hätte die Tour von 1903 sein können.

Weil ich wahrscheinlich mehr damit beschäftigt war, meinen körperlichen Zustand zu kontrollieren, hatte ich den Verkehr bis jetzt kaum beachtet. Es war gleichwohl auffällig, dass französische Autofahrer die Radler wie gleichberechtigte Verkehrsteilnehmer behandelten, weshalb sie beim Überholen blinkten und dabei respektvoll auf die rechte Seite wechselten. Kein ungeduldiges Hochdrehen des Motors, kein Ich-bin-größer-als-du-Schneiden der Fahrbahn, was das Radfahren in England zu einer hochbrisanten Erfahrung macht.

Doch trotz bester Absichten: Wenn die riesigen Sattelzüge überholten, die allgegenwärtiger Bestandteil der französischen Landschaft sind, wurde einem Angst und Bange. Zuerst schob einen eine gewaltige Bugwelle verdrängter Luft in den Kies am Straßenrand, dann saugte einen das kraftvolle Vakuum des Windschattens unsanft zurück in die Straßenmitte. Es war schrecklich. Ich hatte gelesen, dass Bernard Hinault als Junge Bergauf-Rennen gegen Lastwagen gefahren war. Ich erinnerte mich daran, als mich gerade ein Acht-Achser in die leeren Kippenschachteln und überfahrenen Tiere warf, und mir wurde klar, dass Hinault noch verrückter war, als er aussah.

Richelieu war herrlich, eine von zünftigen Mauern umgebene Stadt mit Gräben und Toren und einem wohlproportionierten Rathausplatz. Das Ganze ist von dem bekannt abscheulichen Kardinal gleichen Namens gebaut worden, der Porthos, D'Artagnan und Oliver Reed ins Verderben gestürzt hat; einer der großen schnurrbartzwirbelnden Bösewichte der Geschichte. Es gab reichlich Geschäfte wie *Tabac le Cardinal*, die an ihn erinnerten, wenngleich ich nicht sicher bin, ob er die riesige Filiale des Intermarché gutgeheißen hätte, einer Supermarktkette, die ein Musketier im Wappen führt (die dortigen »Alles-für-einen«-Angebote kann ich wärmstens empfehlen).

Es erinnerte tatsächlich ein bisschen an einen Tag im 17. Jahrhundert. Eine majestätische klassizistische Fassade an der N10 bei Les Ormes, mit nichts dahinter, so trügerisch wie ein Filmset. In fast jedem Dorf große, von Holzbalken eingefasste Marktplätze, die zu Boule-Plätzen umfunktioniert waren. Ich fuhr über die ersten alten Tour-Graffitis – verblichene gepinselte Huldigungen an die französischen Lieblinge Jalabert und Virenque, allgemeinere Schlachtrufe wie »*Vive le Tour!*« – und kam in Descartes an, einer weiteren Renaissancestadt mit pyramidenartigen Türmchen auf den Dächern (es hatte den früheren Namen La Haye zu Ehren des berühmtesten Sohnes der Stadt abgelegt, jenem Mann, der dachte, und also war). Das Mittagessen nahm ich in einer Brasserie im Freien ein. Ich hatte das ZR3000 an eine der vielen Statuen des Philosophen mit dem an die Popgruppe Sweet erinnernden Haarschnitt geschlossen, und er und ich schauten beide den Bauersfrauen zu, wie sie mit Baguettes auf dem Beifahrersitz in ihren komischen kleinen Autos nach Hause tuckerten. Ich begriff, dass Loudun mich auf die falsche Fährte geführt hatte, und dachte, wie glücklich die Franzosen doch waren, dass sie ihre Geschichte und diese ganze Pracht für selbstverständlich erachten konnten. In beinahe jedem anderen Land wären Descartes und Richelieu ein Mekka für Touristen gewesen. In einem Land, in dem man die Qual der Wahl hatte, kamen sie bloß unter ferner liefen. Der *Rough Guide* wusste über beide nichts zu berichten.

Das Mittagessen musste als Höhepunkt des Tages und bei weitem wichtigste Mahlzeit gelten, und an diesem Nachmittag setzte ich neue Maßstäbe. Der Brotkorb war geleert, bevor der Wirt kam, um meine Bestellung aufzunehmen. Wie immer nahm ich das Tagesgericht (in diesem Fall ein Schinkenomelett, das über den Tellerrand hing), dazu als Beilage frittierte Kohlenhydrate und einen Salat. Selbst an einem lauen, windigen Tag wie diesem wurde mit rücksichtsloser Lust

Flüssigkeit aufgenommen: ein halber Liter Mineralwasser, dann noch einer, dann eine Cola, um das zur Gewohnheit werdende Verlangen nach Zucker zu stillen. Mehr Brot. Gegebenenfalls Pudding. Ich hatte während der letzten vierundzwanzig Stunden fast ständig unkontrolliert gegähnt, was mich an die Notwendigkeit eines doppelten Espressos im Rahmen einer ausgewogenen Radfahrer-Diät erinnerte.

Es mag absonderlich klingen, aber Koffein steht auf der Dopingliste des Internationalen Radsportverbandes: Als grobe Richtlinie gilt ein Limit von sechs Tassen am Tag. Alle Fahrer, sogar Chris Boardman, beginnen einen Renntag mit zwei großen Kaffee. Paul Kimmage musste sich, als er während einer kräftezehrenden Etappe beim Giro d'Italia im Sattel eingenickt war, ein Koffeinzäpfchen einschieben (das war schlimm genug, aber Sie hätten sein Gesicht sehen sollen, als Kaffeesahne und Würfelzucker hinterherkamen). Ein Foto von Eddy Merckx aus einer *Procycling*-Ausgabe sollte für mich zu einer Art Sinnbild in Zeiten der Krise werden. Ausgestreckt auf einer Bank in der Umkleidekabine, die Hälfte der mit Dreck verschmierten Klamotten noch am Körper, eine Socke aus, eine Socke an, den Mund offen, nicht mehr von dieser Welt: Das war alles, was man über die absurden körperlichen Anforderungen dieses Sports wissen musste. Nur daran zu denken, weckte in mir das Verlangen nach einem Kaffee. Und nach einer Mitfahrgelegenheit nach Hause.

Mit einem leicht verlegenen Hüsteln kommen wir nun zu den Flüssigkeiten der anderen Kategorie. Eigentlich hatte ich Alkohol als leistungssteigerndes Mittel nicht in Erwägung gezogen, aber mir wurde schnell klar, dass im Radsport alles, was die Welt als einen besseren Ort (oder wenigstens einen anderen Ort) erschienen ließ, etwas für sich hatte. Bei frühen Touren war es keine Seltenheit gewesen, dass Fahrer anhielten, um eine große Flasche Wein zu stürzen, und in meinem Video des Giro von 1973 hatte ich Domestiken gesehen, die ihren Kapitänen Bierflaschen nach vorne brachten. Bernard Hinault ließ seine Trinkflasche vor dem letzten

Anstieg des Tages mit Champagner füllen, und als er beim Team Renault aufhörte, war es wegen eines Streits mit seinem Boss, darüber, wie viel Wein ihm beim Abendessen erlaubt war. Am schicksalhaften Fuß des Ventoux gesellte sich Tom Simpson zu einer Gruppe anderer Fahrer, die eine Bar plünderten: Er kippte einen Cognac, was seiner von Amphetaminen torpedierten Konstitution nicht gut getan haben wird; einer der französischen Fahrer trank zwei Gläser Rotwein.

Na ja, da haben wir's. Die Aussicht, in einem französischen Restaurant zu speisen und dabei auf Wein zu verzichten, war zu abscheulich, und jetzt hatte ich eine Ausrede (wir vergessen Tom mal für einen Moment). Ich trank einen Viertelliter Wein an diesem Tag, am nächsten war es ein halber, und dabei blieb es in jeder Mittagspause. Allerdings immer Rosé, den ich nicht wirklich mag, der aber irgendwie weniger anstößig schien. Es gibt keine Penner auf Parkbänken, deren Zähne vom jahrelangen Rosémissbrauch rosa gefärbt sind.

»*Combien de kilomètres?*«

Ich sah von der Rechnung auf – aberwitzig niedrig für solch eine Parade an Essbarem – und sah einen gut gekleideten älteren Herrn, der aussah wie eine Figur aus *Jean de Florette*, die sich für den Markttag fein gemacht hat.

»*Combien de kilomètres par jour?*«, fragte er noch einmal und neigte den Kopf in Richtung des ZR3000. »*Deux cents? Cents cinquante?*«

Ein Franzose, der mir zutraute, 200 Kilometer am Tag zu fahren? Ich war überwältigt. »*Cent trente*«, antwortete ich mit einem bescheidenen Lächeln, auch wenn diese fast zufällig gewählte Zahl klar an die Grenzen meines Leistungsvermögens stieß.

»*Oh, c'est bien, c'est bien*«, sagte er verständnisvoll, und da wusste ich, dass ich moralisch verpflichtet war, diese Kilometer auch wirklich zu fahren.

Als ich die Stadt verließ, kamen mir endlich ein paar Radfahrer entgegen, vier davon in ihren Fünfzigern, mit großen Helmen und

Rückspiegeln am Lenker. Dies, die Satteltaschen und Pfadfinder-Shorts verliehen ihnen einen gewissen englischen Touch, eine Vermutung, die sich bestätigte, als mir im Vorbeifahren die Worte »Bob hat heut Freigang« entgegen geschleudert wurden. Ich trug noch immer meine ausgebeulten Shorts, aber plötzlich wusste ich, dass es ihr letzter Auftritt war. Wenn ich mich selbst in Schaufenstern betrachtete, sah ich eine der seltsamsten Kombinationen aus jenen Kinderbüchern, in denen lustige Figuren gebastelt werden, indem man unterschiedliche Köpfe, Körper und Beine zusammensetzt. Mit meinem Höhlenforscherhelm aus den Siebzigern würde ich leben müssen – der Zwischenfall von der Kew Bridge würde sich sicher bald wiederholen – doch die Triebtäterhose war für den Müll bestimmt. Der alte *Jean de Florette* hatte mich ernst genommen. Vielleicht war es an der Zeit, dass ich es ebenso hielt.

Die Flüsse waren vom Regen der letzten Nacht angeschwollen, das Wasser reichte bis an die Spitzen der Brückenbögen und überspülte die Gräben der *Châteaux*. Ich war tief beeindruckt ob der nicht enden wollenden Folge imposanter Burgen, die von fast jedem Hügel aus finster über die Felder blickten – es ist nicht überraschend, dass es in Frankreich eine Revolution gegeben hat, eher schon, dass man damit bis 1789 gewartet hat. Auch heutzutage lieben die Franzosen nichts mehr als ein wenig öffentlichkeitswirksamen aktiven Widerstand, und die Tour hat in diesem Zusammenhang im Laufe der Jahre so einiges erlebt. Die zweite Austragung 1904 wäre beinahe die letzte gewesen: Abgesehen von der epidemisch auftretenden Unredlichkeit der Fahrer gerieten auch die Zuschauer außer Kontrolle. Haufenweise versteckten sie sich in einsamen Wäldern und sprangen hervor, um ihre lokalen Favoriten zu unterstützen, indem sie deren Kontrahenten mit Schlagstöcken vermöbelten. Widerspenstige Zuschauer wurden durch Pistolenschüsse in die Luft auseinandergetrieben, was aber nur gelang, wenn sie guter Laune waren. Nach der Disqualifikation eines Fahrers aus Nîmes, der im Windschatten eines Autos gefahren war, als sich das Rennen seiner Heimatstadt näherte, fingen 2.000 Anhänger eine Straßenschlacht mit der Polizei und den Tour-Offiziellen an. Spätere Etappen mussten umgeleitet werden, nachdem Bauern obskure Beschwerden in altehrwürdiger französischer Tradition zum Ausdruck gebracht hatten, indem sie die Straße mittels landwirtschaftlicher Geräte und Produkte sperrten. »Die Tour ist am Ende«, verkündete ihr Gründer Henri Desgrange dramatisch, »außer Kontrolle geraten durch blinde Wut, Gewalt und schmutzigen Argwohn.« Doch so ehrenvoll diese Rede auch war, Desgrange war vor allem Geschäftsmann. Er hatte sich die Tour ausgedacht, um mehr Exemplare seiner Sporttageszeitung *L'Auto Vélo* zu verkaufen, und da die Auflage um 300 Prozent gestiegen war, änderte er seine Meinung rasch wieder.

Heute beträgt sich die Menge besser – ein leicht irrer alter Mann schlug Eddy Merckx 1975 auf dem Anstieg zum Puy-de-Dôme in den Magen, und jedes Jahr wirft ein Esel mit Pocket-Kamera bei der Jagd nach einer Großaufnahme einen Fahrer vom Rad – doch für alle anderen, die mit der Tour zu tun haben, hat sich nicht viel geändert. 1966 protestierten die Fahrer gegen die Einführung von Dopingtests, indem sie zu Beginn einer Etappe vom Rad stiegen und im Chor fünf Minuten lang »*Merde!*« skandierten. Vielleicht nicht die spannendste Alternative in Frankreichs reichhaltigem Arsenal an Pöbel-Rhetorik, aber gleichwohl effektiv: Die positive Probe, die den Protest angeregt hatte, wurde unter mysteriösen Umständen verlegt. (Bleibt die Frage, wie sich die erfolgreichen Protestler nach Simpsons Tod im Jahr darauf fühlten.) 1998 war es wieder soweit: Die Fahrer setzten sich aus Protest auf die Straße, nachdem die Polizei ihre Zimmer nach Dopingmitteln durchsucht hatte. Drei Teams verließen die Tour, die übrigen Fahrer rissen sich die Startnummern von den Trikots und bummelten zum Etappenziel.

1968 waren die Journalisten an der Reihe. Sie blockierten die Straße, um ihren Unmut auszudrücken, nachdem der Tour-Boss sie beschuldigt hatte, die Veranstaltung in Misskredit zu bringen. Wer nun meint, dies sei eine Taktik, die man eher im Rahmen eines Streits über die schöneren Pokémon-Karten erwarten würde, möge sich vor Augen führen, dass sich die Fotografen bei der Tour 1987 einen Tag lang weigerten, Bilder zu schießen, weil die Gäste aus der Wirtschaft ihr eigenes VIP-Zelt hatten, sie dagegen nicht.

Dann gibt es natürlich noch die Proteste jener Leute, die überhaupt keine Verbindung zum Rennen haben, sich aber der Publicity bewusst sind, die es mit sich bringt, beim größten Sportereignis der Welt einen zünftigen Aufruhr zu verursachen. Der Kelch geht nur an wenigen Etappen vorbei: Rundliche baskische Separatisten fahren in Teamfarben aus der Menge heraus und begleiten den Spitzenreiter über den Pass. Jugendliche Scherzkekse stellen Verkehrskegel auf die Straße, wenn das Peloton heran eilt. 1985 beging eine Gruppe protestierender Werftarbeiter den Fehler, sich auf die Straße zu stellen, als Bernard Hinault in Führung lag. Da es sich lediglich um Paris–Nizza handelte, beließ es Hinault bei ein paar rechten Haken. Wäre es die Tour gewesen, hätte er bestimmt jemanden aufgefressen.

Der bemerkenswerteste Fall von Streikposten auf Nebenschauplätzen trat während der Tour von 1982 auf. Nach vierjährigen Bemühungen, Teil der Route zu sein, wurde das Dorf Fontaine-au-Piré mit einer Zielankunft belohnt: Es war die kleinste französische Gemeinde, der jemals diese Ehre zuteil wurde. Die Straßen wurden neu asphaltiert, die Häuser gestrichen, Umkleidekabinen gebaut – alles bezahlt von den Einwohnern, welche die Nächte durcharbeiteten, um Fähnchen und T-Shirts herzustellen, die in ganz Nordfrankreich verkauft werden sollten. Über 50.000 Broschüren wurden verteilt, und am Tag des Rennens drängte eine riesige Menschenmenge auf den winzigen Rathausplatz, der mit den Flaggen aller teilnehmenden Länder geschmückt war.

Bedauerlicherweise lag Fontaine-au-Piré nur 40 Kilometer entfernt von Denain, wo gerade ein Stahlwerk von der Schließung bedroht war. Die Folgen: Fahrer von Barrikaden aufgehalten, Etappe zum ersten Mal in der Geschichte der Tour gestrichen, Bürgermeister stürzt sich in Hochofen.

Meine Verabredung mit der offiziellen Tour-Strecke hatte ich in Saint-Flovier, angekündigt durch einen jungfräulichen Streifen glänzenden schwarzen Asphalts und einen frisch gestrichenen Bordstein. Ich malte mir aus, ihm wie einem roten Faden den ganzen Weg bis Paris zu folgen, aber zehn Meter außerhalb der Stadt endete er an einer unbeschilderten Kreuzung, von der aus drei krumme, mit Schlaglöchern gespickte Schotterwege in die sanft geschwungenen Hügel führten. Da ich mittlerweile über den Rand der Michelin-Karte 232 hinausgefahren war und gut fünfzig Kilometer vor mir hatte, bevor ich 233 erreichen würde (ich dachte, ich hätte die maßgebliche 238 vergessen, doch zwei Wochen später tauchte sie in einem *Procycling* wieder auf), blieb mir keine andere Wahl, als umzukehren und – als Mann äußere ich diese Worte in einem Ton, der normalerweise Beschreibungen häuslichen Schädlingsbefalls vorbehalten ist – nach dem Weg zu fragen.

»*Oh, oh, monsieur, je suis malade!*«

Das Babar-der-Elefant-Kopftuch war ein Hinweis, ebenso die satte Verwendung eines *Rouge*, das eher *Bleu* war. Leider übersah ich diese beiden Indizien für Wahnsinn, als ich entschied, dass das üppige alte Herzchen, das da von seinem Balkon winkte, einer verlorenen Seele den Weg nach Obterre weisen könnte. Es war drei Uhr am Nachmittag, und ihr theatralisches Jammern erfüllte die leere Straße.

»*Oh, monsieur! Ma poubelle!*«

Ich war nach ihrer Begrüßung abgestiegen, aber jetzt betrachtete ich ihr Gebaren mit einer düsteren Ahnung. »*Poubelle*«, so sagte mir mein Schulfranzösisch, bedeutet Abfalleimer. Doch im Zusammenhang mit Krankheit suggerierte es einen Euphemismus, dessen ganzer Schrecken sich erst entfalten würde, wenn sie ihren fleckigen geblümten Rock über den Kopf heben würde.

Weitere überspannte Geräusche und Zeichen machten bald klar, dass sie tatsächlich auf ihre Mülltonne verwies. Aber die Erleichterung währte nur so lange, bis ich verstand, dass ich das beachtliche und unappetitliche Ding die klapprige Feuerleiter hinauf tragen sollte, die von ihrem Balkon auf die Straße ging. Dass sie aufgrund ihrer körperlichen Verfassung dazu nicht in der Lage war, stand außer Frage, doch als ich die Tonne kippte und sie gerade schultern wollte, schlug mir die stählerne Faust der Vernunft ins Gesicht. Welchem Zweck konnte dieses Vorhaben dienen, wenn nicht der Befriedigung einer senilen Marotte? Ich befreite mich von meiner Last, trat zurück auf die Straße und fixierte sie mit einem geschäftsmäßigen Blick.

»Obterre?«

*»Mais... ma poubelle! Je suis malade!«*

Nach einem längeren idiotischen Kuhhandel wurde schließlich ein Tausch vereinbart, der einen Standortwechsel der Mülltonne und die Herausgabe der Wegbeschreibung vorsah. Fünfzehn Minuten später rollte ich, einen Kondensstreifen aus Küchengerüchen hinter mir herziehend, in Obterre ein.

Eines der schönen Dinge an der Tour de France ist, dass sie unbekannte Straßen und Orte aufsucht und somit allem und jedem die Hoffnung auf seine fünfzehn Sekunden Ruhm schenkt. Für einen Ort wie Obterre, eine ziemlich hoffnungslose Ansiedlung, deren einzig sichtbares Indiz für Unterhaltung Einschusslöcher in den Straßenschildern waren, liefert die Tour den Anstoß für eine längst überfällige Stadtrenovierung. Zwei Gärtner mit freiem Oberkörper bepflanzten eine große Böschung mit Fleißigen Lieschen. Als ich die beiden fragte, ob sie es wegen der Tour (okay, wegen des Turms) taten, schickte mich der mit dem behaarteren Rücken schnaubend und mit einem rüden *»Non, c'est pour ma mère«* meines Weges. Es gab neue Zebrastreifen, und der frische Asphalt der Bürgersteige war so rot, dass einem die Augen weh taten. Nur die Hunde machten noch nicht richtig mit. Ich begann, die Bauernköter zu verachten, wegen ihrer beharrlichen Angewohnheit, immer genau dann, wenn ich passierte, an die Grenzen ihrer Grundstücke zu hetzen und eine Salve aufgebrachten Gekläffs abzufeuern. Drei von ihnen überfielen mich aus dem Hinterhalt, als ich Obterre verließ, und während sich mein in die Hose gerutschtes Herz allmählich auf den Heimweg machte, dachte ich: Am 7. Juli kommt ihr Scheißer aus dem Bellen gar nicht mehr raus.

Es sah bedrohlich nach Regen aus, doch der kam nicht, und mit 129,3 Kilometern auf dem Zähler rollte ich im Freilauf einen stattlichen Hügel hinunter nach Le Blanc. Zwei Runden um einen großen, von der Abendsonne gefluteten Platz und ich machte die 130 voll. Ich hatte mein Versprechen an *Jean de Florette* gehalten, und abgesehen von einem leichten Zwicken im Knie fühlte ich mich gut. Die längste Strecke, die ich jemals an einem Tag auf dem Rad zurückgelegt hatte ... und fast hätte ich Lust gehabt, noch weiterzumachen.

Eine allgemein bekannte Regel besagt, dass Hotels, deren Empfangsbereich im Erdgeschoss liegt, grauenhaft sind. Ich fand die Ausnahme, geführt von einer mütterlichen Dame, die viele Pluspunkte sammelte, als sie mir half, das ZR unter der Treppe zu verstauen, die sie aber wieder verlor, als sie mich nach ausführlicher Begutachtung meiner Salonfähigkeit aufforderte, ihr nach dem Duschen meine Personalien zu hinterlassen. Wie sie sagte, war Le Blanc erst vor drei Jahren *Ville d'Étape* gewesen, und da die Tour hier diesmal nicht Halt machte, geriet niemand in Aufregung. Für einen mittelgroßen Ort wie Le Blanc, durch den die Tour wegen seiner zahlreichen Straßenverbindungen regelmäßig geleitet wurde, ist sie wohl in gleichem Maße ein Fluch, wie sie für die kleineren Dörfer ein Segen ist. Diese ermüdende Bürgerpflicht, die Flaggen aufzuhängen und die Blumenampeln herzurichten, und das alles für zwei Minuten vorbeirauschendes Lycra.

Eine flüchtige biologische Inventur vor dem Duschen fiel alles in allem beruhigend aus. Das Zwicken im Knie fühlte sich bereits viel besser an, als ich mein Bein erst einmal im Boardman-Stil auf das Klosett gehievt hatte, und ich war besonders erfreut über mein mit Savlon eingeschmiertes Perineum, das (Aaah! Das war es...) lediglich ein klein wenig gequetscht zu sein schien, so als sei ich vor einer Woche unglücklich auf einen Wasserhahn gefallen. Andererseits hatten die vorderen Nähte meiner eng anliegenden Shorts eine furchtbare Narbe auf jedem Bein hinterlassen, wie bei jemandem, der eine Pioniertat auf dem Gebiet der doppelten Oberschenkeltransplantation über sich ergehen lassen musste, und dann war da noch eine juckende, pilzartige Stelle auf der rechten Seite meines Liebesgriffels. Niemand hatte mich gewarnt, dass man von zuviel Radfahren Haare auf dem Bauch kriegt – es war nur zu hoffen, dass nicht der Rücken als nächstes dran kam – und die idiotische Radfahrerbräune, die ich insgeheim als eine Art Initiationsritus kultiviert hatte, war hellrosa statt schokobraun geworden. Hätte Barbie mich in ihrem Jeep mitgenommen, ich hätte wie ein kopfloser Torso ausgesehen.

Dennoch: Als ich in leicht klammen Espandrilles durch die sonnige Gegend flanierte, sagte ich mir großspurig, dass diese Dinge uns Giganten der Landstraße nun mal passierten. Als Straßenkämpfer musste man mit Verwundungen rechnen. Ein paar Bengels brausten mit ihren Mopeds um den Platz herum, und ich lächelte nachsichtig über ihre zum Scheitern verurteilten Versuche, ihren albernen Maschinen großstädtische Coolness zu verleihen, indem sie die Füße auf den Rahmen legten und den Gashebel durchzogen. Wo waren all die Radfahrer? Klar, man konnte sich das Peloton auf der Fahrt über den mächtigen Fluss Creuse zum Château von Le Blanc vorstellen, eher jedenfalls als im dezent industriellen Hinterland von Loudon; doch besonders überzeugend schienen beide Szenarien nicht zu sein.

Ich fand eine Pizzeria, setzte mich in den leeren, überdachten Innenhof und breitete meine Michelin-Karten auf dem wackeligen Tisch aus, um meine Leistung auszukosten. Ich hatte mich durch sämtliche Falten von drei Karten gekämpft und in zwei Tagen 234 Kilometer absolviert, ganze sechs weniger, als man mir für drei Tage geraten hatte. Egal, dass das 20 Kilometer weniger als bei der längsten Etappe der Tour selbst waren, und dass meine bisherige Durchschnittsgeschwindigkeit von 21.1 km/h kaum die Hälfte von der der Profis betrug. Ich schlürfte meinen Rosé und beschloss, zufrieden zu sein. Zwar war ich schlechter als doppelt so schlecht wie die Leistungssportler, doch würde ich eine Golfrunde in 140 Schlägen bewältigen können? Sicher nicht. 400 Meter Hürden in zwei Minuten? Nicht ohne Leiter und huckepack. Ich hatte immer mal vor, die

Großen des Tennis durch eine nicht enden wollende Serie von Aufschlägen an die Netzkante mürbe zu machen, doch das zählte nicht wirklich. Nein, ich machte meine Sache gut und würde noch besser werden, und eingedenk meines künftigen Ruhms führte ich feierlich ein riesiges Stück Pizza Napoli zum Mund.

Soweit kam es aber gar nicht. Der Geruch, eine apokalyptische maritime Ranzigkeit, stellte sicher, dass ich keinen meiner anderen Sinne behelligen würde, sich mit der Kreation des Kochs zu beschäftigen. Wenn man von einem kurzen Blick auf die aufgeblähten, molchartigen Anchovis absieht, die für das Desaster eindeutig verantwortlich waren.

Als Engländer liebe ich es, mich über ausländische Restaurants zu beschweren. Doch weil ich sowohl ein Heuchler als auch ein schrecklicher Feigling bin, ziehe ich es vor, meine Kritik entweder für mich zu behalten oder aber aus sicherer Entfernung zu äußern. Rückblickend sehe ich ein, dass es ein Fehler war, mit dieser Regel ausgerechnet in einer französischen Pizzeria zu brechen, da eine solche Einrichtung mit ihrer Mischung aus gallischer Bockigkeit und italienischer Unberechenbarkeit für Gegenangriffe prädestiniert ist.

Ich unterdrückte ein trockenes Würgen und deckte den Teller reflexartig mit meiner Serviette zu. All das war sehr traurig. Es war Mittwochabend, was in dieser Gegend bedeutete, dass alle anderen Restaurants, an denen ich vorbeigekommen war, geschlossen hatten. Es gab keine Alternative, und wenn ich nicht bald eine Menge zu essen bekäme, würden Teile meines Körpers abfallen. Als die eingeschüchtert wirkende Kellnerin erschien, hatte ich meine Karaffe Rosé fast in einem Zug geleert. Sie lüftete vorsichtig eine Ecke der Serviette, als ob sie fürchtete, dass eine tote Möwe darunter läge, und als der Gestank sie traf, wich sie zurück, als hätte sie tatsächlich eine gefunden. »*Les anchois?*« röchelte sie. »Die Anchovis«, bestätigte ich matt.

In schlechtem Englisch und noch schlechterem Französisch einigten wir uns auf eine Margherita als Ersatz, aber kaum war sie mit der Pizza am ausgestreckten Arm durch die Küchentür verschwunden, da stürzte auch schon der Koch heraus. Es war kein passender Augenblick, seine unheimliche Ähnlichkeit mit dem erfahreneren der beiden kubanischen 50er-Jahre-Boxer aus der Bacardi-Werbung zu entdecken.

Sein Gesicht gab nichts preis, doch als er sich meinem Tisch näherte, bemerkte ich, dass zwischen den fetten, öligen Fingern seiner linken Hand eine fette, ölige Anchovi in der Farbe eines kalten, hartgekochten Eigelbs baumelte. Als er sich viel zu nah vor mir aufbaute, wanderte die Anchovi von der linken in die rechte Hand und von dort in Richtung meines Gesichts.

»*Anchois!*«, bellte er schroff, bevor er jeden seiner öligen Finger mit pornographischer Lust langsam abschleckte. Ich musste unweigerlich an die Nacht im Hotel Dracula in Transsylvanien denken, als Birna und ich in einem der vielen dunklen Gänge zufällig auf den Koch und zwei Kellner getroffen waren, die gerade komplexe physische Vergeltung an einem bulgarischen Lastwagenfahrer übten, der beim Abendessen einen Protest bezüglich seiner Vorspeise gemurmelt hatte. Wie unsere auch, hatte diese aus einem einzigen beigen Gemüse bestanden, das offenbar in mit Kohlensäure versetztem Rindfleischextrakt konserviert worden war.

Natürlich ist es gerade der professionelle Stolz, der das Essen in den meisten europäischen Ländern zu einem solch einzigartigen Erlebnis macht. Den aber wusste ich jetzt nicht zu würdigen, weil mir die blasse Geisel des Pizzabäckers auf die Hose zu tropfen begann.

»Du nicht 'aben *anchois* in *Angleterre*?« sagte er, wobei er sein stinkendes Gesicht so nah an meines hielt, dass ich sah, wie sich die enormen Poren auf seiner Nase weiteten, während sich die übrigen Züge zu jenem irren Lächeln verzerrten, das der Beseitigung von Meinungsverschiedenheiten in der Unterwelt vorausgeht.

Hör mal, du blöder Armleuchter, zu Hause habe ich ein halbes dämliches Regal voll beknackter Anchovis, oder wenigstens war es so, bis Birna für eine Woche mit den Kindern weggefahren ist und ich am Ende nur noch von obskurem Dosenfutter auf Knäckebrot gelebt habe.

»*Oui*«, sagte ich, wild entschlossen, rhetorisch keinen Meter zurückzuweichen.

Er nickte bedächtig, dann schloss sich seine Faust um die gefangene Anchovi, und er begann, den plötzlich an einen Kerker erinnernden Hof abzuschreiten. An einer Seite befand sich eine uralte, mit Hilfe eines Besens verriegelte Tür, und irgendetwas fing dahinter zu knurren an.

»Fünf Jahr ich mache Pizza«, raunzte er während seiner zweiten Runde die Kacheln an. »Fünf Jahr, und niemand sagt dies.« Auf seinem Weg zurück in die Küche blieb er neben mir stehen, stopfte sich den Anchovi-Brei zwischen die triefenden Lippen und wischte sich beide Hände an meinem Tischtuch ab.

Als die Kellnerin mit einer Margherita in den Händen und einem verzweifelten Strahlen im Gesicht erschien, hatte ich bereits einen Notfallplan für die Rückkehr des Küchenchefs ausgearbeitet. Pfeffer ins Gesicht, den Gewürzständer in die Fresse – und sollten alle Stricke reißen, Spielfelderweiterung: Besen weg, Bestie raus.

Natürlich war mir klar, dass das Ersatzgericht auf einfallsreiche Weise verhunzt sein würde, doch sieben Knabberstangen hatten mein 130-Kilometer-Hungerloch nicht schließen können, und so fraß ich mit vor Ekel entglittenen Gesichtszügen alles langsam in mich hinein. Trüb und müde machte ich mich daran, bei der Kellnerin zu bezahlen, als ich den Schock meines Lebens erlitt und feststellte, dass es beide Pizzas auf die Rechnung geschafft hatten. Die Qual, die mir diese Entdeckung bereitete, ist nur schwer zu beschreiben. In der roten Ecke: Angst und Trägheit. In der blauen Ecke: Gerechtigkeit und Selbstachtung. Die Blauen gewannen nach Verlängerung.

Als ich zur Kasse ging, kämpfte ich um jenen glaubwürdigen Stolz, der mich bis nach Le Blanc getrieben hatte. Ermutigt nahm ich zur Kenntnis, dass innen im Restaurant jetzt Hochbetrieb herrschte. Die Kellnerin erschien mit einem Ich-wusste-dass-das-passieren-würde-Blick und drehte wortlos zur Küche ab. Der Koch legte los, sobald er durch die Schwingtür gekommen war. »Etwas schlecht, du nicht zahlen. Etwas du nicht mögen, du zahlen.«

Es wurde sehr schnell sehr laut. Ich war noch immer fest entschlossen, rhetorisch die Oberhand zu behalten und wies mit einem gequälten, zitternden Timbre auf Französisch darauf hin, dass die Pizza sowohl schlecht als auch eine Frechheit war. Er erwiderte auf Englisch, dass ich nicht verstünde, was eine Anchovi wäre. Ich hatte den exakten Rechnungsbetrag, abzüglich der Napoli, bis auf die letzte beschissene Centime abgezählt und wollte das Geld gerade auf den gläsernen Tresen knallen, als er wie in einer grotesken Parodie besänftigend die Hände hob und mit einer Stimme, die so ölig wie seine Zutaten war, sagte: »Ich mache dir ein Geschenk. Du nicht mögen, du musst zahlen – aber ist deine erste Mal in meine Stadt, also mache ich Geschenk.« Ich stellte mir eine verfaulte, als Geschenk verpackte Anchovi vor und sah zu, wie er mit einem Stift über die Rechnung ging, um die Napoli zu streichen. Nachdem ich gezahlt hatte, wandte ich mich zur Tür. Dann, zwei Dutzend Augenpaaren auf mich gerichtet, lieferte mir mein Hirn ein eigenes Geschenk: das französische Wort für ekelhaft. »*Degeulasse!*« kreischte ich, als ich die Schwelle überquerte.

Ich meinte eigentlich, die Glastür nicht zugeschlagen zu haben, aber als ich in meinen Espandrilles auf die Straße matschte – sicherlich die schlechteste Fußbekleidung für eine solche Konfrontation – hörte ich hinter mir ein erzürntes Brüllen. »Du machst kaputt meine Restaurant, ich telefoniere die Polizei! Die Polizei!«

»*Allez-y!*« schrie ich zurück und nahm Fahrt auf, wurde aber durch eine Flut normannisch akzentuierter angelsächsicher Verwünschungen der Kategorie »Wichseur« sofort wieder gebremst.

Zurück im Hotel wusch ich Shorts, Socken und Trikot in schuldbewusstem Triumph – müde, aber zufrieden. Verursachte diese körperliche Anstrengung etwa einen Testosteron- und Adrenalinstau, der sich ganz plötzlich in eine untypische Aggression hineinsteigern konnte? Bestimmt waren die jungfräulichen Haare auf meinem Bauch ein Zeichen für eine Veränderung meiner Körperchemie. Der Zwischenfall im Restaurant war hässlich gewesen, aber als ich ihn mir noch einmal vor Augen führte, hatte ich allen Grund, dankbar zu sein. Ohne hormonelle Unterstützung würde ich vermutlich noch immer ängstlich dort sitzen, ein gebrochener Mann, gelähmt und gefangen im Netz dieses Stinkefinger-Svengali, einer Freakshow-Kuriosität für die Einheimischen: »*Mister Anchois, le rosbif qui mange uniquement les poissons rancides.*«

## Vier

Während der Tour de France gibt es immer jede Menge Wetter. An einem einzigen Tag kann es passieren, dass die Fahrer sowohl durch halb geschmolzenen Asphalt als auch durch halb geschmolzenen Schnee glitschen: Die beiden Bilder, die sich mir als Symbol des Rennens ins Gehirn gebrannt haben, sind Tom Simpson, wie er bei 55° Celsius im Delirium von der Straße schwankt, und der unterkühlte Geist von Stephen Roche, der sich durch den eisigen Nebel nach La Plagne hinauf windet. Und dann ist da noch der Regen.

Das morgendliche Savlon-Ritual erschien mir stets als Vorspiel zu einem dunklen, grausigen Akt, und an diesem Tag war es das auch. Da ich nach Süden in Richtung Limoges fuhr, würde ich mich bald in der Südhälfte Frankreichs befinden, doch angesichts des Wetters wäre man darauf nie gekommen. Die Hotelbesitzerin verabschiedete mich in einen dampfenden Nieselregen; bewegte man sich schneller als im Schritttempo, fühlte es sich an, als würde einem mit einer dieser Wasserpumpen für Zimmerpflanzen ins Gesicht gesprüht. Ich hielt an, um mir meine Regenjacke anzuziehen, nachdem die Götter den Hebel auf Schauer gestellt hatten. Und während sich die ländliche Furche der D975 ihren Weg durch Weizenfelder und Herden von robusten Limousin-Rindern pflügte, holten sie den Feuerwehrschlauch heraus.

Sekunden später prasselte das stete Trommeln schweren Regens auf meinen Helm; Minuten später prasselte es auch im Inneren meines Schädels. Die Umgebung zog die Vorhänge zu, und alsbald fixierten sich meine blinzelnden Augen auf die nasse Straße vor mir. Damals kam mir die Idee zu einer Freizeitaktivität namens

Schneckentennis, ein Name, der allerdings einem Spiel einen hinterlistigen Hauch von Ehrbarkeit verleihen würde, bei dem es darum ging, Gliederfüßlern am Straßenrand mittels rotierendem Gummi zu halbieren. Wenig später hielt ich an, allerdings erst, nachdem ich festgestellt hatte, dass meine Schienbeine bei Geschwindigkeiten von unter 15 km/h mit einem orangefarbenen Zeug besprenkelt wurden. Bei La Trimouille hatte der Regen seine Anstrengungen verdoppelt, und so trat ich den geordneten Rückzug an, schmiss das ZR gegen das Fenster einer Kneipe und rannte hinein.

Drinnen befand sich eine Kellnerin à la Rita Hayworth mit nachgezogenen Augenbrauen, zusammen mit dem üblichen »Nur-hier-wegen-dem-Bier«-Haufen am Vormittag. Es gab außerdem einen großen Abreißkalender, der mich darüber informierte, dass wir heute den Tag des Heiligen Erich hatten. Und, in großen Ziffern, dass es mein Geburtstag war.

In gewisser Weise war ich froh, dass der 18. Mai unbemerkt gekommen war: Dies war genau die Sorte wichtiger persönlicher Details, die auch ein auf sein Ziel fixierter Profi übersehen würde. Mit einem kleinen inneren Seufzer akzeptierte ich, nun so alt zu sein wie der älteste Gewinner der Tour de France und bestellte einen dreifachen Espresso.

*»Eh, Jacques – le Tour est arrivé!«*

Ich habe nach wie vor keine Ahnung, wie es selbst das mickrigste französische Gemeinwesen schafft, ohne irgendwelche staatlichen Subventionen wenigstens eine Kneipe zu unterhalten, aber ich bin froh, dass es gelingt. Vielleicht wäre dies die Lösung, den Niedergang der ländlichen Pubs in Großbritannien aufzuhalten: mehr Bauern zu ermutigen, um halb neun am Morgen mit dem Trinken anzufangen.

Wie dem auch sei, jedenfalls gelang es mir immer wieder, in solchen Läden einen Kreis von Bewunderern anzuziehen, vielleicht weil Kneipen per Definition eine Domäne von einsamen Menschen auf der Suche nach Gesellschaft sind. Mir kam es vor, als würde ich angeschmachtet. Sofort wurden Gespräche der Art »Was hat ein netter Junge wie du hier verloren?« geknüpft, und ich ergründete schnell, dass a) die Tour das letzte Mal vor 33 Jahren durch La Trimouille gekommen war, es b) wirklich schade war, dass Michel der Mechaniker nicht da war, denn der hatte noch einen Haufen Fotos von damals, und c): Wenn du das Herz eines nassen englischen Radfahrers gewinnen willst, solltest du dir die Reste des Frühstücks aus dem Schnurrbart kämmen und etwas weniger nach Erbrochenem riechen.

Jemand witzelte, ich würde die Tour gewinnen. Ein anderer machte eine Folge von Handzeichen, die entweder andeuteten, dass die Straße nach Limoges ein einziges Auf und Ab war, oder aber, dass sie vom Monster von Loch Ness heimgesucht wurde. Als ich die Schenke glücklich verließ, kam die Sonne hervor. Ich rief über die Felder: Hallo, Kühe; schönen guten Morgen, liebe Elster; halt die Fresse, Scheißköter... Zum ersten Mal war mein Problem nicht Furcht oder Müdigkeit, sondern Langeweile. Bald ertappte ich mich dabei, wie ich debil meine Knie anstarrte, die Kilometer auf Kilometer abstrampelten: haariges rotes linkes Knie, haariges rotes rechtes Knie, linkes Knie, rechtes Knie, links, rechts, links... Warum rasieren sich Radfahrer die Beine?... Aerodynamik, schätze ich... Frage mich, an welchem Punkt ihrer Karriere sie damit anfangen... Nimmt dich jemand zur Seite und sagt, sieh mal, Junge, du bist was Besonderes, aber wenn du's ernst meinst, lass den *Bic* an deine Waden... Was ist, wenn man sie rasiert und dann feststellt, dass man doch nichts taugt?... So wie Michael Hardaker auf dem Geländelauf der Pfadfindertruppe, als sein Vater ihm an der Startlinie jede Menge Vaseline auf die Beine schmierte... Überhaupt, was zur Hölle sollte das eigentlich?... Oh, da ist ein Blatt in meinen Speichen... da ist es wieder... da... da... da... jetzt ist es weg... und... drrr-tschick... was ist das für ein drrr-tschick Geräusch?

Es war furchtbar, wie sich das Gehirn allmählich auf die hirnverbranntesten und ärgerlichsten Einzelheiten konzentrierte. Aber wenigstens ging es nicht nur mir so. Sogar richtige Radfahrer hatten Mühe, ihre Gedanken zu sammeln, wenn diese erst mal auf Wanderschaft gegangen waren. Louison Bobet, der ab 1953 dreimal hintereinander die Tour gewann, neigte zu lähmenden Zwangsvorstellungen: ein Ölfleck auf seinem Reifen, ein Ersatzschlauch, der in Papier von der falschen Farbe eingewickelt war. Und wer könnte nicht mit Paul Kimmage fühlen, der bei einem Zeitfahren auf der Tour 1989 alle Chancen einbüßte, weil am Start Paul McCartneys »My Brave Face« gespielt wurde, das dann auf den folgenden 73 Kilometern endlos in seinem gequälten Hirn abgespult wurde?

Drrr-tschick... Dieses Geräusch – und ich kann es selbst jetzt kaum ertragen, darüber nachzudenken – stellte sich schließlich als leichte Fehlausrichtung der Kette heraus, überlappt von einem synthetischen Rascheln, das dadurch verursacht wurde, dass ich bei jeder Pedalumdrehung mit meiner linken Ferse die Gepäcktaschen streifte. Weder das eine noch das andere durfte eigentlich schwer zu reparieren sein, doch mein wahlloses Herumfummeln mit Sechskantschlüsseln und Schraubenschlüsseln machte alles immer noch etwas schlimmer, wenngleich nicht so schlimm, wie der Latein-am-Ende-Tritt vermuten ließ, mit dem ich jede Reparatursitzung am Straßenrand abrundete.

Drrr-tschick, drrr-tschick... Ich weiß nicht mehr, wann genau mir klar wurde, dass in meinem Kopf etwas viel Entscheidenderes schief lief. Es könnte aber gewesen sein, als ich durch ein Dorf namens La Grande Mothe kam und anfing, das Farnkraut nach riesigen Fühlern abzusuchen. Ich fühlte mich seltsam hohl und bemerkte, dass alles in Zeitlupe abzulaufen schien, vor allem mein Fortkommen. Ich hielt an, und zum ersten Mal seit der Kew Bridge dachte ich zu spät daran, meine Füße aus den Klickpedalen zu drehen: Der Sturz in den feuchten Farn war so sanft und schmerzlos, als würde er jemand anderem passieren. Ich stellte eine dümmliche Verwirrtheit zur Schau, auf die Stan Laurel stolz gewesen wäre, saß auf meinem nassen Arsch und fragte mich, was los war. Magen komisch, Kopf leicht, Hände... zwei. Eins, zwei. Zwei Hände. Müssen... muss... Natürlich: die Vitamine.

Erst später bin ich zu dem Schluss gekommen, dass das ganze Gerede über Vitaminspritzen entweder ein offener Euphemismus für illegale leistungssteigernde Drogen ist, oder aber dazu da, widerwillige Fahrer zu überreden, sich Injektionen in den Hintern zu setzen. Die große Überwindung besteht nicht etwa im Wissen um den Inhalt der Spritze, es ist vielmehr die Handlung, sich das Zeug selbst zu injizieren: Hat man sich erst mal B12 gespritzt, ist es nur ein kleiner Schritt zu Steroiden oder Amphetaminen. Sicher war dies auch Paul Kimmage bewusst, und so schwitzte er vor Scham, als er die Jungfräulichkeit seines Hypoderms an eine Eisen- und Vitamininjektion verlor.

Damals aber hatte ich die angeblich überragende Rolle der Vitamine für bare Münze genommen und ein altes Sonnenbrillenetui mit Sanatogen gefüllt, außerdem noch mit Vitamin C und B12, von denen mir jemand gesagt hatte, dass der Körper sie schnell wieder ausscheidet, und einer Handvoll Lebertran-Tabletten, von denen ich irgendwie annahm, sie würden meine Gelenke schmieren. Da ich an diesem Morgen vergessen hatte, meine Dosis zu nehmen, holte ich fahrig das Etui heraus und beförderte eine Reihe von Pillen in meinen Mund.

Schon viel besser, dachte ich, spuckte Riboflavin auf den matschigen Seitenstreifen und rollte weiter. Aber natürlich war es das nicht. Als ich an einem Gebüsch auf einem Hügel vorbeifuhr, registrierte ich ein markantes Husten: Ein sehr dicker Mann begegnete meinem Blick, lächelte scheu und entblößte sich. Ich bin fast sicher, dass es sich um ein echtes menschliches Wesen gehandelt hat, doch reichte dieses Erlebnis aus, um all die bösen Gedanken wieder aufkommen zu lassen, und innerhalb von zehn Minuten war ich zum zweiten Mal vom Rad gefallen, in den Ohren ein höhnisches Flüstern: »Rasier sie, Heiliger Erich, rasier sie.«

Ich hatte einen Hungerast.

Radprofis verbrennen 9.000 Kalorien am Tag, etwa das Vierfache dessen, was ein durchschnittlicher fauler 36-Jähriger braucht, um 24 Stunden häuslichen Wirkens zu überstehen. Essen, essen, essen, so hatte man mir gesagt, doch wegen der logistischen Schwierigkeiten bei der Nahrungsaufnahme unterwegs hatte ich gehofft, die nötigen

Kalorien beim Frühstück, Mittag- und Abendessen in mich hineinschaufeln zu können. Das war ein Fehler. Profis fangen nach der ersten Stunde im Sattel an, ihre *Fig Newtons* zu knabbern, und nehmen von da an stetig Nahrung zu sich, um zu verhindern, dass die Reserven zur Neige gehen und der Körper beginnt, sich selbst aufzuessen. Der Zucker wird aus dem Blut gesogen und eine traumatische Benommenheit und Erschöpfung setzt ein. Tunnelblick, Sterne vor den Augen, Eddy Merckx bis zu den Felgen im Teer, wird überholt und versteht nicht, warum – die Tour de France ist ohnehin ein schlechter Trip, und erst recht, wenn man einen Hungerast hat.

Von da an behalf ich mich bis zum Mittagessen mit dem halben Dutzend Croissants, das ich vom Frühstücksbüffet in meine Taschen schmuggelte, oder mit drei Schokobrötchen, die ich vor irgendeiner Dorfbäckerei mit einer Cola als zweites Frühstück hinunterspülte. An diesem Tag aber, zumal alle Geschäfte über Mittag geschlossen hatten, ging es darum, ein Restaurant zu finden, bevor Fabelwesen ihre Köpfe aus meiner Lenkertasche steckten. Ich kann mich noch erinnern, etwas mit Käse und Kalbfleisch gegessen zu haben, in einem Restaurant voll mit Plastikblumen und Söhnen, die ihre Mütter ausführten. Aber selbst heute kann ich seine Lage auf der Karte nur soweit eingrenzen, dass es in Le Dorat, Bellac oder irgendwo dazwischen lag.

An dieser Stelle sollte ich darauf hinweisen, dass ich mich verirrt hatte. Der Streckenverlauf, den ich in Loudun notiert hatte, endete in La Trimouille, und obwohl die Jungs in der Bar sicher waren, dass die Route nach Limoges (wo die Etappe endete) ganz unkompliziert die D675 und N147 hinunter führte, war ich skeptisch. Da Straßen für die Tour über Stunden gesperrt werden müssen, wählen die Organisatoren möglichst ruhige, abgelegene Nebenstrecken. Doch als ich wie verrückt aus Bellac heraus schoss und zum Fuß eines lang gezogenen, feuchten Hügels fuhr, wurde die Fahrbahn zweispurig, und ich war plötzlich von Lastwagen umzingelt. Die Landschaft war fast englisch – frisch, grün und sanft geschwungen – der Verkehr war es leider auch. Ich hatte mich daran gewöhnt, die Straße für mich allein zu haben, jetzt aber wurde ich in unangenehm vertrauter Weise bedrängt und gestoßen. Ein Peugeot-Kombi mit einem halben Dutzend Fahrrädern auf dem Dach schoss winkend und hupend vorbei, der erste von vielen gut gemeinten, aber nervenzerfetzenden Grüßen. Die horizontale Achse der N147 begann bedenkliche Wellen zu schlagen, und alles, was ich zu sehen bekam, waren überfahrene Tiere: Schnecken natürlich, aber gelegentlich auch mal ein Wiesel, ein Dachs, Hühnchen in Estrich oder passierte Igel.

Meine Schultern schwankten hin und her, und jede Faser meines Körpers war von Unwohlsein durchdrungen. Ich drrr-tschickte auf einen verlassenen Rastplatz und fiel flach auf den Rücken, ungeachtet des Regens, der Kiefernzapfen unter meinem Hintern und der Tatsache, dass ein in Frankreich beliebter Zeitvertreib darin besteht, neben die Straße zu scheißen. Ich gähnte gewaltig und blinzelte in die tropfenden Nadelbäume, dann übertönte ich den Schwerlastverkehr mit einem geschmetterten »*Happy Birthday*«.

Es war schwer zu glauben, dass von den Fahrern der Tour erwartet wurde, die Strecke Tours–Limoges an einem Tag zu absolvieren. Jeder einzelne Hügel schien sich eine Ewigkeit hinzuziehen. Der Vorfall mit der verrückten Mülleimer-Frau aus Obterre vom vergangenen Nachmittag schien eine Erinnerung aus der Kindheit zu sein, doch die Profis würden ganze drei Stunden von Obterre nach Limoges brauchen. Ich dachte an jene Fahrer, die weder Sprinter noch Kletterer waren und allein durch Entschlossenheit und Ausdauer Rennen gewannen. »Harte Männer« wurden sie genannt, fast offiziell, und wenn man Rad und Körper härter schinden konnte als die meisten anderen, konnte man gar nach der höchsten Auszeichnung streben: »Superharter Mann«.

Die letzte Anstrengung nach Limoges war etwas für die superharten Männer, es ging sehr viel rauf und sehr wenig runter. Wobei sie wahrscheinlich darauf verzichtet hätten, unter dem Vordach einer verlassenen Hütte zu warten, dass sich der Regen verpisst.

Ich kenne nicht viele Städte, deren Attraktivität von einem Wolkenbruch nicht in Mitleidenschaft gezogen würde, aber Limoges war in jeglicher Hinsicht ohne jeden Reiz. »Keine Stadt für einen längeren Aufenthalt«, lautete die schroffe Einschätzung des *Rough Guide*, und als ich mich kreischend und planschend durch die Rush Hour kämpfte, konnte ich das sofort nachvollziehen. Limoges war einer jener Orte, die aus einem Haufen eintöniger Vorstädte zusammengewürfelt sind, mit der Sorte Innenstadt, durch die man durchfährt, ohne es zu bemerken. Das echte Porzellan, das die Stadt berühmt gemacht hatte, wurde hier schon lange nicht mehr hergestellt, weil die Kaolinminen längst ausgebeutet waren. Dies allerdings hielt eine nicht enden wollende Reihe von Souvenirläden nicht davon ab, massenhaft grässlich dekorierte Teller in die Schaufenster zu stellen.

Obwohl ich nicht allzuviel Kontakt mit den Menschen von Limoges hatte, muss ich berichten, dass sie nicht die hellsten unter der Sonne sind. Ich wollte die Route der morgigen Etappe erfragen, die in Richtung Süden nach Villeneuve-sur-Lot führte, und eilte in einen Fahrradladen, wo ich eine fünfzehnminütige Aufführung des Stückes »Der abwesende Ladeninhaber« erlebte. Danach ging ich in das ebenso überbesetzte wie unterbesuchte Tourismusbüro, das aber der Idee von Fremdenzimmern sehr skeptisch gegenüber zu stehen schien.

Ich fand schließlich ein Hotel an einer schaurigen, nassen Fernstraße, deren Verlauf nahe legte, dass sich die Gründer von Limoges entgegen allgemein anerkannter Erkenntnisse des Zivilschutzes entschieden hatten, ihre Stadt in einem riesigen Loch im Boden zu errichten. Das Hôtel Belvedere verdankte seinen Namen der reizvollen Aussicht auf viele Spuren Verkehr nach Toulouse, doch das Restaurant sah ganz vernünftig aus – wenigstens solange, bis ich einen guten Tropfen auf meinen Geburtstag geleert hatte und anfing, alberne Dinge mit dem »*Boeuf Limousin*«-Fähnchen auf meinem Steak anzustellen. Als die *Crème Caramel* kam, winkte ich damit fröhlich einem älteren Holländer am Nachbartisch zu.

Mein zweiter Cointreau traf zeitgleich mit einem halben Dutzend schnurrbärtiger Herren mittleren Alters ein, die mit kurzem Nicken und einem »*Bonsoir, m'sieurs, dames*« in den Saal grüßten. Diese übermäßige Zurschaustellung von Respekt, gepaart mit ihren geflüsterten, aber ernsthaften gastronomischen Debatten – das Ringen um Jahrgänge, die Frage an die Kellnerin, ob der Ziegenkäse aus der Region sei – führte dazu, dass ich mich fragte, ob es sich nicht um pensionierte Tour-Profis auf einer Erkundungssmission handelte, eine Art Aufwärmbrigade von Sportbotschaftern. Erst nachdem ich den schmerzhaften Aufstieg zu meinem Zimmer bewältigt hatte – Warum endete ich immer im brütend heißen Dachgeschoss? – fand ich die Wahrheit heraus: Als ich aus dem Fenster blickte, sah ich eine Phalanx von Wagen der France Télécom auf dem Hotelparkplatz. Telefoningenieure mit Anstand und Feinschmecker-Kompetenz – das reichte aus, um einer ganzen Nation von gehässigen Pressereferenten und Fremdenverkehrs-Idioten zu verzeihen. Vorausgesetzt, man ging danach ins Bett, ohne den Fernseher anzuschalten.

Ich geriet in eine Dokumentation über den Start einer Ariane-Rakete in Französisch-Guyana und erinnerte mich daran, dass es Überlegungen gegeben hatte, den Prolog der Tour 2000 auf der französischen Karibikinsel Guadaloupe auszutragen – eine 13.000 Kilometer lange Reise für eine zwanzigminütige Radfahrt... Obwohl der Plan aus logistischen Gründen wieder aufgegeben wurde, verdeutlichte allein seine ernsthafte Erwägung, wie kolonialistisch Frankreich immer noch war (man stelle sich vor, das englische Pokalfinale würde auf den Falklandinseln ausgetragen). Es zeigte darüber hinaus, wie genüsslich die Tour als Präsentation der globalen Bedeutung Frankreichs vermarktet wurde. An der Straße hatte ich regelmäßig Zeugnisse der französischen Verbitterung über den Triumph des Englischen als Weltsprache gesehen, Werbekampagnen mit englischen Slogans – »*APPLE - THINK DIFFERENT*« – gefolgt von einem kleinen Sternchen, das säuerlich auf die Übersetzung unten auf der Plakatwand verwies: »*Pensez différemment*«. Auch ein großer Teil der Straßengraffitis war in Englisch gehalten, oder zumindest in einer

Sprache, die dem Englischen ähnlich war. Nachdem ich das ZR in einer Werkstatt zu Bett gebracht hatte, stieß ich auf »*Fuck off the system*« oder »*Your face, your ass – what is the different?*«

Frankreich hatte den Krieg der Weltsprachen verloren, doch die Dokumentation über die Rakete belegte, dass die Nachhut noch immer auf Nebenschauplätzen kämpfte. Meine Erinnerung an das Ariane-Programm handelt von Raketen, die auf der Startrampe umkippen, eine Kehrtwende ins Meer machen oder nach elf Sekunden Flug den Regenwald spektakulär mit kleinen, heißen Titanteilen überschütten. Da war ich dann doch uneins mit den Programmmachern, die es vorzogen, die früheren Pleiten zu übergehen, wie auch die Beiträge anderer Nationen zu diesem europäischen Projekt. Statt dessen hatte man einen hochtrabenden Propagandabericht über Frankreichs technologische Herrlichkeit zusammengestellt.

Besonders interessant war, wie einheimische Demonstranten – denen es verständlicherweise widerstrebte, ihre Wellblechhütten durch die mittlerweile traditionelle Apokalypse nach dem Start einäschern zu lassen – als hirnlose Maschinenstürmer porträtiert wurden, die man mit ein paar großen Kriegsschiffen an der Küste einschüchtern musste. Als die Weißkittel im Kontrollraum schließlich den Knopf drückten, wurde dies von einem dröhnenden Soundtrack untermalt. Eine orchestrale Siegesfeier des Fortschritts über die Ignoranz, der Ersten über die Dritte Welt, Frankreich über alles. Es war, als würde man das Ende eines James-Bond-Films sehen, in dem Blofeldt gewinnt: Der digitale Countdown geht auf Null, worauf der Himmel über dem geheimen Versteck im Dschungel von einem Streifen rauchenden Silbers durchdrungen wird und sich eine Hundertschaft gleichgeschalteter Techniker in synchronem Triumph von ihren Monitoren erhebt.

Inspiriert von diesem Streben nach technischer Perfektion sowie meinem eigenen schrecklichen Kampf mit der Schwerkraft, wollte ich unbedingt meine Last reduzieren. Der Verbrauch an Zahnpasta hatte sich verdreifacht, sie wurde ungeniert mit einem Spritzer aus dem Handgelenk auf die Bürste gedrückt. Mein Kater an diesem Morgen wurde mit einer Überdosis Paracetamol behandelt, Gratistoilettenartikel ließ ich mit einem unterdrückten Seufzer auf den Regalen von Hotelbadezimmern zurück. Natürlich wusste ich, dass das alles Blödsinn war – eine einzige weggeworfene Ausgabe von *Procycling* hätte weit größere Auswirkungen gehabt – aber wenigstens gab es mir das Gefühl, etwas zu tun. Was auch bitter nötig war, denn meine gewählte Reiseroute, über die D704 nach Süden, führte mich direkt auf einen monströsen Anstieg, der sich bis zur Mittagszeit hinzog. Doch immerhin: Ich hatte keinen Kater mehr, als ich oben ankam.

Die Landschaft war zu grün, und überhaupt: Es gab viel zu viel davon. In Großbritannien knabbert zusammengepferchtes Vieh das Gras bis auf die Wurzeln nieder, hier aber bot sich meinen durch den Nieselregen blinzelnden Augen ein seltsamer Anblick. Ein paar wenige Kühe tummelten sich auf einer Weide von der Größe des Heathrow Airports, umgeben von so viel hüfthohem Gras, dass sie nicht wussten, an welcher Stelle sie anfangen sollten. Auch die Wildtiere hatten sich noch nicht an das rauhe Leben im 21. Jahrhundert gewöhnt und stolzierten aus den feuchten Feldern heraus unbekümmert in die Kühlergrille der Lastwagen. Es ist schon komisch, dass selbst ein stabil gebauter Igel lediglich eine kompakte Masse aus Eingeweiden auf dem Asphalt hinterlässt, wogegen es ein mageres Wiesel richtig krachen lässt. Ich kann das beurteilen, weil ich Zeuge wurde, wie ein Exemplar einem 32-Tonner gestattete, es bei hoher Geschwindigkeit zu verarbeiten, worauf es einen ansehnlichen Brocken Innereien auswarf, der über den Seitenstreifen flog und meinen Vorderreifen traf. Von dort verteilte er sich mit Hilfe meiner rotierenden Speichen häppchenweise auf meine Schuhe und, weniger schön, meine nackten Schienbeine. Ich schaffte es trotzdem, etwas zu Mittag zu essen, doch der übliche Heißhunger wollte sich irgendwie nicht einstellen.

Als ich mich danach wieder mit den Schuhplatten an mein Rad gefesselt hatte – ein Vorgang, der mir körperlich und geistig zunehmend wie eine Selbstkreuzigung vorkam – wurde ich von zwei alten Säcken auf makellosen Straßenrädern überholt. Sie hatten Profitrikots stramm über ihre Wampen gezogen, und alles, was sie sonst brauchten, war in kleinen Rucksäcken verstaut. Verächtlich blickten sie auf meine Satteltaschen, dann sausten sie an mir vorbei und jagten die D704 hinauf. Mir war klar, dass zwei Fahrer, die sich im Windschatten abwechselten, mindestens 20 Prozent schneller vorankamen als ein einzelner, aber da ich 40 Prozent jünger und 100 Prozent weniger französisch war, nahm ich überstürzt die Verfolgung auf.

Interessanterweise gaben nicht die Anstiege, sondern die Abfahrten den Ausschlag. Jedesmal, wenn ich an einem Hügel so nah an die alten Kerle herangekommen war, dass ich ihre Sponsorenlogos lesen konnte, lehnten sie sich nach vorne, rasten die andere Seite herunter und ließen mich in weiter Ferne im Kampf mit der nassen Fahrbahn und den Schlaglöchern zurück. Wenn ich versuchte, meinen geschundenen Hintern aus dem Sattel zu heben, drohte das Gewicht der Tragetaschen mich umzuwerfen, und bei mehr als 35 km/h imitierte der durch meine Ohren rauschende Wind auf unheimliche Weise das Geräusch eines Autos, das an mein Hinterrad heranfuhr. Die einzige Chance bestand darin, den Lenker so fest zu greifen, dass mein gesamter Oberkörper verspannt war, wenn ich das Tal erreichte. Außerdem fand ich es unfair, dass, obwohl niemand von uns Schutzbleche hatte, nur mein Trikot vom Steiß bis zum Nacken mit einer amtlichen Schicht Straßenschlamm bedeckt war.

Als meine Arschmuskeln ein Thema wurden – und offen gesagt wurde es dafür auch Zeit – hielt ich an, gerade als einer meiner Bezwinger sich umdrehte, um mir etwas zu schenken, das selbst auf 200 Metern Entfernung als triumphierendes Grinsen zu erkennen war. Nach einer halbstündigen Verfolgung, während der mein Hintern geprügelt, mein Brustkorb gekocht und meine Sehnen zerrissen wurden, hatte ich meine Durchschnittsgeschwindigkeit für diesen Tag von gemächlichen 18,9 km/h auf... nun ja, gemächliche 19,1 km/h erhöht.

Ich versuchte, diese bedrückende Statistik zu verarbeiten, indem ich bei den Hügeln eine neue Strategie ausprobierte, die darin bestand, auf der Spitze jedes Mal anzuhalten und mir eine Belohnung zu gönnen: einen Schluck Wasser, die Nase putzen oder in Zeitlupe in die nassen Brombeersträucher fallen. Das funktionierte so lange, bis der Regen einen Pegel erreichte, der mir die Pausen verdarb, und da meine Durchschnittsgeschwindigkeit (oder »AVS«, wie der »Hör auf mich so anzusehen«-Kilometerzähler es wollte) störrisch gleich blieb, gab ich klein bei und fiel endgültig zurück.

Nach einhundertundeins Kilometern an diesem Tag erreichte ich Montignac, sah ein Schild mit der Aufschrift »Steigen Sie aus und besichtigen Sie die Höhlen von Lascaux« und entschied, dass es reichte. Montignac ist vermutlich nur aufgrund seiner Nachbarschaft zu den berühmten paläolithischen Höhlenmalereien erblüht, aber es schien auch sonst ein hübscher Ort zu sein: mittelalterliche Fachwerkhäuser mit schiefen Balkonen, von denen man auf einen großen Fluss blickten konnte, ein herrliches Rathaus mit pyramidenförmigem Dach und gemeißelten Säulengängen im napoleonischen Stil, und ein ehrwürdiges Hospital aus dem 13. Jahrhundert, das ein ahnungsloses Tourismusbüro beherbergte (»*Le Tour? Oui*, ähm... *par ici, et aprés*... Périgeux? Brive?« – beide wegen ihrer geographischen Lage eher unwahrscheinlich). Ich kann mir vorstellen, dass Montignac in der Hauptsaison vollkommen überlaufen ist – in den Fenstern der Makler waren sämtliche Angaben auf Englisch – aber an diesem dann doch noch sonnigen Abend Mitte Mai hatte ich den Ort mehr oder weniger für mich alleine.

Nicht weit vom Fremdenverkehrsamt fand ich ein reizendes Hotel, im Besitz einer reizenden Frau vom Typ Mrs. Robinson; weiße Caprihosen, Schlangenlederslipper. Mrs. Robinson führte ihr Etablissement genau so, wie es meine Familie getan hätte: schöne viktorianische Tapeten, mit Samt bezogene Throne mit hohen Lehnen im Schlafzimmer, Schimmel an der Decke und Haare im Badezimmerabfluss. Eine weitere Besonderheit im Bad war ein zutiefst verstörendes Klo, dessen Schüssel einen Müllschlucker beherbergte, der von den Schließmuskeln zweier Gummiseesterne flankiert wurde. Ich brauchte fünf Minuten, um die Spülung zu finden, und als ich sie betätigte, wurde auf geheimnisvolle Weise eine große rosafarbene Pille mit solcher Wucht von den Seesternen ausgeworfen, dass sie quer durchs Bad flog. Na ja, es hätte schlimmer kommen können. Doch wenn man den ganzen Tag über Rad fährt, bleibt nur ein winziger Rest von 9.000 Kalorien zurück.

Ich trank in Ruhe ein Bier am Fluss, breitete die Karten aus und beobachtete einen schwalbenartigen Vogel dabei, wie er das Wasser nach Nahrung absuchte. Weiter mit Michelin 235 – ein aufregender Moment, denn diese Midi-Pyrénées untertitelte Karte offenbarte unmissverständlich, dass ich mich jetzt im Süden Frankreichs befand. Andererseits fühlte ich mich jeden Abend müder. Weil ich tagsüber zwangsläufig wie ein alberner Tourist auf zwei Rädern aussah, war ich zumindest an den Abenden um Verschleierung bemüht, kaufte die Lokalzeitung, gab vor, sie zu lesen, und begleitete in Kneipen nickend und kopfschüttelnd die Fernsehnachrichten. An diesem Abend aber kam ich nicht aus dem Quark. Ich stolperte lustlos durch Montignac, einen Haufen schlecht gefalteter Landkarten im Arm, in hautengen, schwarzen Leggings, weißen Socken und schwarzen Espandrilles. So als wäre ich vom Bolschoi-Theater gefeuert worden.

Tatsächlich war ich so müde, dass mein Kopf mitten im zweiten von drei großartigen Gängen Périgordscher Küche auf die Herrlichkeit aus Leinen, Glaskristall und galvanisiertem Silber sank. Mrs. Robinsons Gatte weckte mich mit einem sanften Hüsteln und einem Sorbet. Jesus, dachte ich, als ich, dümmliches Zeug stammelnd, hochfuhr: um 20 Uhr am Tisch eingeschlafen, und noch 2.300 Kilometer vor mir.

»*Excusez-moi*«, begann er schüchtern, nachdem ich mir einen dünnen Faden Sabber vom Kinn getupft hatte, »*votre nom – vous êtes apparenté a l'ancien* James Bond, Roger Moore?«

»*Oui - il est mon père*«, sagte ich geradeheraus, denn diese Frage war mir während meiner Besuche in Frankreich bereits ungefähr vierzig Mal gestellt worden.

»*Votre père!*«

Er war so aufgeregt, dass ich es nicht übers Herz brachte, ihm zu erklären, dass ich einen abgeschmackten Witz gemacht hatte. Außerdem mangelte es mir dazu an Vokabular. Als ich an den Ölgemälden und der Marmorverkleidung vorbei aus dem Speisesaal schlurfte, sah ich die Robinsons an der Küchentür stehen; sie starrten mich aufgeregt an. Das erklärt vielleicht, weshalb sie vergessen haben, mir das Abendessen in Rechnung zu stellen, es erklärt aber nicht, weshalb ich sie nicht darauf hingewiesen habe. Es tut mir wirklich sehr Leid.

Am nächsten Morgen – natürlich regnete es – besuchte ich die Höhlen von Lascaux. Ich schlurfte durch eine sehr kalte Nachbildung der ältesten Kunstgalerie der Welt. Die Originale waren 1963 versiegelt worden, als man herausgefunden hatte, dass der Atem der Besucher die uralten Pferde grün werden ließ. Nachdem ich eine Stunde mit ein paar Dutzend französischen Rentnern mit Mundgeruch verbracht hatte, verstand ich, warum das so war. Das wirklich Interessante an Lascaux sind nicht die Malereien – der Schwindel mit den Nachbildungen nimmt dem Ganzen den Glanz . Es ist die Tatsache, dass sie erst 1940 entdeckt worden sind, von vier Jungen auf der Suche nach ihrem Hund. Es ist ein Indiz für die gewaltige Leere des ländlichen Frankreichs, dass solch ein riesiger Ort von Hunderten Generationen prähistorischer Jäger genutzt und dann bis weit ins 20. Jahrhundert hinein vergessen wurde. Der Fremdenführer schloss uns versehentlich ein – ein alter Mann begann zu weinen, als klar wurde, dass es sich nicht um einen Witz handelte – und als wir fünf Minuten später befreit wurden, fragte ich mich bereits, ob wir nicht erst in 17.000 Jahren von vier Hunden auf der Suche nach ihrem Jungen entdeckt werden würden. Um dann angehechelt und grün zu werden.

Die Fahrer der Tour haben natürlich nur selten Gelegenheit zum Sightseeing. Paul Kimmage erinnert sich säuerlich, wie elend es war, durch das Fegefeuer zu gehen und dabei von Eiscreme schwenkenden Sonnenanbetern bejubelt zu werden, von Menschen, die so offensichtlich im Urlaub waren, wie er es offensichtlich nicht war. Nach einem Tag in den Alpen bei der Tour 1984 erklärte Laurent Fignon den Reportern, er habe sich beim Klettern wie ein Tourist gefühlt, und unterzog die Ausblicke von jedem Gipfel einem kritischen Vergleich. Was sich aber nur jemand leisten kann, der bei drei noch ausstehenden Etappen einen komfortablen Vorsprung von neun Minuten hat.

Scheißregen. Die Mohnblumen blühten noch, aber jetzt waren sie nass und schlaff. Mehr Schneckentennis, mehr Hügel, mehr Regen – weniger Restaurants. Wie ein gedoptes Rennpferd sonderte ich Schweiß in meine luftdichten Regensachen ab, hungerte mich die Vézère entlang und dann durch erhabene Kiefernwälder bis zum Ufer der Dordogne. Sie hatten ihre Flüsse hier unten gern möglichst groß: Meinem unterzuckerten Gehirn kam die Dordogne so breit wie der Nil vor, und die Brücke, die ich nach Siorac überquerte, erschien mir wie das Tor zu einer anderen Welt. Doch Hunger hin oder her, in gewisser Weise war sie das auch. Unvermittelt kam die Sonne hervor, die Wolken verzogen sich über Sioracs streng aussehendes Château hinweg zum Horizont, und innerhalb von nur vier Minuten konnte ich eine Kellnerin überreden, das Wasser von einem Außentisch zu kippen, um Platz für meine Pizza zu schaffen. Pardon: Pizzas.

Es war in der Tat ein Tag mit zwei Hälften. Dank eines kräftigen Rückenwinds nahm ich Fahrt auf und hielt sie auch aufrecht. Erst am Abend bemerkte ich, dass die Straße meistens leicht angestiegen war. Schwung ist alles, rief ich mir altklug zu und fühlte mich routiniert, frisch und munter, als ich eine Stunde lang mit 33 km/h im Schnitt dahinsauste. Vor dem Mittagessen hatte ich mich gefragt, wie die Profis es schafften, den ganzen Tag durchzuhalten, aber jetzt wollte ich gar nicht mehr aufhören. Als ich an einem Bahnübergang wartete, hörte ich die Worte »*Astone Veelah*« aus einer offenen Kneipentür, und mir fiel ein, dass heute das englische Pokalfinale stattfand, oder vielmehr: jetzt gerade. Doch ich hatte einen größeren sportlichen Fisch an der Angel, und zubereitet und gegessen werden musste er auch noch.

Als ich schließlich anhielt, geschah das, um demonstrativ meine Regensachen und die lange Hose auszuziehen: Morgens ist er eine gutmütige transsexuelle Ballerina, doch am Nachmittag wird er zu... Superhardman. Als ich die Sonnenbrille aufsetzte und mich wieder aufs Rad schwang, sauste ein farbiger Blitz vorbei und ein weiterer makelloser Wochenend-Rad-Opa überholte mich. Okay. Mann gegen Mann.

Das Satteltaschen-Fersen-tschick war konstant, aber mein vorderer Umwerfer gab jetzt ein längeres und erstaunlich verstärktes drrrrrr gegen die Kette von sich. Es war so laut, dass ich nicht wagte, dem Opa zu sehr auf die Pelle zu rücken, in der Befürchtung, er würde mich kommen hören. Erst als er sich auf den gelegentlichen Anstiegen abmühte und aus dem Sattel ging, und seine glänzende silberne Maschine bedenklich unter ihm schwankte, holte ich den Hammer raus, um ihn zu zerstören (ach, wie ich darauf gewartet hatte, diese brutalste aller Radsport-Phrasen verwenden zu können). Unter einer Eisenbahnbrücke stellte ich ihn und obwohl ich hörte, wie er ein paar Gänge runterschaltete, um die Drehzahl zu erhöhen, lag er Kilometer hinter mir, als ich mich nach zwei Minuten umsah. Ich ließ ihn als gebrochenen Mann zurück.

Ich bin mir durchaus bewusst, dass das nicht sehr schön klingt, ungefähr nach einer bierseligen Runde Klingeljagd in einer Anlage für betreutes Seniorenwohnen, aber damals fühlte ich nichts als grenzenloses Frohlocken. Und es kam noch besser – ein Stück die Straße rauf war ein weiterer Vogel im Teamtrikot auf Spritztour; jünger, vielleicht Anfang vierzig, und obwohl er sich mächtig reinhängte, ließ ich ihn stehen, ohne mich überhaupt umzudrehen.

Üppig grüne, landschaftlich reizvolle Abschnitte; Täler des Todes, in denen Zementfabriken jede aufgegebene Fleischerei oder Bäckerei mit einer Schicht beigen Puders überzogen hatten – mir war das alles gleich. Ich hatte die Kontrolle übernommen und gedachte sie nicht mehr zu verlieren. Als ich dann nach Fumel hineinraste – eine verfallende Industriestadt, die ungefähr so reizvoll ist, wie sie klingt – prallte ich fast mit einer Gruppe grün-weißer *Crédit-Agricole*-Trikots zusammen, die mir geschmeidig entgegenkam. *Crédit Agricole* war Chris Boardmans Mannschaft, und warte mal, hatte der Typ ganz vorne nicht eine große Nase?

»Hey, Chris!« Niemand drehte sich um, was mir recht war, denn im Nachhinein hätte ich nicht gewusst, was ich sagen sollte.

»Hey, Chris! Ich wollte dir nur sagen, dass... dass ich deine Dehnübungen echt toll finde – weißt du, die, die ich jeden Morgen und jeden Abend vergessen habe. Ja, die guten alten Katzen-Stretches, nicht wahr? Ja, ja. Warte mal, hau nicht ab – meine Gangschaltung macht Ärger und ich hab mich gefragt, ob...«

Dennoch war es so was wie ein Zeichen, obwohl ich später erfuhr, dass Boardman seine Teilnahme an der Tour bereits zurückgezogen hatte, und er es also fast sicher nicht war. Ich hatte geplant, in Villeneuve zu übernachten, aber da ich mich gut fühlte (und gelesen hatte, dass Villeneuve ein Drecksloch war), entschied ich mich, die 30 zusätzlichen Kilometer nach Agen zu fahren, wo der Start der nächsten Etappe sein würde. Zwei Schokoriegel in Saint-Sylvestre-sur-Lot, ein Liter Traubensaft auf der anderen Seite des Flusses in Penne, und weiter ging's auf einer furchtbaren Steigung aus der Stadt heraus und ab durch die warmen Felder.

Ich wusste inzwischen, dass jeder Ort, der ein *haut* im Namen führte, aus topographischen Gründen zu meiden war. Es gab aber keine Möglichkeit, Hautefage zu umgehen, und auf dem Anstieg dorthin befand ich mich vorübergehend in schlechter Verfassung. Aber das war nichts, was sich nicht mit einem halbstündigen Nickerchen in einem Obstgarten beheben ließ, den Helm noch auf dem Kopf und Fliegen in meinem Gesicht, die sich auch durch halbherzige Schläge nicht verscheuchen ließen. Als die Straße in Richtung Tarn und Garonne abfiel, jenen beiden fetten Wasserläufen, die durch Agen fließen, hatte ich mich erholt. Ich erreichte 40 km/h, als ich einer jämmerlichen Szene riskant ausweichen musste: Ein Teenagermädchen beobachtete voller Gram, wie ein Bauer einer Katze einen Stiefeltritt versetzte, die es versäumt hatte, in beide Richtungen zu schauen, als er mit seinem Traktor vorbeikam.

Natürlich holte mich die Wirklichkeit wieder ein, und zwar, als ich mich mit wackligen Knien und plötzlich gereizt durch Agens nicht eben viel versprechende, heruntergekommene Vorstädte quälte. Autofahrer krochen die an Harlem erinnernde Hauptstraße hinauf, es war ein lauter, chaotischer, heißer Samstagabend, und erst nach vielem Schlängeln, Meckern und obszönen Handzeichen schaffte ich es, mir den Weg zu einem Ibis-Hotel zu bahnen. Es gibt Zeiten, da will man, dass das Hotel ein Erlebnis ist, man möchte im Leben des Hoteliers eine schillernde Gastrolle spielen und umgekehrt. Und dann gibt es Zeiten, in denen man nichts von alledem will. Alles, was ich brauchte, war eine Toilette, die nicht so aussah, als würde sie mir die Eingeweide herausreißen, ein Waschbecken, das sich nicht mit verbrauchtem Badewasser aus dem Nebenzimmer füllen würde, und ein Frühstücksbüffet, das ich mir in die Taschen stopfen konnte, ohne mich sorgen zu müssen, dass die Kinder des Chefs deswegen mit leerem Magen zur Schule gingen.

Leider war das Ibis in Agen in einem ungewöhnlich lebhaften Viertel gelegen, ganz Müllgestank, Mopeds, die auf dem Bürgersteig fuhren, und Siebenjährige im vierten Stock, die ihren barfüßigen Kumpels auf der Straße Haustürschlüssel zuwarfen. Ein Ehepaar aus Neuseeland, das ich beim Abschließen meines Rades in der Tiefgarage traf, schien erschüttert zu sein.

»Haben Sie keine Angst, hier ganz allein Rad zu fahren?«, fragte mich die besorgte Gattin, während ich meine Habseligkeiten zur Eingangstür schleppte.

»Ich kann schon auf mich aufpassen«, sagte ich in einem von der Müdigkeit gedehnten, aufgeblasenen Singsang, dessen Effekt verpuffte, als ich gegen die Tür drückte und außerstande war, sie zu bewegen. »Verdammte Taschen«, murmelte ich zaghaft, ehe der Gatte kam und sie mit einer haarigen Hand aufstieß.

In einem studentischen Bar-Restaurant tankte ich wieder auf, während eine in die Jahre gekommene Blues-Band ein Publikum unterhielt, das überwiegend aus den eigenen kleinen Kindern bestand. Ich fühlte die 151 Kilometer des Tages wie ein

Hitzeflimmern aus meinem Körper entweichen. Der Ladeninhaber, der mich in Saint-Sylvestre mit Schokoriegeln aufgebaut hatte, hatte es auf den Punkt gebracht: Die Bedingungen waren an diesem Nachmittag perfekt gewesen. Nicht zu heiß, nicht zu nass, Rückenwind und ein im Großen und Ganzen angenehmes Gefälle. Ein wenig betrüblich war, dass ich trotz alledem keine 100 Meilen geschafft hatte, allerdings fühlte ich mich besser, als ich mir den Reiseteil des *Rough Guide* ansah und berechnete, dass meine Tagesroute mit dem Zug 105 Minuten gedauert hätte. Ich sah darüber hinweg, dass es sich bei der französischen Regionalbahn um ausgesprochene Bummelzüge handelt, und war mir sicher, dass ich mit diesem Zweikampf Mensch gegen Maschine daheim Eindruck schinden konnte. Insbesondere, weil ich die Fahrtzeit des Zuges auf zweieinhalb Stunden aufrunden würde.

## Fünf

Ich ließ Agens schäbige Skyline in meinem Kielwasser aus Staub zurück und wandte mich westwärts. Über Flüsse und Autobahnen fuhr ich in eine ziemlich verbrannte Landschaft hinein, die mit der feuchten, saftigen Üppigkeit, an die ich gewöhnt war, sehr wenig gemein hatte. Gestern waren die Felder voller junger Setzlinge gewesen, heute war da überall verhutzeltes, erntereifes Getreide, und die flimmernde Luft war schwer vom Geruch von Zwiebeln und getrocknetem Schlamm.

Es war ein Sonntag, und zum ersten Mal bewegte ich mich inmitten großer Gruppen organisierter Radfahrer. Dieser Morgen lieferte erste Anzeichen dafür, dass die *Malaise*, die den französischen Radsport befallen hatte, mit einem Verzicht auf anständiges Training zu tun hatte, zugunsten von Wichtigtuerei in den neuesten Trikots und Zurschaustellung snobistischer Langeweile. Es wird ja viel über die Fähigkeit der Topfahrer geredet, Schmerz und Müdigkeit hinter einem Pokerface (und Sonnenbrillen) zu verbergen; die Angeber aus den Radsportklubs hatten sich diesen Gesichtsausdruck (und die Sonnenbrillen) ausgeborgt, während sie die lästige Arbeit verrichteten, die er verbergen sollte. Und sie waren derart überheblich: Erst betrachteten sie mein veraltetes Trikot mit so spöttischen Blicken, dass ich mir vorkam, als wäre ich zur Schuldisco im Gartenkittel meiner Tante aufgelaufen, dann wandten sie sich betont angewidert ab.

An diesem Morgen versuchte ich es noch mal beim Pressebüro der Tour de France, und nach einem Austausch von Seufzern – und zweifellos auch grässlichen Fratzen und Verwünschungen mit der Hand über der Sprechmuschel – erhielt ich das widerwillige

Zugeständnis, dass der komplette und detaillierte Streckenplan lästigen, irrelevanten Ausländern in zwei Tagen zur Verfügung stünde. Ein Blick auf die *Procycling*-Karte zeigte mir, dass sich die Etappe von Agen nach Dax im Zickzack nach Südwesten vorarbeitete. Auf die Michelin-Karte übertragen, führte mich das durch eine riesige unbewohnte grüne Ebene, nichts als Sümpfe, bewaldete Jagdgebiete und Schießplätze. Abgesehen davon, dass diese improvisierte Route wunderbar flach war, hatte sie den Vorteil, die in der Nähe liegende Stadt Condom zu meiden, wo ich mit Sicherheit auf kichernde Briten der übelsten Sorte treffen würde.

Ihr macht es euch einfach, ich mache es auf die harte Tour, aber ich werde ganz sicher vor euch in Paris sein – so dachte ich bei mir, als die verlassenen Hotels und Mohnblumen immer seltener wurden und die D665 schnurgerade durch die gleichförmigen Pinienwälder verlief. Ich atmete heiße Badedas-Dämpfe ein und versuchte zu ignorieren, dass der Wind sich drehte; quälte mich weiter, so gelangweilt, als sei ich Belgien. Immer öfter schlichen sich abstrakte Spekulationen in meine Gedanken. Wie lange würde ich dafür brauchen, eine dieser Pinien mit einem Schraubenzieher zu fällen? Würde ich für 20.000 Pfund diese Amsel töten und roh verspeisen? Ein Reh sprang aus dem Wald, direkt vor ein Schild, das vor Rehen warnte, und irgendwie gelang es ihm, seine dürren Glieder zu einer exakten Nachbildung der auf dem Schild dargestellten, komplizierten Pose zu arrangieren, und für eine geraume Weile erörterte ich, wie es diese Tiere schaffen, auch nur vierundzwanzig Stunden zu überleben, ohne dass wenigstens eines ihrer dämlichen Beine abbricht.

Der Wald wurde weniger, nicht aber das Gefühl der Isolation. Ich wusste nicht, ob die Tour hier entlang kommen würde, aber sollte sie es tun, wäre es für die meisten der Städte zu spät. Ein Baum wuchs auf einem Kirchendach, ein Renault Dauphine wie der von *Monsieur* Hulot kauerte im Zustand fortgeschrittener Verwesung auf einem Vorplatz, so als wartete er auf eine Tankfüllung, die ihm die verrosteten Zapfsäulen nicht mehr liefern konnten. In manchen

Dörfern waren zwei Drittel der Häuser Bruchbuden ohne Dach. Sogar die Kartographen hatten aufgegeben: Aus Bousses wurde Boussé, Steigungen und landschaftlich reizvolle Strecken waren willkürlich gekennzeichnet.

Die Straße begann sich nahtlos mit dem Unterholz zu vermischen, und ihre Oberfläche wurde von schrecklichen, unebenen Pockennarben verunstaltet, die weder fürs Auge noch für den Arsch angenehm waren. »*Chaussée déformée*« warnten die Straßenschilder überflüssigerweise. Die Franzosen sind darin ziemlich gut. Wenn sie nur zwei Prozent des Budgets, das ihnen zur Warnung vor schadhaften Verkehrswegen zur Verfügung steht, für Reparaturen verwenden würden, hätte Frankreich die besten Straßen Europas. Und da war nicht nur die rasend machende Häufigkeit, mit der sie ihre dreieckigen Ausrufezeichen verteilten, da war auch die vorsätzliche Verworrenheit dessen, was sie darunter schrieben. Die *Bandes Rugueuses* und *Accotements Dénivellés*, die *Affaissements* und *Aspersions* – sie alle erzeugten mehr Ängste, als dass sie beruhigten. Sogar das bisschen, was ich übersetzen konnte, beschwor wenig wahrscheinliche Szenarien herauf: die »ungangbare Oberfläche«, die an schrullige Experimente mit Messing oder Federn denken ließ, oder die finsteren Verschwörungen, welche die »Löcher in Gefechtsaufstellung« andeuteten.

Ich blieb in einer Stadt namens Mont-de-Marsan. Sie war nicht sehr schön. Ich aß Pommes auf der Straße. Ich fand ein Zimmer in einem großen Hotel mit langen Korridoren ohne Menschen und einem dicken Mann am Empfang, der ständig seine Lippen leckte und meinen Namen in einen großes, leeres Buch schrieb. Es gab keine Geschäfte, aber viele Bars mit Männern, die einen anstarrten, wenn man vorbeiging, und noch mehr Männer, die auf Brücken an großen Flüssen standen und aussahen, als wollten sie springen. Ich bekam etwas Angst und ging zurück zu meinem Hotel. Mitten in der Nacht wachte ich auf und realisierte, dass ich in Zimmer 101 war, und konnte nicht mehr einschlafen.

## Sechs

Im Frühstücksraum lief *Eurosport*, und Axel Merckx, Eddy Junior, gewann gerade eine Etappe beim Giro d'Italia. Es war das erste Mal, dass ich richtige Radsportler sah, seitdem ich richtigen Radsport trieb, und ich studierte das Peloton in der Hoffnung auf ein paar brauchbare Technik-Tipps. Doch es gab kein Geheimnis. Sie fuhren einfach sehr schnell, und wer am schnellsten fuhr, der gewann. Merckx Senior, der seinem Sohn im Ziel gratulierte, befolgte offenbar noch immer den Ernährungsplan für Profis und aß 9.000 Kalorien am Tag. *Fast Eddy* hatte ein »s« eingebüßt. Der Mann, den sie einst den Kannibalen nannten, sah etwa so sehr nach Menschenfresser aus wie der Inhaber einer kleinen, aber florierenden Kette von Teppichgeschäften.

Ich sollte mich nicht zu weit aus dem Fenster lehnen. Ich selbst verputzte regelmäßig Brennstoff für 250 Kilometer, schaffte aber nur die Hälfte: Folglich war ich so fit wie nie zuvor in meinem Leben, aber auch so fett. Die Pyrenäen ragten drohend vor mir auf, und auch noch so viel großzügig verbrauchte Zahnpasta konnte keinen Ausgleich für das Schwerkraftproblem schaffen, das der Ersatzreifen oberhalb meiner Shorts verursachte.

Mont-de-Marsan war ein zutiefst abstoßender Ort gewesen, und ich war so begierig darauf, ihn zu verlassen, dass ich zu spät merkte, dass die auf meiner – na ja, siebzehn Jahre alten – Landkarte eingezeichnete N124 einer Schnellstraße gewichen war. Vorwurfsvolles Hupen gab mir zu verstehen, dass meine Anwesenheit auf dieser vielspurigen Rennstrecke unerwünscht war. LKW-Fahrern schien es ein besonderes Vergnügen zu sein, mich in das hohe, die Waden zerkratzende Gras auf dem Seitenstreifen zu drängen. Bis zur nächsten Abfahrt war es ein weiter Weg, und als ich sie endlich erreichte, hatte sich mein ohnehin schon umfassendes Expertenwissen in Bezug auf Unrat am Straßenrand noch beträchtlich erweitert.

Wir alle sind vertraut mit den Glassplittern, dem Gummi und den Tieren, welche die großen Verkehrswege säumen, und ich hätte jederzeit ein nachdenkliches Vorwort zu dem Buch »Einsames Chrom – die verlorenen Radkappen Frankreichs« beisteuern können. Faszinierend war allerdings die Bandbreite der Gegenstände, die Autofahrer freiwillig wegwarfen. Warum denn bloß Hunderte von Metern Kasettenband?

»Gérard, wir lieben Johnny Halliday, nicht wahr?«

»Jeder liebt Johnny Halliday. Auf geht's, Johnny!«

»Genau. Auf geht's! Aber wenn ich es mir recht überlege – warum ist das eigentlich so?«

»Na ja, weil er eine weltbekannte Pop-Rock-Legende und zufällig auch noch Franzose ist, deshalb.«

»Obwohl niemand sonst auf der Welt von ihm gehört hat.«

»Na ja, genau.«

»Und obwohl er wie ein Kette rauchender alter Landstreicher mit Schminke aussieht.«

»Genau. Aber trotzdem: Auf geht's, Johnny!«

»Richtig. Ich meine, ich liebe Johnny auch, ehrlich, aber die Sache ist die, seine Musik ist so abgrundtief schlecht, dass ich mich gefragt habe, ob wir ihn nicht weiter lieben und gleichzeitig seine ganzen Kassetten aus dem Fenster schmeißen können.«

»Das ist gut. Das machen wir, wenn wir das nächste Mal halten, um an den Straßenrand zu kacken.«

Ich kürzte den Weg nach Dax mit Hilfe von Abschnitten der alten N124 ab und fuhr durch todgeweihte Dörfer, die bestimmt gefeiert hatten, als die Schnellstraße sie vom Verkehr befreite, die aber jetzt aussahen, als würden sie den Lärm und den Trubel vermissen. Für einen Großteil des Weges hielt ich mit einer Postbotin in einem kleinen gelben Lieferwagen Schritt. Immer, wenn sie zu einem Anwesen schlenderte, schenkten ihr die Hunde ein freundliches Hecheln zur Begrüßung, um sich dann tollwütig gegen die Maschendrahtzäune zu werfen, wenn sie mich sahen.

Es waren nur ganze 60 Kilometer bis nach Dax, und ich erreichte es noch vor dem Mittagessen. Obwohl alles in allem bescheiden, war es doch wesentlich weniger tot als Mont-de-Marsan, ein Ort, den ich so erfolgreich aus dem Gedächtnis gestrichen hatte, dass ich die Straßenkarte konsultieren musste, als sich der von mir nach dem Weg befragte Ladenbesitzer erkundigte, wo ich denn hergekommen sei.

Dax sah etwas verwahrlost und mexikanisch aus, mit jeder Menge schmutziger Fassaden und heißem Staub, doch es gab ein paar luftige, mit Palmen gesäumte Plätze, ein gut gepflegtes Labyrinth von Einkaufsstraßen für Fußgänger und den unvermeidlichen großen Fluss, der diesmal von einer Reihe gewaltig funkelnder Kurhotels gesäumt wurde. Das gewaltigste und am stärksten funkelnde war ein schillernder Art-Deco-Palast, der sich schamlos SPLENDIDE nannte. Das freute mich, denn wie ich wohl noch nicht erwähnt habe, hatte ich dort von England aus ein Zimmer im Voraus gebucht. Es war der erste jener Stopps, die mir Simon empfohlen hatte, um mich für meine eigene Leistung zu belohnen, und obwohl ich wegen der bekannten Streichung der bretonischen Schlaufe ein paar Tage zu früh ankam, war das reservierte Zimmer zu haben.

Ich kann allerdings nicht behaupten, dass die Empfangschefin begeistert war. Ich schob das ZR durch die majestätische Lobby, die etwa so groß wie die Grand Central Station war, und fühlte mich etwas fehl am Platz zwischen all den älteren Herren im Morgenmantel, die Glas-Messing-Kästen mit teuren Leder-Accessoires und Körbe mit Gänseleberpastete begutachteten. Die Garage war »nicht richtig« für Fahrräder, sagte sie und warf den vorbeigehenden Gästen verstohlene Blicke zu, als wolle sie sagen: Keine Sorge, diesen schwitzenden Kasper sind wir bald wieder los.

»Kein Problem, ich nehme es einfach mit auf mein Zimmer«, sagte ich strahlend, um die Sache auf die Spitze zu treiben.

»*Non!* Nein – Ich...«

»Dieses Fahrrad«, sagte ich und tätschelte den verschwitzten Sattel des ZR mit übertriebener Ehrfurcht, »ist 24.000 US-Dollar wert.«

Die Empfangsdame blickte auf die schlammigen Satteltaschen, sah mir direkt in die Augen und lächelte ausgesucht kühl. Aber sie sagte nichts, vielleicht weil ihr das Schauspiel, wie ich mein Rad mühevoll aufrecht stemmte, um es neben mich in den winzigen Aufzug zu quetschen, eine angemessene Entschädigung bot.

Mein Zimmer war unheimlich aufregend, eine Sinfonie aus restauriertem Art-Deco-Glas und Mahagoni, alles ursprünglich, außer dem kolossal großen Fernseher und einem Hochleistungs-Wasserhahn im Badezimmer, der einem den Unterleib durchnässte. Und es war riesig, groß genug, um darin herumzuradeln. Trotzdem war es ein komisches Gefühl, das Rad bei mir zu haben. Gegen den verspiegelten Kleiderschrank gelehnt, starrte es mich anklagend an und glitzerte sogar im Dunkeln, wenn ich nachts aufs Klo musste. Und weil das Pressebüro der Tour de France Mist gebaut und/oder gelogen hatte – kaum zu glauben, aber wahr – würde es zwei Nächte weiter glitzern, bevor ich den Streckenplan hatte und weiter konnte.

Dennoch, es hätte schlimmer kommen können. Das Zimmer kostete nur 40 Pfund pro Nacht – ein abwegiges Schnäppchen – und ein Ruhetag vor den (kreisch!) Pyrenäen konnte nur gut sein. Nachdem ich mich eine Weile vor dem Weitwinkel-Spiegel im Badezimmer mit Grimassenschneiden amüsiert hatte, schlenderte ich in einen trägen und heißen Nachmittag, und aus irgendeinem Grund landete ich schließlich im Rathaus und unterhielt mich über die Tour.

Unangemeldet in einem französischen Amt aufzutauchen und um einen sofortigen Gesprächstermin zu ersuchen, dürfte ungefähr so Erfolg versprechend wie Alchimie sein, und ich stand immer noch unter Schock, als Eric, ein freundlicher junger Mann beim *Service de Communication*, mit einer Marlboro Light auf sein Pult klopfte und fragte, was er für mich tun könne. Schön! Nach fünf Minuten hatte ich erfahren, dass Dax der Société du Tour de France eine Million Francs bezahlt hatte, um *Ville d'Étape* zu werden; dass dies sowohl unter wirtschaftlichen als auch touristischen Aspekten eine wichtige Investition für das nationale und internationale Ansehen der Stadt war; dass die Tour in der Stadt mit Musik und Tanz gefeiert werden würde sowie mit Blumenbeeten, die wie Fahrräder aussehen würden.

Wäre mein Französisch oder Erics Englisch besser gewesen, so hätte ich vielleicht noch mehr erfahren, aber es war immerhin ein Anfang. Als ich im Büro seiner Chefin Isobel kauerte, wünschte ich mir allerdings, es sei das Ende gewesen. Isobel sprach kein Englisch, trug eine Brille wie Heinrich Himmler und hatte neben sich als Sekretärin eine Isobel-Kopie im Taschenformat sitzen. »*Cinq petites secondes*«, bellte sie und schaute hochtrabend auf die Uhr. Doch es schien *Cinq grandes minutes* zu dauern, bis ich endlich Worte gefunden hatte. Ich fragte sie, ob sie Fahrräder mag.

Diesen Blödsinn ignorierte Isobel klugerweise und schaltete geschmeidig auf Pressemitteilungsmodus um. Ich gab mein Bestes, um mitzukommen. Dax war zuletzt 1959 *Ville d'Étape* gewesen (vielleicht), war nur eine kleine Stadt von 20.000 Einwohnern (vielleicht), und die Tour würde in einer Nacht ankommen, in der sich die Bürger ähnlich sahen und Katzenfelle schossen (vielleicht doch eher nicht). Sie versetzte mir überdies einen gehörigen Schrecken mit der Behauptung, es sei ein Hauptanliegen, alte Menschen wegen der »*Termalisme*« nach Dax zu locken. Das klang nach einem ungewöhnlich freimütigen Synonym für Euthanasie, und meine Sorge um die in der Lobby des *Splendide Bridge* spielenden Alten legte sich erst, als ich das Wort komplett mit stummem »h« auf dem Schild eines Kurhotels prangen sah.

Eric befreite mich, lächelte entschuldigend und entließ mich mit einem »*Bon courage*«. Das war schön und gut, aber wonach ich mich wirklich sehnte, war ein »*Chapeau*«. Chapeau! – Hut ab! – war das traditionelle Hosianna am Straßenrand für diejenigen, die Denkwürdiges erreicht hatten: Merckx bei einer Soloflucht durch die

Berge, über 130 Kilometer, auf seiner ersten Tour; Roche, der in La Plagne aus dem Nebel kommt. Als ich am frühen Abend auf der Suche nach Nahrung durch die verschlafenen Straßen wanderte, holte ich meinen Kilometerzähler hervor. Ich hatte ihn vom ZR abmontiert, und jetzt betrachtete ich ihn, um mich daran zu ergötzen. Während sieben Tagen im Sattel war ich aus dem nassen Norden in den tropischen Süden gefahren und hatte 808,4 Kilometer zurückgelegt, nach Tour-Maßstäben lächerlich, aber mehr, als sich viele Profis in einer Trainingswoche als Ziel setzen. Und so schnell wie bei meiner Höchstgeschwindigkeit von 61 km/h hatte ich mich niemals zuvor aus eigener Kraft fortbewegt. Ich begann, mich sehr wichtig zu fühlen und stolzierte in eine Pizzeria.

Meine Erfahrungen mit solchen Etablissements hätten mir eine Lehre sein sollen. Aber ich will nicht zu hart mit mir ins Gericht gehen: Wie hätte ich vorausahnen sollen, dass meine Peiniger an diesem Abend keine unsachgemäß konservierten Fische, sondern Roboter-Harlekins sein würden? Gleich ein Trio lauerte an der Tür, jeder von der Größe eines fünfjährigen Kindes, und als sie mich mit Stechschritt und ruckartigen Sieg-Heils durch den Eingangsbereich leiteten, gluckste ich amüsiert angesichts dieser vielleicht albernsten Begegnung meines Lebens.

Es war eine Reaktion, die ich bedauern sollte, als ich an einen Tisch direkt hinter sie gesetzt wurde. Jetzt bemerkte ich das Geräusch: verdächtig vertraut, aber seltsam verändert. Drrr-tschiek... Drrr-tschiek... Einen Moment glaubte ich die Situation dadurch unter Kontrolle zu bringen, dass ich feststellte, welcher Roboter verantwortlich war; der goldene, der sich unentwegt gegen die Stirn schlug, als würde er sich Vorwürfe machen, wegen welcher Verfehlung auch immer; der rote, dessen ausgestreckte linke Hand vage herumfuchtelte, als würde er ein Urteil über meine Mittelmäßigkeit fällen; der silberne mit Queen Bess-Halskrause, der eine Melodie auf einem unsichtbaren Kontrabass anstimmte... Aber als der ziegenbärtige Ober heranglitt, war es längst zu spät. Meine Plomben schienen zu schmelzen und irgendetwas war mit meiner Wirbelsäule.

Obwohl ich mir entfernt bewusst war, dass ein solches Gesuch für gewöhnlich eine Verabreichung starker Beruhigungsmittel sowie die Entfernung von Gürtel und Schnürsenkel zur Folge hat, hörte ich, wie meine Stimme um Deaktivierung des kleinen goldenen Mannes bat. Das mitfühlende, gequälte Nicken des Kellners sagte: Wenn du denkst, du hast es schlecht, dann arbeite erst mal hier. Dann aber zuckte er die Schultern, blickte düster und sagte mit von hilfloser Frustration gequälter Stimme: »*Le Patron*...«

*Le Patron* was? »*Le Patron* verbrachte seine Kindheit gefangen in einem Roboterkörper.« – »*Le Patron* hatte eine Vision, in der drei Metalljungs mit der Halskrause Christi nach Dax kamen.« – »*Le Patron* ist in den Roten verliebt, aber der ist mit dem Goldenen verheiratet und will ihn nicht verlassen, also ist der Silberne da, um auf die beiden aufzupassen.«

Einiges sprach dafür, mein Fahrrad zu holen, die Krawatte von *Le Patron* in die Kette zu klemmen und mit voller Kraft loszufahren. Und diese Lösung drängte sich umso mehr auf, als ich bemerkte, dass alle Tische rautenförmig waren. Was war los mit dem Mann? Die Cinzano-beeinflusste Geistesverfassung, in der derlei Sperenzchen als geeignetes Lockmittel für neue Kunden durchgingen, ließ sich bestenfalls erahnen.

»Lust auf eine Pizza, Brigitte?«

»Hübsche Idee, Serge. Wie wär's mit Benito's?«

»Nun, ich weiß nicht – das Essen ist gut, aber sieh dir die Möbel an: Du wirst Schwierigkeiten haben, einen einzigen schiefen Winkel zu finden.«

»Guter Einwand. Dax Romana?«

»Ich weiß nicht – das Schaufelrad in ihrem Querschnittsmodell eines Kohlenbergwerk hat sich seit Monaten nicht gedreht. Und sie bewahren ihre Anchovis im Kühlschrank auf.«

Der Kellner bot einen entfernteren Tisch an, doch mir war klar, dass ein geflüstertes drrr-tschiek meiner angeschlagenen Hirnrinde noch üblere Streiche spielen würde, und er verstand es sofort, als ich sagte, ich müsse gehen.

Auf dem Heimweg, mit einem mit Pommes Frites gefüllten Pitabrot in den immer noch zitternden Händen, bekam ich auf einmal Angst um mich. Seit ein paar Tagen war ich einigermaßen besessen von Eddy Merckx' Definition dessen, was einen Champion ausmacht: Zwar sei es möglich, die physischen Fähigkeiten eines Radfahrers einzuschätzen, doch »es gibt keine Gesetze, nach denen der Wille regiert wird.« Plötzlich verstand ich genau, was er meinte. Während ich die Kilometer herunterspulte und mich in die richtige körperliche Verfassung brachte, hatte ich das Wesentliche nicht begriffen. Bei der Tour ging es um mentale Stärke, darum, dem Gehirn zu sagen, es soll die Schnauze halten, wenn es dich anfleht, aufzuhören. Es ging darum, körperliches Leiden zu kontrollieren, als sei es nur eine schmalzige Empfindung (etwa so, als würde man bei *Free Willy* weinen). Ich konnte mir nicht vorstellen, dass Eddy von drei quietschenden Puppen an den Rand des Wahnsinns gebracht werden würde. Die Berge kommen, dachte ich. Meine Beine konnten mit ihnen fertig werden, aber was war mit meinem Willen? Mein Wille war ein Problem.

Es gab zwei Ruhetage bei der Tour 2000, einen nach den Pyrenäen und den anderen kurz vor dem Ende der Alpen. Einen Ruhetag einzulegen, bevor ich die Berge überhaupt erreicht hatte, erschien ein wenig kläglich, andererseits war das nicht meine Schuld. Alles, was ich tun konnte, war, mich in einer angemessen professionellen Weise zu verhalten, was laut Paul Kimmage an Ruhetagen verlangte, viel zu schlafen, die Shorts im Bidet zu waschen und eine kurze Spritztour mit dem Rad zu unternehmen, damit die Beine nicht steif wurden. Die ersten beiden Punkte beschäftigten mich bis sechs Uhr abends; danach radelte ich zum nächsten McDonald's und besorgte mir auf dem Heimweg ein paar Dosen Bier in einem Laden mit Lockvogelpreisen, nachdem ich gesehen hatte, wie zwei sonnenverbrannte Penner ungläubig grinsten, als sie mit Billigbier bepackt aus jenem Geschäft kamen.

Der alarmierend hohe Alkoholgehalt des Bieres half mir über einen Abend mit französischem Fernsehen hinweg, wo zur Hauptsendezeit jener Frohsinn nach Art von *Noel's House Party* lief, bei dem sich einem die Fußnägel hochrollen. Dann klingelte das Telefon. Es war der Empfang, mit der Nachricht, man habe für mich ein Fax der Société du Tour de France.

Der letzte Tag vor den Bergen ist für die Spitzenfahrer das Ende vom Anfang, für den Rest ist es der Anfang vom Ende. Wenn sich der Schnee am Horizont abzeichnet, kämpfen diese Fahrer nicht mehr um Etappensiege, sondern nur noch ums nackte Überleben. Sie kriechen die Haarnadelkurven hinauf, immer jenem Kerl hinterher, der genau berechnet, wie viel Zeit sie noch in Reserve haben, bevor sie vom Besenwagen aufgesammelt oder wegen zu großen Rückstands vom Rennen ausgeschlossen werden (was jedem blüht, dessen Zeit bei einer langsamen Bergetappe vier Prozent über der des Siegers liegt).

Die Empfangsdame wollte weder bestätigen noch dementieren, dass die Teilnehmer der Tour im Splendide abstiegen (»Ich bedaure, es ist ein Geheimnis«, sagte sie. »Ein Geheimnis in einer bestimmten Größe?«, entgegnete ich, erhielt aber keine Antwort.), doch es schien mehr als wahrscheinlich. Also stellte ich mir vor, sie lägen nachts wach wie ich, wohl wissend, dass sie morgen nach einer Woche der Scheingefechte in die Schlacht ziehen mussten. Das Oberrohr des ZR funkelte höhnisch neben dem Spiegel: Jetzt ging es seiner Bestimmung entgegen, jetzt kam seine Zeit. Haste Bock, Kleiner, grinste es. Haste Bock auf die große Nummer, hm, auf die ganz dünne Luft?

Sicher, in gewisser Weise machte es keinen Unterschied: Für mich war es von Anfang an ums Überleben gegangen. Hätte ich nicht den Fehler begangen, mir diese ganzen Faxe mit Streckenprofilen anzusehen, wäre alles in Ordnung gewesen. Aber da mir die Einzelheiten so lange vorenthalten worden waren, hatte ich sie genau studiert. Jede Etappe war Kilometer für Kilometer bis ins kleinste Detail aufgeschlüsselt: jedes Dorf, jeder Sprint, jede Verpflegungskontrolle. Oh, und die Kletterpartien. Ab einer bestimmten Höhe wird jeder Anstieg nach einer geheimnisvollen Formel eingestuft, von der vierten und leichtesten Kategorie bis zur Furcht erregenden ersten, und dann kommt noch die HC: die *Hors Catégorie*, außerhalb der Skala, jenseits von Gut und Böse. Das waren die legendären Gipfel, vom Mont Ventoux zum Col d'Izoard, mit Haarnadelkurven gespickte Gräuel, auf denen die Tour gewonnen und verloren wurde. Insgesamt gab es sieben davon und auf der nächsten Etappe von Dax nach Lourdes-Hautacam allein zwei.

Das Schlimmste aber war die Geschwindigkeit. Neben jedem Anstieg und jedem Dorf waren drei Richtwerte angegeben, die die voraussichtliche Ankunftszeit bei drei verschiedenen Durchschnittsgeschwindigkeiten prognostizierten. Auf einigen flachen Etappen waren 40 km/h die vorsichtigste, 44 km/h die optimistischste Schätzung. Meine morgige Etappe wurde als die zweitlangsamste eingeschätzt, aber selbst da konnten es sich die Veranstalter nicht vorstellen, dass der Schnitt unter 31 km/h fiel. Selbst auf einer flachen Strecke kommen einem 31 km/h schnell vor. Der Lärm des Windes macht dich taub und dein Haar wird nach hinten geweht. Du schießt geradezu dahin. Ein rotes Eichhörnchen vor deinem Rad wird zum toten Eichhörnchen. Der bloße Gedanke, solch eine Geschwindigkeit aufrecht zu erhalten, während man einige der höchsten Pässe Europas hinauffuhr, widersprach jeglicher Logik.

Ich glaube nicht, dass ich überhaupt geschlafen habe. Etwa fünf Uhr morgens ließ ich mir ein Bad ein und lag für eine Stunde bis zu den Ohren in Schaum. Der Wettermann vom Frühstücksfernsehen rief etwas von 28 Grad in den Pyrenäen, und als ich schließlich die elektrischen Fensterläden aufmachte, war draußen bereits alles heißes Terrakotta und Azur. Gnadenlose Sonne und Berge – die ganze Woche wartet man auf eine exorbitante körperliche Herausforderung, und dann kommen gleich zwei auf einmal.

Um mir etwas Gutes zu tun, hatte ich das Frühstück ans Bett bestellt. »*Bon appetit*«, sagte das Zimmermädchen, doch als ich all die kleinen Pöttchen mit Marmelade sah, wurde mir schlecht. Die Angst vor der Schlacht schlug mir auf den Magen, und ich verspürte das starke Verlangen, mich zu verstümmeln. Vielleicht sollte ich mir heiße Schokolade in den Schoß kippen, so wie sich die Soldaten an der Somme selbst in den Fuß geschossen hatten, als der Befehl zum Angriff kam. Nach 44 Stunden Müßiggang fühlten sich meine Arschbacken und Beine noch immer nicht richtig gut an. Wie hatte ich nur über diese reizenden flachen Wälder jammern können?

Als ich das ZR durch ein Meer aus Tischen manövrierte, die für irgendeinen großen Empfang gedeckt worden waren, schlich sich ein Typ mit gewichstem Schnurrbart und Krawatte an mich heran und lächelte affektiert.

»*Le Tour de France?*«

Ich versuchte, etwas weniger nach übrig gebliebener Guacamole auszusehen. Nach meiner gestotterten Erklärung trat er zurück, salutierte theatralisch und kläffte: »*Aux montagnes, Anglais!*«

## Sieben

In einer Sportwelt, in welcher der Begriff »professionell« oftmals ein Euphemismus für Zynismus und nackte Profitgier ist, gibt es nichts Professionelleres als den Radsport. Radprofis waren schon immer bereit, einen sicheren Sieg wegzuwerfen, wenn bloß der Preis stimmte, und häufig bieten sie ihre Dienste zur Unterstützung eines Ausreißversuchs bei geflüsterten Verhandlungen im Sattel feil. Das Ergebnis der meisten kleineren Rennen ist Makulatur, ihr Ausgang bereits im Vorfeld durch hässliche Kuhhändel festgelegt.

Auch die Tour selbst kann sich keiner hehren Wurzeln rühmen. Sie wurde nur erfunden, um eine Sportzeitung bekannt zu machen. Das Gelbe Trikot wurde 1919 eingeführt, um hervorzuheben, dass *L'Auto Velo* auf Papier derselben Farbe gedruckt wurde. Schon davor zierten Namen von Radherstellern die Brust der Fahrer, und ab 1957 durfte alles beworben werden, von der Eiscreme bis zum Bier. Bald darauf ging es noch einen Schritt weiter. Ich finde es nach wie vor lustig, dass auf den Trikots der wichtigsten Fahrer nicht bloß die Teamsponsoren verzeichnet sind, sondern auch die persönlichen Werbepartner der Sportler. In seiner besten Zeit hat sich Eddy Merckx für den Kaffeemaschinenhersteller Faema und Italiens führenden Spezialitätenmetzger Molteni bis an den Rand der Erschöpfung gequält. Am Ende fuhr er für C&A, was fraglos seinen frühen Rücktritt erklärt. Ich glaube, für eine nette Espressomaschine würde ich mich schon tüchtig abstrampeln. Auch der Gedanke an ein paar feine Scheiben Salami kann einen bei der Stange halten, wenn der Mann mit dem Hammer kommt. Doch es fällt schwer, sich vorzustellen, wie sich Eddy unter einer gnadenlosen Sonne die Casse Deserte hinaufwindet und dabei allein von der Angst vor einer Welt ohne Hosen getrieben ist.

Die Fans haben seit jeher versucht, ihren Helden nachzueifern. Man hat das gleiche Rad und das gleiche Trikot: Alles, was noch fehlt, ist die gleiche unmoralische Raffgier. Hier kommt die *Caravane Publicitaire* ins Spiel. Meine Faxe enthielten auch den Streckenplan dieser unverschämt kommerziellen Vorhut, die 30 Kilometer vor dem Feld fährt. Und als ich mit dem ZR auf dem Boulevard Saint-Pierre am Start der zehnten Etappe stand, da stellte ich mir das hysterische Grapschen vor, das die Karawane auslösen würde.

*Channel 4* ergänzt seine Berichte vom Rennen immer durch Hintergrundreportagen, von der Art »Ein Tag im Leben eines Tour-Schlachtenbummlers«. Ich habe im Lauf der Jahre wohl ein halbes Dutzend davon gesehen, aber am besten erinnere ich mich an eine über ein belgischen Pärchen, das während einer wenig aufregenden Flachetappe eine ewig lange, heiße Wache am Straßenrand hielt.

Mr. Belgien eiferte vielen Gleichgesinnten in seiner Umgebung nach und setzte sich an einen Klapptisch, um ein Glas Pastis zu schlürfen, mit einer Begeisterung, die der Uhrzeit nicht angemessen war. Schaffte er es noch, seine anisgetränkten Anfeuerungen in die heißen Gesichter der Helden zu brüllen, es wäre ein guter Tag. Konnte er sich später auch noch daran erinnern, umso besser. Seine Frau aber war auf einer anderen Mission. Den ganzen Morgen hatte Mrs. Belgien mürrisch im Wohnwagen geschuftet, Butterbrote für den schwankenden Gatten geschmiert und dem Begriff »leidgeprüft« ein neues Gesicht gegeben. Dann plötzlich hörte man aus der Ferne ein albernes, melodisches Hupen, und als sich die jubelnden Massen zur Straße bewegten, stürzte auch Mrs. Belgien herbei, schlug sich auf die Schenkel und zog Grimassen wie ein Dreispringer vor dem letzten Versuch: Der Gratiskram kommt.

Ein motorisiertes Fass Büchsenfleisch; vier galoppierende Rennpferde aus Glasfiber auf dem Dach eines Citröens; eine riesige fahrende Gasflasche; ein Zweitakter-Globus, um dessen Äquator grinsende Michelin-Männchen geschnürt waren; eine Kaffeetasse auf Rädern. All diese Fahrzeuge waren mit erschöpften Blondinen besetzt, die Werbeartikel in die Menge schleuderten, und der

Wahnsinn, den die Reportage in den folgenden Minuten dokumentierte, zeigte den *Channel 4*-Zuschauern die hässliche Seite der Fanbegeisterung.

Benommen trat Mr. Belgien frühzeitig den Rückzug an, stolperte planlos aus dem Gedränge und umklammerte seine Beute. Seine eingefallenen Gesichtszüge sanken noch mehr in sich zusammen, als er die Sachen auf dem Tisch ausbreitete. Werbeprospekte für Autoversicherungen oder irgendwelche Klunker, Gutscheine, die ihn beim Kauf der nächsten Packung Unfug zu rein gar nichts berechtigten. Wo waren die Süßigkeiten und Schlüsselringe, die Radsportmützen und gelben Fresspakete, die Kaffeeproben, der Camembert, die Würstchen und die Sonnenblenden für die Windschutzscheibe? Er wusste es nicht, wir aber hatten durch das allwissende Auge von *Channel 4* die Wahrheit gesehen: Alles, wirklich alles, was irgendwie von Wert war, war von der pfeilschnellen Gestalt Mrs. Belgiens gefangen, geschnappt, ergattert oder gepflückt worden. In einem Moment noch tauchte sie, waagerecht in der Luft liegend, nach einem Päckchen Erste-Hilfe-Pflaster, um es vor den geöffneten Händen eines alten Mannes zu erhaschen; im nächsten schrie sie der Michelin-Blondine ins Gesicht, als stünde ihr dieser Flaschenöffner per Geburtsrecht zu. Es gab nichts, auf dem nicht ihr Name stand. Ein Wald flehender Hände, und natürlich waren es nur die Mrs. Belgiens, die eine Baseballmütze der France Télecom erwischten. Als ein neben ihr stehender Däne eine fliegende Videokassette in die Eingeweide bekam und zu Boden ging, war sie sofort da und griff zu, wie eine Leichenfledderin auf dem Schlachtfeld.

Sie war der Star, aber es gab einige glänzend besetzte Nebenrollen. Ein Schuh ohne Socken stampfte Besitz ergreifend auf einen Mini-Frisbee. Eine Frau mit einem Gesicht wie ein ausgespuckter Toffee hielt ein kleines Kind zum Käsemobil hoch und schrie »*Pour mes enfants!*«, als sei sie eine gewohnheitsmäßige Straßenbettlerin. Als eine Art nordische Gottheit auf einem Moped vorbeituckerte und in Cellophan verpackte, wenig viel versprechende kleine Artikel verteilte, sammelte ein Mann mit Fliegerbrille ein Exemplar auf und schrie: »*Saucisson – magnifique!*« Kinder wurden mit der irrsinnigen Mission auf die Straße geschickt, so viel Kram wie möglich einzusammeln und grapschten zwischen den fahrenden Fahrzeugen nach Mützen und Kugelschreibern. Nachdem sich schließlich die letzte Kugelschreiber auswerfende Badewanne mühsam ihren Weg durch die Pinien und die Menge gebahnt hatte, blies Mrs. Belgien die Backen auf, bedachte ihren Berg von Werbeartikeln mit einem zufriedenen Nicken und verkündete in die Kamera: »*Une bonne récolte.*« Eine gute Ausbeute. Meine Güte, ich weiß einen Haufen Gratismist so sehr zu schätzen wie jeder andere – wenn nicht noch mehr – doch es brauchte schon eine besondere Tollkühnheit, um es an vorderster Front mit Mrs. Belgien aufzunehmen. Nicht, was man bekommt, war entscheidend, sondern, wie man es bekommt.

Die Profis würden Dax um 10:45 Uhr verlassen, eine Stunde und fünfundvierzig Minuten nach der Werbekarawane. Ich gab mir einen Vorsprung von 25 Minuten und pendelte mich auf einen Rhythmus ein, der der beträchtlichen Hitze angemessen war: langsam genug, um ihn an kleinen Anstiegen aufrecht zu halten, schnell genug, um bei geöffnetem Trikot für eine kühle Brise zu sorgen.

Je schmaler die Straßen und je kleiner die Dörfer wurden, desto intensiver schienen die Tourvorbereitungen zu sein. In Habas waren gleich drei Arbeitertrupps mit Blumenbeeten, Straßenmarkierungen und der Imprägnierung von Telegrafenmasten beschäftigt, und jeder winzige Weiler schien zu glauben, dass es wenigstens eines Kreisverkehrs bedurfte, um ernst genommen zu werden.

Es wurde heißer und stiller. In dieser Gegend gab es keine Châteaux, und die Bauernhäuser sahen kernig und gedrungen aus, wie alte Festungen. Vor jeder Scheune befanden sich riesige Drahtkäfige voll mit Maiskolben, die auf Stützpfählen errichtet worden waren, um ihren Inhalt vor den wenigen Nagetieren zu schützen, deren Leichen noch nicht am Straßenrand verwesten. Ganze Täler stanken nach geräuchertem und rauchendem bayonnischem Schinken. Ein Fahrer im karminroten Trikot des Saeco-Teams bewegte sich von einem gekräuselten Horizont auf mich zu und flog vorbei, ein Gemisch aus lauten Atemgeräuschen, Schweißperlen und gepflegter Ausrüstung. Es gab Schilder, die den Weg nach Pamplona wiesen, und dann, über den in der Hitze flimmernden Kirchtürmen, waren sie da. Teils sanft und rund, mit lustigen Schneetupfern, teils mit schrecklichen grauen Krallen den Himmel zerreißend: die Pyrenäen.

Ernüchtert betrank ich mich. Ich aß in einer vor Fliegen wimmelnden Bar zu Mittag, in Gesellschaft von ein paar lauten, hemdsärmeligen Straßenarbeitern, die den Asphalt für die Tour erneuert hatten, und die jetzt ihre roten Nasen in roten Wein steckten. Es gab keine Speisekarte: Der Schankwirt kam einfach zu mir und stellte eine riesige Aluminiumschüssel mit Brühe, einen Teller mit Blutwurstscheiben und einen großen Krug Wein auf den Tisch. »*Ah – le dopage!*«, lachte er und hielt sich damit an das für sämtliche Zeugen meiner *Bidon*-Nachfüllung geltende Drehbuch. Als ich das Wasser mit billigem Traubensaft auffüllte, beugte er sich mit gespielter Missbilligung zu mir rüber und seufzte: »*Et voila - l'EPO.*« Ich lachte pflichtschuldig. Ich wollte kein EPO. Ich wollte einen GTI.

Die Hitze war jetzt mörderisch, und ich sehnte mich nach einer Abkühlung und einer Siesta. Als ich mich dem ersten offiziellen Anstieg, der Côte de Barcus, näherte, bemerkte ich ein seltsam matschiges Geräusch. Ich schaute herab und sah, dass mein Vorderrad fast bis zur Felge in geschmolzenem Asphalt steckte.

Dass ich nicht wusste, wie viel in dem Krug gewesen war, machte die Sache nicht besser. Ich wusste nur, dass es ein bisschen zu viel war. Es heißt ja, Hochmut kommt vor dem Fall, aber meiner Erfahrung nach ist es vermutlich der Wein. Ich vergaß, mich auszuhaken und kippte neben einer Baustellenampel in einen Graben. Als ich zum nächsten Kreisverkehr schwankte, konnte ich auf den Wegweisern bloß eine unleserliche Ansammlung verworrener Konsonanten erkennen, was endgültig größere Zweifel bezüglich meiner Nüchternheit aufwarf. Bald erkannte ich, dass ich im Baskenland war, einer Region, deren zerbrechliche linguistische Tradition heutzutage durch zweisprachige Straßenschilder gestärkt wird, die eine perverse

Vorliebe für die Buchstaben k, z und x auszeichnet. Außer im Fernsehen hatte ich noch nie jemanden Baskisch sprechen hören, doch das stark akzentuierte Französisch in dieser Gegend war fast unverständlich. Zwei Tage lang musste ich mit Leuten klarkommen, die mich mit *»bon-juäähr«* begrüßten, was klang, als würde jemand aus Yorkshire aus einem Sprachführer vorlesen.

Die Côte de Barcus war ein sich windender Anstieg der dritten Kategorie durch das Teletubby-Land: Der Himmel war zu blau, die Wiesen waren zu grün, die Kühe waren zu braun. Es war schlimm, aber nicht so schlimm. Ich erreichte das Dorf Barcus im drittkleinsten Gang, überhitzt, aber glücklich. Im Duktus eines Sportkommentators: Moore hatte am ersten Anstieg des Tages keine ernsthaften Probleme. Die bedauerliche Wahrheit ist, dass auf solche Aussagen fast unweigerlich ein gewaltiges, pyrenäengroßes »aber« folgt.

Es war eine schöne, sanfte Fahrt durch das Tal der Aspe nach Escot gewesen. Der Ausblick auf den sich abzeichnenden Schrecken der Berge war durch kleinere Ausläufer und Blattwerk verdeckt worden, und nach 110 Kilometern hätte ich mich von Rechts wegen nach einem Hotel umsehen sollen. Doch es war erst halb sechs, und die Vorstellung, am nächsten Tag alle großen Anstiege der Etappe in einem einzigen fürchterlichen Höllenritt (mit viel Hölle und wenig Ritt) in Angriff zu nehmen, erschien übertrieben ehrgeizig. Der Col de Marie-Blanque war ein Berg der ersten Kategorie, aber nach der Michelin-Karte zuckte die Straße immerhin nicht herum wie eine sterbende Schlange. Die Monster der *Hors Catégorie* gingen hoch bis 1.800 Meter. Mit nur knapp mehr als 1.000 Metern konnte (oder zumindest sollte) der Marie-Blanque kein unüberwindliches Hindernis sein.

Zu dem bereits erwähnten »aber« gesellten sich noch mehrere große »wenns«. Wenn ich meinem Hirn die Umrechnung in gute, alte englische Fuß abverlangt hätte, wäre mir klar geworden, dass ich zur Feierabendzeit mal eben die Bezwingung eines Furcht erregenden Brockens von der Größe des Mount Swindon in Angriff nahm. Wenn ich Graeme Fifes *Tour de France* gelesen hätte, so hätte ich erfahren, dass es sich beim Marie-Blanque um einen »Wolf im Schafspelz« handelte. Und wenn ich ein wenig mehr Zeit für das Studium der Karte aufgewendet hätte, dann hätte ich festgestellt, dass die Straße zwar relativ gerade war, dafür aber nicht mit einem, nicht mit zwei, sondern mit – extra für Sie, mein Herr mit der wächsernen Totenmaske – drei Steigungspunkten gekennzeichnet war.

Meine ersten Kuhglocken hörte ich, als ich beide *Bidons* mit kaltem Wasser füllte, an einem fast schmerzhaft bezaubernden, mit einem Delphinkopf geschmückten Brunnen an der Abzweigung zum Marie-Blanque. Neben dem Brunnen stand eine schattige Bank, und als ich mich setzte, um meinen Nachdurst zu löschen, legte ich den Grundstein für das schwerwiegendste »wenn«. Wenn ich nicht zwei Liter eiskaltes Wasser getrunken hätte.

Kaum hatte ich Escot verlassen, bauten sich schon die Gipfel vor mir auf, und ihr Anblick war spektakulär und erschreckend: gewaltige Felsbrocken, die aus einer Art Urwald aufragten. Einige waren derart steil, dass ich meinen Hals nicht weit genug strecken konnte, um ihre Spitzen zu sehen. Drei Radfahrer in Thermokleidung sausten Reifen an Reifen, in enormem Tempo und tief in die Kurve gelegt auf mich zu. Ich ignorierte die Bedeutung ihres Outfits und ihrer rasenden Geschwindigkeit, schaltete in den vierundzwanzigsten Gang und plagte mich weiter, vorbei an Schäferhütten ohne Dach.

Eine Zeitlang waren die einzigen Geräusche das blechern von den Granitwänden widerhallende Klicken der Gänge und das drrr-tschick des ZR. Bald aber wurden meine hässlich klingenden Atemzüge dominanter. Die Steigung machte keinen völlig absurden Eindruck, und dennoch hatte ich große Probleme, die Drehzahl hoch zu halten. Ich wusste, dass der Rhythmus entscheidend war, aber während mein Herz Techno spielte, hatten meine Beine Schwierigkeiten, einem langsamen Walzer zu folgen. Im Widerspruch zu einem bekannten Leitsatz brachte es mich zwar nicht um, es machte mich aber auch nicht härter. Klick-klick-klick, und ich war im niedrigsten Gang. Kein

Ass mehr im Ärmel, falls der Anstieg noch steiler wurde. Was selbstverständlich schon hinter der nächsten Kurve der Fall war.

Radprofis haben viele Ausdrücke für das, was mit mir passierte, und so sehr ich auch versuchte, mich dagegen zu wehren: Sie alle zogen wie ein Trauerzug durch meinen Kopf. Ich fuhr rückwärts. Ich war geliefert. Ich kroch auf dem Zahnfleisch. Ich starb. Ich war explodiert. Der Schweiß brannte in den Augen, dann rann er über mein schmerzverzerrtes Antlitz, durch Furchen, die morgen als lange, weiße Fechtnarben in einem ansonsten gegrillten Gesicht zu sehen sein würden.

Überall standen jetzt Namen auf der Straße, französische, spanische, manchmal sogar welche in kyrillischer Schrift. Jeder von ihnen schien ein Tadel zu sein. Ich versuchte mir vorzustellen, dass Menschen an dieser Steigung ein Rennen fahren würden – ein Rennen! – und dass die Fans ihre Namen riefen, während sie drängelten, schubsten und aus dem Sattel gingen, um zu beschleunigen.

Wenn der Körper sehr erhitzt ist und man ihn stark abkühlt, passieren schlimme Dinge: hauptsächlich Krämpfe, die sämtliche Bereiche der Muskulatur befallen können. Zwei Liter Flüssigkeit, so habe ich später gelernt, ist die Menge, auf die sich manche Profis für einen ganzen Tag beschränken. »Der Trockenste ist der Schnellste«, hat der fünfmalige Sieger Jaques Anquetil mal gesagt. Pierre Brambilla, 1947 Sieger der Bergwertung, soff während der mörderischen Hitze der Tour von 1948 kaltes Wasser aus einem Brunnen und stieg zehn Kilometer später mit furchtbaren Schmerzen vom Fahrrad. Am Tag, an dem die Tour endete, vergrub er sein Rad im Garten und fuhr nie wieder ein Rennen.

Meine Beine fühlten sich vertrocknet und wie gepökelt an, meine Arme verschrammt und zittrig. Die Atmung kam mir vor, als würde ich neben einem defekten Verbrennungsofen hyperventilieren, und doch war das Feuer in meinem Brustkorb nicht in der Lage, die schwere, eisige Masse zum Schmelzen zu bringen, zu der meine Eingeweide gefroren waren. Ich hustete Eisen und Essen und spuckte es kraftlos auf meinen Unterarm.

Aber das alles war trotzdem nicht das Problem. Ich hatte schon Leute gesehen, die sich schlechter gefühlt und weitergemacht hatten. 400-Meter-Sprinter, die sich auf der Zielgerade in vollem Lauf übergaben, Marathonläufer, die wie Betrunkene ins Stadion schwankten, unzählige Tour-Fahrer auf unzähligen Bergetappen. Selbst ich konnte mich an eine vergleichbare Geschichte erinnern: wie ich 1974 in einem 800-Meter-Lauf quälend langsam zum Zielstrich stolperte, während Neil Gross auf der Bahn neben mir seine stark verfärbten Zähne zusammenbiss, und ich bereits Tränen in den Augen hatte, weil mir klar wurde, dass ich meine Beine nicht schneller bewegen konnte und dieser hässliche Zwerg mich doch tatsächlich schlagen würde.

Es war diese Eddy-Sache, der Wille. Bernard Hinault hatte von den »Zweifeln, die den Fahrer manchmal überwältigen«, gesprochen, und jetzt wusste ich genau, was er meinte. Sobald man denkt, dass man es nicht schaffen kann, wird man es auch nicht schaffen. Als sich die ersten defätistischen Gedanken in meinen Geist schlichen, brachen die Mächte der Entschlossenheit sofort zusammen und bereiteten den Eindringlingen einen rauschenden Empfang. Wenn ich den Gipfel des Cols hätte sehen können, wäre es vielleicht anders gekommen, doch als ich verschwommen auf den Kilometerzähler sah und feststellte, dass ich erst die Hälfte des zehn Kilometer langen Anstiegs geschafft hatte, sah ich keine Alternative mehr. Wie Paul Kimmage am Col du Télégraphe bei der Tour 1987 suchte ich nur noch nach einer passenden Stelle zum Aufgeben. Ich fuhr so langsam, dass ich aufpassen musste, nicht böse zu stürzen, als ich mich von den Pedalen löste, an einer Schranke, die die höheren Regionen des Passes im Winter versperrte. Es hätte geholfen, wenn die Landschaft in diesem Abschnitt ein wenig lebensfeindlicher nach Hochgebirge und weniger nach Box Hill an einem schönen Juniwochenende ausgesehen hätte. Brennesseln, Butterblumen, Schnecken... und eine Glocke, die irgendwo weiter oben klingelte. Vergesst die Baumgrenze – ich hatte noch nicht mal die verdammte Kuhgrenze erreicht.

In meinem Zustand fiel Schieben kaum leichter. 1933 wurde Percy Stannard ausgewählt, das britische Team bei den Weltmeisterschaften zu vertreten. Er hatte die nationale Ausscheidung – sein erstes Rennen überhaupt – gewonnen, indem er sein Rad schulterte und die Hügel hinauflief. Wie konntest du, Stannard. Alle fünf Minuten stieg ich wieder in den Sattel, doch nicht für lange. Ist man erst einmal abgestiegen, kann man nicht wieder richtig aufsteigen. Auf einmal kamen mir in regelmäßigen Abständen Autos entgegen; jedesmal, wenn ich eins kommen hörte, holte ich die Karte aus der Lenkertasche und gab vor, die weitere Fahrt zu planen. Wenigstens waren keine Radfahrer mehr da.

Ich schaffte es, den letzten halben Kilometer im Sattel zu absolvieren und besaß sogar die Frechheit, auf dem Gipfel per Selbstauslöser ein Foto von mir zu schießen: Ich saß auf dem ZR neben der Tafel mit der Höhenangabe und blickte gegen die tief stehende Sonne auf die kahlen, aber freundlichen Bergriesen um mich herum. Natürlich hielt die Abfahrt kaum, was der Anstieg versprochen hatte, und enthielt lange flache Abschnitte, wo Pferde mit gebleichten *Human League*-Ponyfrisuren über die Straße spazierten, und wo ich durchaus kräftig in die Pedale treten musste, um vorwärts zu kommen. Ich hatte mir mein Allwetter-Top übergezogen, um für den stürmischen, frostigen Sturzflug gewappnet zu sein, doch der fand nicht statt. Ich war der Engländer, der einen Berg hinaufstieg und einen Hügel herunterkam.

Ich rollte mit einem beachtlichen Hungerast auf den zentralen Platz in Laruns. In mir herrschte ein entsetzliches geistiges und körperliches Vakuum, schlechte Voraussetzungen für mein Aufnahmegesuch im einzigen offenen Hotel. Als ich mit toten Augen zwischen den Abendgästen herumtorkelte, die draußen im letzten Sonnenschein ihre Sorbets löffelten, fixierte mich die jugendliche Inhaberin mit einem herausfordernden Blick. Die Zimmer würden 285 Francs kosten, sagte sie, und sollte ich eine Garage für mein *Vélo* benötigen, *eh bien*, das kostete noch einmal 30 Francs. »*Pour un vélo?*« Sie bedachte mich mit einem Blick, als wollte sie sagen: »Der

Nächste bitte.« Ich sagte, dass ich das Fahrrad in dem Fall mit aufs Zimmer nähme. Sie schüttelte spöttisch den Kopf und stolzierte selbstgefällig wieder hinein.

»Entschuldigung«, rief ich mit letzter Kraft. Viele Gäste blickten von ihren Sorbets auf. »Könnten Sie möglicherweise zurückkommen und versuchen, noch ein wenig unhöflicher zu sein?« Es war schon nach acht, und es wurde kalt am Fuße der gewaltigen grünen Gipfel, von denen Laruns umzingelt war. Ich sollte in einem Sauerstoffzelt am Tropf hängen und nicht auf der Straße um meine Verbraucherrechte kämpfen. Mit meiner rotzigen Hand fuchtelte ich vage in ihre Richtung, stieg wieder aufs Rad und fuhr davon.

Am Stadtrand hatte ich ein Schild gesehen, das ein Hotel mit dem denkwürdigen Namen Le Lorry anpries. Ich werde nicht behaupten, dass es ein kurzer Kilometer war, auch nicht, dass das Le Lorry geöffnet war und schon gar nicht, dass ich nicht mit eingeklemmtem Schwanz und Kopf unter dem Arm zu meiner Peinigerin zurückgekehrt bin. Es war, als würde man sich einem feindlichen General ergeben, dessen demütigende Bedingungen man eine Stunde zuvor noch abgelehnt hat. Sie verlangte meinen Reisepass und behielt ihn; sie schaute schweigend mit verschränkten Armen zu, während ich verschüchtert mit dem Garagentor kämpfte; sie ließ ihr Personal antreten, um mir zuzusehen, wie ich meine Satteltaschen mühsam die dreißig Zentimeter breite Treppe hinauf schleppte. Aber zumindest sah ich nicht aus wie ein *Def Leppard*-Groupie mit Hackfresse, und so war ich es, der zuletzt lachte.

Das Zimmer war unerfreulich: hoch, schmal und düster wie ein umgeworfener Baucontainer, und der allgegenwärtige Husten, der gedämpft durch die Decke drang, verlieh dem Ganzen die Atmosphäre eines Tuberkulose-Sanatoriums. Doch so hungrig ich auch war, ich hatte nicht vor, es zu verlassen. Ich sammelte die zermatschten Croissants und halb geschmolzenen Schokoladentafeln, die sich auf dem Boden der Satteltaschen häuslich eingerichtet hatten, legte mich aufs Bett, verschlang das meiste und sah mir die letzten Minuten des Europapokalfinales an.

Ihr seid keine echten Sportsmänner, dachte ich, als Real Madrid auf dem Siegerpodest herum tollte, ihr könnt einfach nur Fußball spielen. Ihr geht nicht raus und quält euch jeden Tag halb zu Tode. Erst als die Spieler aus Valencia traurig vorbeizogen, um sich ihre Verlierermedaillen abzuholen, verspürte ich Mitgefühl. Dies waren Gesichter von Männern, die sich gerade der größten sportlichen Herausforderung ihres Lebens gestellt hatten und gescheitert waren.

Wenigstens bekam ich – so dämmerte mir, als ich gleichgültig feststellte, dass ich schon wieder dabei war, in meinen Klamotten einzuschlafen – eine neue Chance. Ich hatte die Schlacht verloren, aber nicht den Krieg. Das ist das Gute an der Tour. Jeder Tag, jede Etappe, ist ein Rennen im Rennen. Es gibt immer ein Morgen.

## Acht

Als die Organisatoren der Tour im Jahr 1910 mit den Bergen zum ersten Mal ernst machten, konzentrierten sie sich zuerst auf die Pyrenäen. Ein Funktionär versuchte, den Tourmalet – den mit 2.114 Metern höchsten Pyrenäenpass der Tour sparte diese 2000 gnädigerweise aus – mit dem Auto hinaufzufahren, blieb aber kurz vor dem Gipfel im Schnee stecken und musste sein Fahrzeug verlassen. Einige Stunden später stolperte er unterkühlt in eine Polizeistation am Fuß des Berges und schickte nach überstürzter Rekonvaleszenz ein Telegramm folgenden Wortlauts ans Tour-Hauptquartier: »Tourmalet für Fahrzeuge passierbar. Kein Schnee.«

Die erste Aufgabe in den Pyrenäen war in jenem Jahr aber der Col d'Aubisque. Dort ging es bis auf 1.700 Meter hinauf, auf einem gewundenen Weg, den selbst die Kundschafter der Tour als matschigen Mauleselpfad bezeichnet hatten. Solch ein Hindernis auf klobigen Metzgerrädern zu überwinden, ohne Gänge, mit Ersatzreifen um die Schulter und Proviant und Werkzeug auf dem Rücken, war eine echte Herausforderung. Am Tag des Rennens warteten die Tour-Funktionäre gespannt auf dem Gipfel. Als endlich ein Fahrer erschien, ignorierte er ihre Fragen – »Was ist passiert? Wo sind die anderen?« – und schaute abwesend und gequält durch sie hindurch. Eine halbe Stunde später kam der Führende in der Gesamtwertung, Octave Lapize – verdreckt, ausgehungert, völlig am Ende, und schob sein Rad durch den Schlamm und den Nebel. Langsam stieg er wieder aufs Rad, fuhr zu den Offiziellen und bündelte seine letzten Reserven, um ihnen ins Gesicht zu schreien: »Mörder!« Dabei ist zu bedenken, dass die Fahrer – kein Witz – seit halb vier Uhr morgens unterwegs waren und bis zum Ziel immer noch 200 Kilometer vor sich hatten.

Folglich war es nicht eben ideal, dass meine erste Aufgabe des Tages die Himmelfahrt zum Aubisque war: 16,4 Kilometer bei einer durchschnittlichen Steigung von 7,2 Prozent, der viertlängste Anstieg der *Hors Catégorie* während der Tour 2000. Es ging mir nach wie vor schlecht – als ich versuchte, mich für meine heiße Schokolade im Café nebenan zu bedanken, brachte ich nichts heraus – aber wenigstens war die Natur rücksichtsvoll und hüllte die Berge in dichte Wolken, die bis zum Le Lorry herunterhingen, als ich in die erste Haarnadelkurve einbog. Die Pyrenäen haben sich eine rauhe, ursprüngliche Atmosphäre bewahrt, die die Alpen schon lange an die Touristen verhökert haben. Hier findet sich sowohl das Ende der Welt als auch der Kreis des Todes, zerklüftetes, baumloses Hochland, das von Schäfern in Schneeschuhen statt von Börsenmaklern in Gore-Tex durchwandert wird.

Als ich an meinem zweiten Tag in Descartes angekommen war, war ich einen grauenvollen Moment lang überzeugt gewesen, meine Kreditkarte in Loudun vergessen zu haben: Dass dem nicht so war, hatte ich erst festgestellt, als ich mich bereits mit einer 90-Kilometer-Rundreise abgefunden hatte, um sie zurückzubekommen. Seitdem war es ein Ritual, mich am späten Vormittag zu fragen, ob ich für den Fall, dass ich die Karte im letzten Hotel liegen gelassen hatte, zurückfahren würde – eine gute Maßnahme, um meine Tagesmoral zu überprüfen. Natürlich wurde die entsprechende Distanz mit jeder Etappe kleiner, und als ich gekrümmt und keuchend die schmutzigen alten Kurhotels von Eaux-Bonnes passierte, sechs Kilometer und ebenso viele Haarnadelkurven hinter Laruns, da gestand ich mir mein bislang schlechtestes Ergebnis im Kreditkarten-Wettbewerb ein. Die gute Nachricht war, dass ich meine Kreditkarte nicht in Laruns vergessen hatte. Die schlechte Nachricht war, dass mein Reisepass noch immer dort lag. Mir war, als hätte jemand meine Eingeweide püriert. Ich hielt an und sackte entkräftet über dem Lenker zusammen. Dann richtete ich mich kerzengerade auf, und mit entstellten Zügen wie Hinault in seinen zornigsten Momenten stürzte ich mich grimmig die Haarnadelkurven hinunter, wobei schreckliche

Flüche von den terrassenförmigen Wänden widerhallten. Selbst jetzt noch kann ich es kaum ertragen, mir das Gesicht der Inhaberin zu vergegenwärtigen, als sie mir das Dokument übergab. Wenn ich es aber trotzdem tue, ja – dann ist es da wieder: ein leises Lächeln.

Wie auch immer, ich schaffte es schließlich bis zum Skigebiet Gourette, vier Kilometer vor der Passhöhe. Dann stieg ich ab, um zu schieben. Dort waren Schilder, die über die durchschnittliche Steigung des nächsten Streckenabschnitts informierten: Das sollte die Fahrer wohl bei der Stange halten, doch als man mir nach mehreren Abschnitten mit 8 und einem mit 9.1 Prozent mitteilte, dass ich nun auf 10 Prozent gefasst sein musste, ergab ich mich einem gebrochenen und kümmerlichen Röcheln. Dass überholende Autos mühsam in den ersten Gang schalteten, bevor sie im Nebel verschwanden, um eine noch beunruhigende Haarnadelkurve in Angriff zu nehmen, hatte die Sache nicht leichter gemacht.

Ich hatte versucht, alles richtig zu machen: Bananen in meinen Trikottaschen, Apfelsaft, der unappetitlich in meinen *Bidons* schäumte, meine Gliedmaßen mit schmerzstillender Salbe statt mit Sonnenöl eingeschmiert. Doch es hatte alles keinen Zweck. Ich war kein Kletterer. Einer der letzten unerforschten Wege zum sportlichen Ruhm versperrte sich mir. Was blieb einem Mann von 36 Jahren jetzt noch? Golf vielleicht. Darts. Curling?

Immerhin schaffte ich es, die letzten zwei Kilometer mit dem Rad zu bewältigen, gerade rechtzeitig, um zu sehen, wie sich der Nebel vor den Bergen lichtete und meine Schande den Felsen preisgab, die nass und silbrig und grün wie die Anchovi eines bösen Pizzabäckers waren. »*Félicitations!*«, begrüßte ein Schild auf dem Gipfel den Radtouristen; der Radtourist selbst sagte etwas ganz anderes.

Es war schneidend kalt in 1.709 Metern Höhe. An jedem einzelnen Haar auf meinen Armen hing eine winzige gläserne Kugel, ein schimmerndes Tröpfchen Wolke. Meine Beine waren weniger malerisch mit Straßenschlamm bespritzt und beschmiert. Nachdem ich mir mein Regenzeug übergezogen hatte, fuhr ich eine mit Schlaglöchern gespickte Straße hinunter, die sich an den Rand einer riesigen Wanne aus nacktem Fels klammerte. Meine betäubten Hände umklammerten den Lenker, und ich sauste durch napoleonische Tunnel, von deren Decken kleine, eisige Tropfen auf mein Gesicht fielen. Schmutzige Schneezungen ragten auf die Straße – gestern war das klatschende Geräusch unter meinen Reifen geschmolzener Teer gewesen, heute war es Schneematsch. Ich war fast erleichtert, als die Straße auf einmal flach wurde und der vier Kilometer lange Anstieg zum Col du Soulor begann.

Während meines vergeblichen Angriffs auf den Aubisque hatte ich zumindest einen Teilerfolg erzielt: Ich hatte eine Technik entwickelt, das Fußgelenk abwärts schnellen zu lassen, was dem anderen Bein den letzten Teil der Pedalumdrehung nach oben erleichterte. Indem ich mich dieser Waffe bediente und gleichzeitig meine Schenkel mit der Hand kräftig herunterdrückte, überquerte ich den Soulor mit einigem Tempo, was mich wiederum unvorsichtig schnell eine kurvenreiche Abfahrt hinuntertrug, auf der sich Wind und Fliehkräfte in übler Weise an meinen Gesichtszügen zu schaffen machten.

Die Abfahrt vom Soulor beendete 1997 die Tour von Chris Boardman (gerissener Rückenmuskel und beschädigte Rückenwirbel), ruinierte 2000 fast Lance Armstrongs Vorbereitung (ein Trainingssturz bei 75 km/h) und war 1951 für den vielleicht Furcht erregendsten Sturz in der Tour-Geschichte verantwortlich. Wim van Est, der erste Niederländer im Gelben Trikot, geriet ins Schleudern, rutschte über den Rand einer Haarnadelkurve und landete zwanzig Meter tiefer auf dem einzigen Felsvorsprung über einem unendlichen Abgrund. Um ihn zu bergen, verknotete sein Team sämtliche Radschläuche zu einem Seil und ließ es über den Rand hinab. Van Est wurde gerettet, doch die Schläuche waren danach derart ausgeleiert, dass das ganze Team das Rennen aufgeben musste.

Ich raste über zwischen meinen Rädern aufblitzende, verblichene Graffitis – RICHARD JE T'AIME; FORZA PANTANI; VIRENQUE = EPO, neben einer riesigen, die gesamte Breite der Straße einnehmenden

Spritze – und flog nach Aucun hinein, wo ich im Restaurant eines Skihotels ein verspätetes Mittagessen einnahm, während sich die qualmenden Reifen des ZR in einem eigentlich für Schneeanzüge und Schlitten gedachten Raum abkühlten. Die fürchterlichen Anstrengungen des Anstiegs und die nervliche Anspannung der Abfahrt zeigten Wirkung, als ich zwischen den letzten Nachmittagsgästen saß, spröden älteren Urlaubern, deren Konstitution durch die Bergluft gestählt war. Dass ich in solche vornehmen Etablissements wie der einzige Überlebende einer tragisch verlaufenen Höhlenexpedition platzte, störte mich schon lange nicht mehr. Wieder konnte ich nur zusehen, wie Fliegen in meiner mit Schlamm besprenkelten Armbehaarung herumstöberten, und als mir meine Grapefruit-Zitrussäure in beide Augen spritzte, zuckte ich nicht einmal.

Derweil ich Teile eines Koteletts in meine zittrige Schnauze balancierte, holte ich den Etappenplan raus, obwohl ich ihn inzwischen im Schlaf herunterbeten konnte. Hinter Aucun führte die Strecke durch das Tal nach Argèles-Gazost, gefolgt von... sabbere Wein in das Lycra... gefolgt von... nehme Messer in die rechte Hand, als sei es ein Schraubenzieher, und steche teilnahmslos nach dem Fleisch... gefolgt von... oh, einmal böse Sodomie und zurück, gefolgt vom steilsten Anstieg der *Hors Catégorie* während der gesamten Rundfahrt, einer 12,9 Kilometer langen und 8,5 Prozent steilen Attacke auf jenen Koloss, der von den Organisatoren Lourdes-Hautacam genannt wird.

Ich hatte schon vorher meine Hänger gehabt, doch diesmal, übermannt von Zweifeln, die den Fahrer gelegentlich wie ein Amboss niederdrücken, war es schlimmer. Die Leute um mich herum waren im Urlaub, und zum ersten Mal sah ich ein, dass davon bei mir nicht die Rede sein konnte. Hautacam lag am Ende einer winzigen Sackgasse, die sich jemand mit einer außer Kontrolle geratenen Nervenkrankheit ausgedacht hatte. Ich würde den ganzen Weg hoch fahren müssen, und dann den ganzen Weg wieder runter. Heute. Ich schaute auf und begegnete dem aufmerksamen Blick des Kellners, eines Kerls mit Fliege und Stirnlocke, und dachte: Bitte, bitte, nehmt mich auf. Ich kann Geschirr spülen. Ich kann Betten machen. Ich kann auf Stelzen in der Eingangshalle herumlaufen und dabei Limericks jodeln. Wenn ich vielleicht so tat, als hätte ich kein Geld für die Rechnung... Wenn vielleicht jemand mein Rad stehlen würde...

Ich hielt mein Gesicht über den Rand eines doppelten Espressos, um ihm eine aromatische Sauna zu gönnen und überlegte, was für eine typisch lächerliche Idee es von den Organisatoren war, Hautacam mit dem 33 Kilometer entfernten Lourdes zu verbinden. Eine geographische Paarung, die dem skrupellosesten Grundstücksmakler peinlich gewesen wäre. »Lourdes-Hautacam« – wenn man es so las, hörte es sich an, als hätte man die freie Auswahl. Bitte wählen Sie jetzt. Und das tat ich. Würde ich nach Hautacam fahren?

Wenn man als untauglicher Engländer längere Strecken durch Frankreich radelt, ist eines der unglücklichsten Dinge die Zahl an Schildern, die einem an jeder größeren Straße »*PAIN*« entgegen schreit. Und als ich einen durch Zitrussäure getrübten Blick aus dem Fenster warf, sah ich ein Exemplar, das in kreischendem Neonrot über einer entfernten Bäckerei bedrohlich im kalten Wind schaukelte. Es hätte eh nicht viel gebraucht, um mich zu überzeugen, und unter den geo-spirituellen Umständen ging dies als göttliche Intervention durch. Nein, ich würde nicht nach Hautacam fahren. So wie ich mich fühlte, konnte ich möglicherweise wie durch ein Wunder nach Lourdes kommen. Auf keinen Fall aber durfte ich auf eine Bergpredigt hoffen.

Mit demselben schäbigen Hochgefühl, mit dem ich am Marie-Blanque vom Fahrrad gestiegen war, radelte ich nun als neuer Mensch durch das Tal. Es war, als würde man mitten in einer unerträglichen Prüfung einfach gehen. Ich wusste, dass ich alsbald im Morast aus Schuld und Versagen versinken würde, vorerst aber zehrte ich von einem plötzlichen Euphorieschub. Gelassen glitt ich allein durch den Nebel nach Lourdes, Christus auf dem Rad.

Die Himmelspforten öffneten sich, als ich durch Lourdes rollte, allerdings nur metaphorisch. Tausend grelle Souvenirläden boten

Plastikkanister mit heiligem Wasser an, sowie letzte Abendmahle, die im Dunkeln leuchteten. Eine Million Pilger in Windjacken standen vor McDonald's Schlange oder nickten abwesend zum Takt der gottlosen Muzak, die aus jedem bizarren Basar jaulte. Lourdes ist die Welthauptstadt des Kitsches. Es hat mehr Hotels als jede andere französische Stadt außer Paris und ist die vermutlich einzige Stadt auf der Welt, die kein Problem damit hat, Alabaster-Heilige direkt neben Postkarten mit gespreizten weiblichen Schenkel zu verkaufen, die mit dem Slogan: »Aaah – liebst du nicht auch den Duft der Natur?« garniert sind. Und es gehört schon einige Unverfrorenheit dazu, einen Nippesladen für Wackel-Heilige *»Au Sacré Coeur de Jésus«* oder ein Pauschalreisebüro *»St. Peter's Tours«* zu nennen. Madonna wusste genau, was sie tat, als sie ihre Tochter nach dieser Hochburg der Heuchelei benannte.

Ich erreichte die 1.000-Kilometer-Marke auf halbem Weg nach Bagnères-de-Bigorre, einem alten Kurort 22 Kilometer östlich von Lourdes und Start der elften Etappe. Ich entwickelte einen ausgeprägten Hass auf diese toten Kilometer, Strecken zwischen den einzelnen Etappen, die die Fahrer in Bussen und Teamfahrzeugen zurücklegen würden. Doch eingedenk meiner Kapitulation im Fall Hautacam biss ich bei Wind und Regen die Zähne zusammen und strampelte im Geiste einer Selbstgeißelung weiter. Und wenn ich jetzt darüber nachdenke, so war schon etwas irgendwie Unwirkliches, Geisterhaftes an dem Opa im schwarzen Trikot, der im prasselnden Regen mit einem seligen *»Bonjour«* sanft an mir vorbeischwebte. Obwohl meine vom Regen geröteten Beine wütend in die Pedale traten und ich mit der Nase beinahe auf dem Lenker lag, vermochte ich ihn nicht einzuholen. Je mehr ich mich abmühte, desto weiter schien er sich zu entfernen, eine entspannte, fast übermütige Silhouette, die lässig den wolkenverhangenen Horizont entlang radelte. Ich erreichte 60 km/h bergab, sandte beeindruckende Mengen Gischt über die Hecken und aquaplanierte in erschreckender Weise auf eine Kreuzung im Stoßverkehr zu, doch es war hoffnungslos.

Ein weiteres *Ville d'Étape*, ein weiterer schrottreifer Kurort. Bagnères-de-Bigorre war ganz mit seinem eigenen Niedergang beschäftigt, offenbarte keinen identifizierbaren Charakter und hoffte anscheinend, dass die Tour ein wenig von ihrem Charisma hier lassen würde. Vom Regen eingehend mariniert, rollte ich das ZR in ein Hotel und wurde sofort von der Eigentümerin angesprochen, einer Person, deren Vorliebe für einseitig verlaufende Gespräche ihre Abneigung, braunes Wasser aufzuwischen, deutlich übertraf. Bestimmt fünfzehn Minuten stand ich da, zuerst nur innerlich zitternd, dann mit dem verzweifelten Zucken einer Figur aus einem Zeichentrickfilm, und versuchte zu lächeln und zu nicken, während mir der Dreck langsam am Körper hinunterlief und eine schlammige Pfütze um meine Knöchel bildete. Die Hotelbranche, ihr Sohn in Clapham, die Fluggesellschaft Ryanair - all das wurde ausführlich diskutiert, ergänzt durch einen langen Vortrag über ihre Erlebnisse mit »*Derme*«. Damals war ich sicher, es handele sich dabei um eine Hautkrankheit; jetzt wird mir klar, es ging um den Dom. Während der ganzen Zeit war mein einziger Gesprächsbeitrag »Flughafen Stansted?«, und als dies undeutlich durch meine klappernden Zähnen drang, sah sie mich an, als hätte ich sie beschuldigt, zu aufdringlich geschminkt zu sein, und fuhr mich an: »*Non*, Luton.«

Das Gesicht eines Bergmannes begrüßte mich aus dem Spiegel über dem Waschbecken - weiße Streifen vom Riemen des Helms auf ansonsten schwarzen Wangen, Augen wie Polobälle auf einem Schokomuffin. Ich registrierte stolz, dass ich noch nie so sehr nach Straßenkämpfer ausgesehen hatte. Es war die bislang überzeugendste Annäherung an ein weiteres ikonisches Bild aus meiner Merckx-Sondernummer von *Procycling*, Eddy bei Paris-Roubaix 1972. Dieses Rennen wird alljährlich an einem immer gleich nassen und kalten Tag im April ausgetragen und führt über eine Route mit so vielen Kopfsteinpflaster-Passagen wie irgend möglich. Paris-Roubaix ist auch bekannt als »Die Hölle des Nordens« - das ultimative Rennen für superharte Männer. Und da war nun Eddy, wie er sich in eine Kurve aus nassen Pflastersteinen legte, in einer Geschwindigkeit, die den

Ford Capri im Hintergrund verschwimmen ließ. Sein Blick war ruhig auf die Straße gerichtet, die Fingerspitzen balancierten kunstvoll auf dem Lenker. Und der Dreck: Schweißige, schwarze Sturzbäche rannen ihm aus den Augenwinkeln und den durchweichten Koteletten, bis sie wie ein Ziegenbart um Mund und Kinn klebten, die Beine waren derart verkrustet, dass an einer Stelle, an der die Hose hoch geschoben war, ein frecher rosafarbener Streifen hervorlugte, der den schwarzen Schlamm und den schwarzen Stoff wie Strapse trennte (na ja, wissen Sie – nach zehn Tagen allein im Sattel holte ich mir meine Kicks, wo sie gerade zu haben waren).

Warum konnte ich mich nicht an einem tapferen, aber zum Scheitern verurteilten Underdog orientieren, einem Chris Boardman oder Paul Kimmage? Oder an Raymond Poulidor, dem ewigen Zweiten der Tour, der selbst im Alter von 40 Jahren noch einmal Zweiter wurde (als wäre das nicht demütigend genug, gaben ihm die Franzosen auch noch den Spitznamen *Poupou*). Es war schon immer mein Unglück, dass ich Sieger vergötterte. Als sich jeder über das abscheuliche Verhalten von Oberrüpel John McEnroe echauffierte, gab ich mich nachsichtig – das war eben ein Mann, der einfach nur gewinnen wollte. Bernard Hinault mag völlig verrückt gewesen sein, doch als ich seine Autobiographie gelesen habe, begann ich eine merkwürdige Ehrfurcht vor diesem monströsen Ego zu entwickeln. »Es heißt, dass man einen großen Sieg erst nachher so richtig begreift«, schrieb er über den Gewinn der Weltmeisterschaft 1980. »Nicht in meinem Fall! Ich wusste gleich, was ich erreicht hatte. Ich hatte sie alle besiegt.«

Heutzutage wird die Tour oft nur mit einem kleinen Vorsprung gewonnen, und der Gesamtsieger gewinnt vielleicht bloß eine Etappe während der Rundfahrt, manchmal auch gar keine. Ganz anders Eddy! 1970 gewann er acht Etappen und riss überdies noch das Trikot des besten Bergfahrers an sich. Seine Zeitgenossen waren empört – damals wie heute war es Usus, zu teilen und auch den anderen ein Stück vom Kuchen zu überlassen. Die Antwort des Kannibalen war ein Satz, den er in fünf Sprachen gelernt hatte (die italienische

Version kannte ich von meinem 73er Giro-Video): »Ist mir total egal.« Nicht gerade ein tolles Schlagwort, aber getränkt mit einer kalten Arroganz, die ich nur bewundern konnte. Und mein Gott, er war Belgier! Wie konnte ein Belgier so brutal entschlossen, so gnadenlos, so... erfolgreich sein.

Klettverschlüsse hatten in den letzten zwei Monaten eine wichtige Rolle in meinem Leben gespielt: Bei diesen kleinen stacheligen Kissen, die Handschuhe, Schuhe, Regenjacke und unzählige Gepäckstücke zusammenhielten, führte jede Unvorsichtigkeit beim Anziehen zu einer Art Gordischer Verknotung der Gliedmaßen, die man sonst nur von ungeschickten Teilnehmern beim Gummitwist kennt. Ausziehen ging auch nicht viel besser. Als ich die Klettverschlüsse meiner Handschuhe öffnete, entlud ich damit eine Ladung Schlamm über meiner Nylonbettdecke, und als ich entdeckte, dass das Insektenspray in meinen Plastikbeutel mit Waschpulver gelaufen war, beschloss ich, einfach in voller Bekleidung unter die Dusche (einer Plastikkabine in der Zimmerecke) zu gehen und meine Klamotten einzuseifen. Das funktionierte wunderbar, zumindest solange, bis ich sie abstreifen wollte, um sie im Duschbecken durch Fußtritte auszuspülen, als würde ich Wein keltern.

Der Temperaturregler war etwas für Safeknacker: winzige Regulierung im Uhrzeigersinn – Herr-im-Himmel-aua-verdammte-Scheiße-aua-aua-aua-ich-verbrenne; exakte Korrektur gegen den Uhrzeigersinn – Heilige-Mutter-von-Eddy-Merckx-wer-hat-den-Hagel-bestellt. Ich hatte gerade die Shorts und eine Socke ausgezogen, als irgendein Teil meines Körpers den Regler versehentlich, aber kräftig im Uhrzeigersinn drehte. Das darauf folgende exzentrische Zucken offenbarte in eklatanter Weise einen Konstruktionsfehler der Kabine, nämlich den, dass sie kein Dach hatte. Doch wir alle machen Fehler, und ein weiterer von mir bestand darin, die Schlafzimmertür nicht abgeschlossen zu haben.

Möglicherweise angelockt von meinem Versuch, die Werke von Hieronymus Bosch in einem einzigen Geräusch zusammenzufassen, möglicherweise auch vom Wasser, das durch die Decke tropfte, erschien es der Inhaberin angezeigt, mein Zimmer in exakt dem Moment zu betreten, der mit meinem wilden, feuchten Ausstieg aus der Duschkabine zusammenfiel. Dass ich die Einrichtung großzügig abgespritzt hatte, war das kleinere Problem; später musste ich das Bett mit muffig riechenden Ersatzdecken aus dem Kleiderschrank neu beziehen, und die Lampenschirme dampften noch am nächsten Morgen. Von größerer Bedeutung für uns beide war aber meine verstörende Aufmachung. Ein nackter Fuß, dessen Zehen inzwischen wie Sultaninen aussahen, neben einer nassen, beigen Socke, dann sehr lange nichts als Fleisch und Wasser, bis zum schaumigen Bund meines Trikots. Während ich hektisch nach einem Handtuch griff, schaute ich an mir herunter und wusste nicht, ob ich lachen oder weinen sollte, als ich sah, dass die gewaltigen Härten des Tages meine Genitalien anscheinend dazu veranlasst hatten, sich selbst zu verspeisen. Der Vorteil war immerhin: Das erschütterte Murmeln, das von Lippen der Inhaberin tröpfelte, als sie das Zimmer verließ, war der letzte Ton, den sie an mich richtete.

Die Pyrenäen lagen hinter mir, und mir war klar, dass ich mich nicht allzu gut aus der Affäre gezogen hatte. Da ich mich zu diesem Zeitpunkt nicht mit meinen schmerzlichen Kernproblemen – Körper und Geist – beschäftigen wollte, suchte ich verzweifelt nach einer weniger abstrakten Erklärung. Als ich mich von England aus auf den Weg gemacht hatte, hatte ich mich nicht zuletzt damit ermutigt, dass es beim Radfahren keinen besonderen Kniff gab. Man musste keine speziellen Fähigkeiten beherrschen, doch als ich in meinem stockigen Bett aufwachte und gnädige Sonnenstrahlen durch die Ritzen der Fensterläden drangen, wünschte ich mir, es wäre anders. Ich dachte an Eddy, wie er sensibel wie ein Pianist den Lenker berührte, und fragte mich, ob ich nicht meinen eigenen, brutalen, verzweifelten Lenkergriff etwas lockern sollte. Oder ich musste irgendwie meine Taschen loswerden, dann wäre ich in der Lage, aus dem Sattel zu gehen und die Anstiege hinaufzufliegen. Ein anderer Gast hatte im Treppenhaus sein edles, nicht beladenes Rad gegen meines gestützt, und als ich es probeweise anhob, wurde mir bewusst, wie viel zusätzliches Gewicht ich mit mir herumschleppte. Wenigstens dachte ich mittlerweile vor dem Schlafengehen und nach dem Aufstehen an Chris Boardmans Dehnübungen, auch wenn das an diesem Tag meine Beinmuskeln bis zu einem Punkt beanspruchte, an dem sie sich anfühlten, als würden sie gleich reißen und wie Rollläden nach oben schnellen.

Bei Sonnenschein sah Bagnères-de-Bigorre viel besser aus. Die hohen Mahagoni-Türen des Restaurants, in dem ich am Abend Schnecken gegessen hatte (Was war das bloß mit mir und den Weichtieren?), glänzten ehrwürdig, und die Hügel dahinter sahen gewaschen und knackig aus. Auf dem Platz demonstrierten friedlich ein paar Bauern. »Das Schaf ist die niedrigste Form des Nutztieres«, stand auf ihrem Transparent, wenngleich ich glaube, dass es unter dem Strich eher eine Pro-Schaf- als eine Anti-Schaf-Kundgebung war.

Obwohl ich nie viel davon gehalten habe, schon vor 9:15 Uhr durch harte, körperliche Arbeit schweißgebadet zu sein, würde es sich von jetzt an nicht mehr vermeiden lassen. Die elfte Etappe war angeblich flach, eine Auszeit für die Fahrer nach den Anstrengungen der Pyrenäen, doch als sich die D938 durch Gerstenfelder wand, war ich bald in Schwierigkeiten. Sogar so sehr, dass es mir irgendwie gelang, mich zu verfahren: Während die D938 links abbog, fuhr ich stumpf geradeaus. Ich schlitterte einen gewaltigen Hügel herunter, und als ich an seinem Fuß in der mir unbekannten Stadt Tournay anhielt und einen schnellen Blick auf Karte und Streckenplan warf, stellte sich heraus, dass ich mir gerade einen Umweg von 18 Kilometern eingebrockt hatte. Keine gewöhnlichen Kilometer allerdings: Wie immer bei Umwegen waren es sehr spezielle, den Arsch zum Schwitzen bringende Dreckskilometer.

Meine Tournaysche Fehlleistung trübte einen ansonsten ausgezeichneten Vormittag: große Vögel, die sich von der Thermik durch die Luft tragen ließen; ein mit Burgen gespickter Horizont; Getreide, das wie Glühfäden schimmerte; Kuhglocken und Grillen; alles blühte und gedieh, dass man es fast hören konnte. Die gleichen Hänge, die eine Woche zuvor bei Limoges noch mit undefinierbaren, winzigen grünen Schößlingen besprenkelt waren, standen jetzt voll mit sprießenden Maisbüscheln. Ich wusste, bald würden in ihren Herzen die ersten behaarten Kolben schwellen und wachsen, sie würden in der heißen französischen Sonne reifen, bis im Spätsommer der Tag kam, an dem sie bereit waren, von mir und meinem Vater auf dem Heimweg von unserem Familienurlaub geerntet zu werden. Wir erreichten Calais jedesmal mit einem Kofferraum voller Diebesgut. Einmal hatte ich einen Albtraum, in dem uns das Große Grüne Gemüsemonster den ganzen Weg bis nach Hause verfolgte.

Auch wenn Radfahren der französische Nationalsport sein soll: Nach dem, was ich an diesem Tag gesehen habe, kommt Rasenmähen nur knapp dahinter. Jeder Garten und jedes Feld summte ob der Versuche, der grünen Flut und des wuchernden Gestrüpps Herr zu werden. Ich sah sogar ein paar sonnengegerbte Typen mit Sensen, was mir erfreulich traditionell erschien. Selbst der Tod muss fürchten, dass man ihm eines Tages einen Rasenmäher in die Hand drückt.

In Mauvezin stieß ich schließlich wieder auf meine Route. Es war ein auf einer Bergkuppe gelegenes Städtchen, von dem aus man einen großartigen Ausblick auf mehrere bewaldete Hügel hatte. Als ich mich am ersten abarbeitete und abwechselnd durch heiße Luft oder schattigen Dunst sauste, stieß ich bei 55 km/h auf ein Problem – einen riesigen Schwarm Mücken. Es war, als würde die *USS Enterprise* durch ein Asteroidenfeld fliegen. Durch das Tempo wurden die Biester zu winzigen Geschossen, die schmerzhaft auf Gesicht, Hals und Helm zerschellten. Ich konzentrierte mich darauf, meinen Mund geschlossen zu halten, da ich bereits erlebt hatte, dass sich der hustende Auswurf von Insektenmasse bei hoher Geschwindigkeit nicht empfiehlt: Das notwendige Öffnen der Lippen erlaubt weiteren Wesen den Weg hinein, und der Ausstoß führt unweigerlich dazu, dass Wangen, Kinn und Kleidung mit in Speichel balsamierten Leichen dekoriert werden.

Es war interessant, wie ich allein anhand des Namens die topographische Lage einer Ansiedlung einzuschätzen gelernt hatte. Irgendwo-*sur*-Irgendwas und Bla-*du*-Bla waren stets gute Nachrichten für den erschöpften Radfahrer, da sich beide mit großer Wahrscheinlichkeit an einem Fluss befanden und daher ein angenehmes Gefälle versprachen. Umgekehrt wusste ich lange, bevor ich Saint-Bertrand-de-Comminges erreicht hatte, dass mich eine große alte Abtei erwartete, die, von schmalen Pfaden umsäumt, auf einem kleinen braunen Berg thronte.

Ein wenig kreative Orientierung überzeugte mich davon, dass die Strecke eigentlich um dieses pittoreske, aber lästige Hindernis herumführte, und ich speiste in knallender Sonne an seinem Fuß. Die meisten Etablissements waren darauf erpicht, mein leibliches Wohl so schnell wie möglich zu befriedigen, um mich bald wieder los zu sein. Leider erlebte ich an diesem Tag die Ausnahme von der Regel. Ich setzte mich an den prominentesten Außentisch, normalerweise eine todsichere Taktik – das Personal stürzte sich gewöhnlich mit einer Nervosität auf mich, die eine geflüsterte Debatte in der Küche vermuten ließ, ob man mir die Speisekarte geben oder lieber eine kleine Geldsumme bieten sollte, damit ich wieder verschwand. Hier aber funktionierte das nicht, genauso wenig wie das gedankenverlorene Pellen meines von der Sonne gebratenen Ohrenfleisches. Die völlige Abwesenheit von konkurrierenden oder potenziellen Gästen, die ich hätte verschrecken können, erschwerte die Lage. Ich füllte meine *Bidons* an einem sprudelnden Steinhydranten auf der anderen Seite der staubigen Sackgasse und nahm einen Prospekt vom Nachbartisch, der sich ausschließlich dem Kult um den Rasenmäher widmete, oder *Débrousailleuse*, wie er von einheimischen Entlaubungssenthusiasten genannt wurde. Ich kam bis zum Schlussteil für die ganz Harten, wo Männer mit Schweißerhelmen sich daran machten, mittels monströser, um ihre Taillen gegurteter Kreissägen einen Regenwald zu roden, als widerwillig eine stattliche Kellnerin mit unangenehmer Ausstrahlung erschien.

Seit dem Anchovi-Zwischenfall war ich ein feiger Zwerg unter den Verbrauchern und wagte es nicht, mich zu beschweren, und so dauerte es zwei lange, heiße Stunden, bis ich Saint-Bertrand endlich auf Wiedersehen sagte. An einem Tag, an dem die Profis im Schnitt 43 km/h fahren sollten, waren das eine Menge verlorener Kilometer, und an diesem speziellen Tag bedeutete es, dass ich spät dran war. Ich hatte nämlich eine Verabredung. In Mane, mit einem Mann.

Ich holte den Hammer raus, doch er schnellte zurück und flog mir direkt in die Fresse. Gegenwind und ein paar fiese Hügel sorgten dafür, dass ich eine halbe Stunde zu spät in Mane ankam. Wie versprochen saß dort vor dem Café du Pont ein Mann, der aussah wie eine Synthese aller Schauspieler, die jemals Dr. Who gespielt haben, auf seinen Knien ein blondes Kleinkind.

»Tim?«

»Nick?«

Nachdem wir das ZR an seinem Citröen festgezurrt und die zwei Jahre alte Jane zwischen Bergen von Satteltaschen verstaut hatten, fuhren wir eine sanft ansteigende Schlucht hinauf und begegneten ab und zu schwarzen Schlangen, die über die Straße huschten. Nick Flanagan war mir von Simon O'Brien empfohlen worden. Der war regelmäßiger Besucher im Pyrenean Pursuits, einem Gästehaus für Radfahrer, das Nick gemeinsam mit seiner Frau Jan betrieb. Es war ein Konzept, mit dem ich nicht so recht etwas anfangen konnte, und auf charmante Weise ging es Nick ganz genauso. Wenn ich ihn richtig verstand, handelte es sich bei seiner Kundschaft um eine Mischung aus Profis auf der Suche nach einem Trainingscamp und Radtouristen auf der Suche nach einem Trinkgelage. Als wir in seinem Etablissement, einem gemütlichen dreistöckigen Chalet außerhalb des Dorfes Biert, ankamen, deutete nichts auf den Charakter des Betriebes hin, mit Ausnahme eines Tores, das raffiniert aus zwei alten Fahrrädern gefertigt war. »Uns geht es nicht so sehr um die Laufkundschaft«, erklärte Nick mit einem durch neun Jahre Pyrenäen gemilderten Liverpooler Akzent. »Es läuft mehr über Mundpropaganda.«

Nick war nicht des Geldes wegen in diese als Ariège bekannte Gegend gezogen. Er war 1991 mit seiner neuen Frau und einer Abfindung als Frührentner hierher gekommen. Da beide leidenschaftliche Radfahrer waren, schien die Idee eines Gasthauses eine ideale Verbindung von Geschäft und Vergnügen zu sein, wobei Letzteres im Vordergrund stand. »Man braucht nicht viel, wenn man das hier hat«, sagte er, als wir uns mit einem Bier auf seine Veranda setzten, und ließ seine Hand entspannt über die Kulisse aus gewaltigen grünen Berggipfeln schweifen. Ein Obstgarten, eine Wiese, die auf der anderen Straßenseite bis runter zum lebhaften Fluss Arac reichte, zusätzlicher Grund und Boden oben am Berg: »Ich habe noch nicht einmal die Hälfte des Landes ausfindig gemacht, das uns gehört«, sagte Nick ohne Aufschneiderei. Als er über Skifahren im Winter und Reiten im Sommer erzählte, kam mir dieser Lebensstil absolut beneidenswert vor (wenigstens für Leute, die solche Aktivitäten nicht beängstigend oder lächerlich finden), und obgleich ich düstere Blicke am Schultor und verschwörerisches Gemurmel im *Supermarché* vermutet hatte, waren sie von den Einheimischen anscheinend herzlich Willkommen geheißen worden. »Das Ariège ist nicht wie der Rest von Südfrankreich. Es ist eine arme Gegend abseits der Touristenpfade, und die Leute respektieren jeden, der hierher kommt und versucht, sich etwas aufzubauen.«

Ich wurde Jan vorgestellt, dem sechsjährigen Sohn Dominic und einem mütterlichen, einäugigen Hund, der auf eine sehr duldsame Katze und ihren Wurf sabberte. Es folgte ein weiteres Bier, dann ein kurzer Rundgang durch eine umfangreiche Sammlung von Radsport-Erinnerungsstücken. Dazu zählte ein Foto des Pelotons, das 1997 an ihrer Haustür vorbeigerauscht war, und eine warme persönliche Widmung von Chris Boardman. Schließlich seufzte Nick, als fände er, damit sei genug von ihm gesprochen worden, dann nickte er und sagte: »So, so, der Aubisque...«

Während unserer Telefongespräche hatte ich Nick über den Fortgang meines Projekts auf dem Laufenden gehalten, aber als er mir nun einen aufmunternden Blick zuwarf, wurde mir bewusst, dass ich eventuell gewisse Sachverhalte schöngefärbt hatte, vor allem meine körperliche Unzulänglichkeit und eine damit zusammenhängende Neigung zum Betrug. Eine Minute zuvor war ich in einem

Buch über die Geschichte der Tour, das Nick vom Verfasser überreicht worden war, zufällig auf diese Aussage gestoßen: »Ich bin Radfahrer. Ich steige nicht ab und schiebe.«

Um meine nicht gerade bewundernswerte Leistung in den Pyrenäen präzise zusammenzufassen, hätte man einfach die Negation aus dem zweiten dieser beiden Sätze entfernen und sie im ersten Satz einfügen müssen, doch irgendwie schien es mir eine Schande zu sein, ihn so früh während unserer Bekanntschaft zu enttäuschen.

»Na ja…«, begann ich und gab eine Antwort, die auf dem Tennisplatz der Aufrichtigkeit direkt auf die Grundlinie tropfte, »ich habe mir die Kräfte eingeteilt.«

Er lächelte verständnisvoll. »Ah, ja – du hast dich für Hautacam geschont.«

Was ein hilfloses, selbstanklagendes Schnauben werden sollte, entwickelte sich irgendwo zwischen Gehirn und Mund zu einem heroischen Seufzer voller schmerzhafter Erinnerungen.

»Da hast du dir die Kräfte auch eingeteilt, was?«

»Nein – nein, eigentlich nicht. Nein, habe ich nicht. Nein.«

»*Chapeau!*«, sagte Nick und hob seine Bierdose, und mit einem einzigen bescheidenen Achselzucken meinerseits wurden ein paar unbedeutende Schönheitsreparaturen an der Wahrheit zu einem riesigen und hässlichen Bollwerk des Betrugs aufgeblasen. Ich glaube, ich habe sogar mit einer protzigen Grimasse meine Waden massiert. Was hatte ich bloß getan? Dies war mit Sicherheit mein idiotischstes Doppelspiel, seit ich als Jugendlicher bei einer Konfrontation mit zwei Londoner Fahrkartenkontrolleuren vorgegeben hatte, Portugiese zu sein. Unter diesen Umständen konnte ich Nick schwerlich bitten, meine Gänge in Ordnung zu bringen.

Zur allgemeinen Überraschung tauchte in diesem Moment ein weiterer Gast auf, ein Australier mittleren Alters mit einem Gesicht wie ein vergnügter Schuljunge aus den Fünfzigern, der ein schweres, von zahlreichen Satteltaschen und einem Zelt niedergedrücktes Tourenrad steuerte. Rhys hatte im Internet von Pyrenean Pursuits erfahren, und machte hier auf einer achtwöchigen Odyssee durch

Europa Halt. Er war älter und dicker als ich, hatte aber, bei 100 Kilometern am Tag, schon 2.500 Kilometer geschafft und in jeder Nacht bis auf einer im Zelt geschlafen. Rhys war sofort als netter Kerl zu erkennen, doch Statistiken wie diese waren unerträglich. Ich litt, so wie Paul Kimmage in den Alpen gelitten hatte, als ein bärtiger Tourist mit seinem vollbepackten Tourenrad aus einer Zuschauermenge aufgetaucht und an ihm vorbeigefahren war, während der Ire verzweifelt darum gekämpft hatte, den näher kommenden Besenwagen auf Abstand zu halten. Gedemütigt, und noch dazu von einem Touristen, von einer verdammten Hohlbirne.

»Irgendwelche Berge?«, fühlte ich mich genötigt zu fragen.

»Tim ist gerade den Aubisque und Hautacam an einem Tag gefahren«, warf Nick wie aufs Stichwort ein. Ich nickte bedächtig und warf einen steinernen und doch mystischen Blick auf den Nebel, der die Gipfel über uns jetzt umhüllte.

»Nee, also, keine wirklich großen«, sagte Rhys leichthin. »Ich darf das alles eigentlich gar nicht machen. Die Ärzte haben mir gesagt, dass es nichts für meinen Rücken ist, und meine Knöchel sind niemals richtig zusammengewachsen, als ich ein Kind war. Die Schmerzen sind nach der ersten Stunde ziemlich schlimm. Aber mit Schmerzen kennst du dich seit gestern sicher gut aus!«

Wir tranken Bier, bis es anfing zu regnen. Jan zog sich zurück, um die Kinder ins Bett zu bringen und die Website zu verbessern, die Rhys angelockt hatte. Nick verschwand in der Küche, um ziemlich außergewöhnliche Dinge mit Enten und Flageolett-Bohnen anzustellen. Rhys und ich suchten in der Bar beziehungsweise Garage Schutz, schauten uns den Giro auf Eurosport an und spielten mit Nicks Heimtrainer herum, einem Gerät, bei dem das Vorderrad abmontiert und das Hinterrad zwischen Widerstandsrollen eingekeilt war. Es tat gut, Straßenhistörchen auszutauschen, übers Fliegenschlucken und losen Schotter, wenngleich unsere Unterhaltung von der Legende meiner Krönung zum König der Berge überschattet wurde. Rhys wusste nichts über Radrennen, aber viel über Räder, und jedes Mal, wenn er anfing, von Übersetzungen zu reden, gab ich gutturale Laute von mir, die ein kumpelhaftes »Lass uns nicht fachsimpeln« andeuten sollten, und wechselte schnell das Thema.

Diese Taktik wurde auch beim Abendessen noch angewandt, um die Beweggründe für Rhys ausgedehnte Reise zu erforschen. Angesichts seines Alters vermutete ich eine unsagbare Lebenskrise: die homosexuelle Affäre, die eine schmutzige Scheidung nach sich gezogen hatte, eine gescheiterte Karriere als Wirtschaftskrimineller. Weit gefehlt: Er war als Bauingenieur seit fünfzehn Jahren bei derselben Firma angestellt und damit wie alle Australier zu einem dreimonatigen bezahlten Urlaub berechtigt. Seine Frau und die Töchter im Teenageralter warteten zu Hause auf ihn und hofften, dass Daddy Europa und das Radfahren hinter sich brachte, bevor sich seine Sprunggelenke verabschiedeten.

Aufgedunsen von *Confit de Canard* und *Vin de Pays* lag ich noch einige Zeit wach und suchte die weiße Decke meines Zimmers nach Spinnen ab, während sich draußen im Regen die Geschöpfe des Waldes schrille und entsetzliche Dinge antaten. Es war gut, wieder ein anständiges Kissen zu haben, nachdem ich mir elf Nächte lang mit etwas den Hals verrenkt hatte, das eher dafür gut war, dass Gladiatoren sich damit gegenseitig verdroschen. Die Offenbarungen des Tages waren allesamt verstörend gewesen. Warum hatte Nick den jugendlichen Chris Boardman in einem 25-Meilen-Rennen geschlagen? Wie hatte es Rhys geschafft, eine halbe Tonne Stahl über 2.500 Kilometer mit schlecht verwachsenen Sprunggelenken zu transportieren? Wann würde ich aufhören zu lügen?

Als alle schliefen, schlich ich mich die Treppe herunter, um von Nicks Münzfernsprecher aus Birna anzurufen. Ich war betrunken und müde, und alles brach in einem einzigen verschwommenen Satz aus mir heraus. Als ich ihn beendet hatte, gab es eine längere Pause, was allemal verständlich ist, wenn man um Mitternacht von seinem verreisten Ehemann geweckt wird, der nichts weiter herausbringt als Worte wie »Schmerz«, »Lügen«, »Hungerast« und »Hohlbirne«. Ich beendete die Pause, indem ich selbst weiterredete. »Ich schaffe das

## Neun

Der Regen hatte das lange Gras geplättet, als sei eine in Panik geratene Bullenherde darüber gestampft, doch jetzt war die Sonne herausgekommen, und während ich mir das erste von einem halben Dutzend Gläsern Orangensaft einschenkte, schlug Nick vor, zu dritt eine Fahrt in die Berge zu unternehmen. Da dies unter keinen Umständen passieren durfte, zog ich mich wieder ins Bett zurück, bis ich Rhys und Nick abfahren hörte, dann trottete ich matt nach unten, um einen Blick auf die Landkarte zu werfen. Der Rundkurs, den Nick vorgeschlagen hatte, führte hinauf zum Col de Seraillé und zurück durch eine Schlucht, hinab nach Biert. Er enthielt einen Anstieg auf 942 Meter, über eine winzige Straße, deren beeindruckende Sammlung an doppelten Steigungsmarkierungen meinem Todesurteil gleichgekommen wäre. Da saß ich lieber auf der Veranda, blätterte in einigen Exemplaren aus der Radsportbibliothek der Flanagans und genoss es, am helllichten Tag zur Abwechslung mal nur gemäßigt alberne Kleidung zu tragen. Die Sonne brachte meine scheckige, wächserne Nase zum Pochen, und unter dem Tisch sabberte der einäugige Hund mitfühlend auf meine Espandrilles. Ich wollte schon wieder ins Bett gehen, als mich mehr und mehr die Geschichte von Eugène Christophe zu fesseln begann.

Christophe startet als Gesamtführender der Tour von 1913 in die Pyrenäen, doch als er den Tourmalet hinabrast, bricht seine Gabel und er wird ins Geröll geschleudert. Die Regeln der Tour schreiben vor, dass alle Reparaturen von den Fahrern eigenhändig durchgeführt werden müssen (was noch bis 1930 so bleibt), also klopft sich Christophe den Staub ab, schultert seine angeschlagene Maschine und läuft Europas damals höchstgelegene Straße – Pardon: »Straße« –

zehn Kilometer ins Tal hinab. Er kommt blutig und erschöpft im Dorf Sainte-Marie-de-Campan an und sucht die örtliche Schmiede auf, verfolgt von wortkargen Schnüfflern, die im Auftrag der Tour sicherstellen sollen, dass keine unerlaubte Hilfe angeboten oder angenommen wird. Christophe winkt den Schmied beiseite, presst eventuell die eine oder andere Beleidigung zwischen den Zähnen hervor und beginnt, glühende Metallstäbe zu bearbeiten, bis er nach zwei heißen, anstrengenden Stunden etwas ähnliches wie eine Gabel für sich hergestellt hat. Als er endlich weiterfahren will, mit inzwischen vier Stunden Rückstand und auf dem letzten Platz, stellt sich ihm einer der Offiziellen in den Weg. Zwar mochte Christophe die Handarbeit allein durchgeführt haben, aber da der Lehrling des Schmieds den Blasebalg bedient hat, habe er indirekte Hilfe eines Dritten erhalten. Unerlaubte Unterstützung - und eine Strafe von weiteren zehn Minuten.

Ich legte das Buch auf den vom Regen immer noch feuchten Tisch, lehnte mich in meinem Klappstuhl zurück und schaute zu den Bergen hinauf. Dann ging ich ins Haus, holte noch ein paar Bücher und durchblätterte ihre Register nach Christophe, Eugène. Seine frühen Jahre waren schon schlimm genug gewesen. Im Jahr 1910 hatte er sich bei Mailand–San Remo durch Schneewehen gepflügt, eine Anstrengung, der er einen einmonatigen Krankenhausaufenthalt und zwei verlorene Jahre ohne Rennen verdankte. Bei seinem Comeback bei der Tour 1912 kam er zwar mit einer besseren Zeit als der Sieger ins Ziel, doch da die Rundfahrt in jenem Jahr nach einer obskuren Punktwertung entschieden wurde, landete Eugène nur auf dem zweiten Platz. Und dann wurde alles noch schlimmer.

Entschlossen, das Rennen 1913 auch nach dem ärgerlichen Zwischenfall mit dem Blasebalg nicht aufzugeben, schafft er es irgendwie noch, Siebter zu werden. Dann kommt der Krieg, doch bei der ersten Tour danach, im Jahr 1919, ist Christophe der erste Träger des neuen Gelben Trikots, das die Organisatoren eingeführt haben, um den Führenden in der Rundfahrt optisch hervorzuheben. Während der Etappe von Metz nach Dünkichen, der mit 468

Kilometern (Was? Was???) zweitlängsten in der Geschichte der Tour, verspürt Spitzenreiter Christophe zuerst ein beunruhigendes Zittern, dann einen heftigen Stoß. Er kann es nicht fassen, es ist wieder die Gabel. Als er endlich in einer Radfabrik eine neue auftreibt, hat er mehr als eine Stunde verloren, wieder zu viel, um es aufholen zu können. Er versucht es weiter, bis 1925, als er, neunzehn Jahre nach seiner ersten Tour und nun 40 Jahre alt, ein letztes Mal antritt, aber frühzeitig aufgeben muss.

Ich brachte die Bücher zurück in die Bibliothek und ging in die Bar. Hier hatte ich das ZR hinter einem Tisch versteckt, um der Gefahr eines ausführlichen Ausrüstungsvergleichs zu entgehen, bei dem das ganze Ausmaß meiner Unwissenheit ans Tageslicht gekommen wäre. Jetzt aber holte ich es heraus, und wie es da ohne Satteltaschen an Nicks Turbo-Heimtrainer lehnte, sah es schlank und geschmeidig aus. Ich dachte an ein Bild von Eugène Christophe, das ich gerade gesehen hatte: flache Mütze, waghalsiger, riesiger Zirkusdirektor-Schnurrbart, Ersatzreifen über die Schultern seines Fischerei-Trikots geworfen, die verdreckten Beine auf das verdreckte Pflaster gepflanzt. Und, von einer Hand auf dem Sattel und der anderen auf dem Lenker gehalten, sein Rad. Es erinnerte mich stark an mein allererstes Rad, das gebrauchte Valiant: keine Gangschaltung, klobiger Eisenrahmen, ein Sitz-und-mach-Männchen-Lenker sowie eine große Chromglocke. Eine Glocke! Ding-ding! Ding-ding! Vorsicht, der Führende des aufreibendsten Sportereignisses der Welt kommt! Ding-ding-ding!

Plötzlich begriff ich etwas sehr Wichtiges. Zur Tour de France gehörte ja, sich um jeden Preis einen Wettbewerbsvorteil gegenüber seinen Konkurrenten zu verschaffen: bessere Taktik, bessere Ausrüstung, bessere Drogen. Ich konnte mich an eine Helikopteraufnahme während des Giros erinnern, wo ein halbes Dutzend Fahrer eine Abkürzung über den Vorplatz einer Tankstelle genommen hatte, während der Rest des Pelotons langsam durch den daneben liegenden Kreisverkehr fuhr. Solche Geschichten, von den ungleich krasseren Kapriolen der frühen Jahre ganz abgesehen, hatten ihren Reiz auf mich ausgeübt, und auf meine Weise hatte ich das alles auch schon gemacht. Aber abseits dieses professionellen Zynismus ging es bei der Tour auch immer noch um Mut und Leidensfähigkeit, die hehren Ideale des Amateurs, und das war etwas, woran ich mich bis jetzt eher weniger orientiert hatte. Überhaupt, wer waren denn meine Konkurrenten? Mal abgesehen von sorgfältig ausgewählten Greisen fuhr ich im Wesentlichen gegen mich selbst: der faule, zögerliche Betrüger gegen den löwenherzigen Unbestechlichen, gegen den, der auf sein Rad auf- statt von ihm abstieg. Demütig dankte ich Eugène und ging nach oben, um mir Trikot und Shorts anzuziehen. Dann kam ich wieder runter, setzte mich aufs Rad und machte mich auf in die Hügel.

Die D17 hinter Massat war schmal, steil und so ruhig, dass Hunde auf ihr schliefen. So wie die Sonne das nasse Grün bearbeitete, konnten man fast riechen, wie die Photosynthese außer Kontrolle geriet: Jan hatte es aufgeben, Gemüse anzubauen, nachdem dem Unkraut lediglich noch mit einer Machete beizukommen gewesen war, und Nick wusste zu berichten, dass Hänge wie diese regelmäßig von Polizeihubschraubern nach Hanfplantagen abgesucht wurden. Es war fast tropisch hier oben. Ich nickte einem alternden Hippiepärchen auf ihrer windschiefen Veranda zu. Drei Typen, die vorgaben, ein Scheunendach instand zu setzen, spotteten »*Eh – le Tour est arrivé!*«, als ich vorbeifuhr. Die Straße fiel erst leicht ab und stieg dann radikal an, doch ich stellte fest, dass ich selbst da nicht langsamer wurde. Die D17 arbeitete sich durch ein dunkles Waldgebiet hinauf, und ich arbeitete ebenso. Ich drehte mich zu meinem Hinterrad um und stellte fest, dass ich im vierundzwanzigsten Gang fuhr (ich hatte also noch drei in Reserve). Die Bäume wurden weniger, und plötzlich war es da, ein überwältigendes 360-Grad-Panorama aus fast senkrecht abfallenden Almen und von Schnee durchzogenem Granit, das bis nach Spanien reichte.

Mein Herz fühlte sich an, als würde es platzen, doch nicht aus dem gleichen Grund wie sonst bei der Ankunft in solchen Höhen. Die Kuppe des Col de Seraillé zu erreichen, war eine religiöse Erfahrung:

Ich bin geheilt; ich kann sehen. Dadurch, dass ich die wildromantische Schönheit um mich herum erobert hatte, wurde ich quasi zu ihrem Schöpfer. Dieser Anstieg war kein Passionsweg gewesen, sondern eine Art Straße nach Damaskus, eine, die mich zum Glauben an mich selbst bekehrt hatte. Zum ersten Mal nach zwanzig Jahren hob ich meine Hände von einem Lenker und streckte sie in den blauen Himmel.

Auf der Schleife zurück durch die Schlucht machte ich in Castet-d'Aleu Halt, um in einem exzellenten Laden, wo ein unglaublich alter Mann über dunkle Schränke voller Vorkriegskonserven herrschte, zur Feier des Tages einen Kaffee zu trinken. Lag es an den fehlenden Taschen, fragte ich mich, als ich draußen saß und den Verkehr beobachtete, an der zusätzlichen Pause oder der Kürze der insgesamt nur 33 Kilometer langen Strecke? Vermutlich kam alles zusammen, und doch spielte nichts davon eine Rolle, als ich bei einem bitteren, pechschwarzen Kaffee zu einem Fazit gelangte: Ich hatte mich an diesem Tag aufgemacht, um den Helden in mir zu suchen, und irgendwo auf dem Weg zum Col de Seraillé hatte ich ihn gefunden. Es fiel schwer, zu Pyrenean Pursuits zurückzukehren und meinen Aufstieg in irdischen Begriffen zu beschreiben.

Davon ausgehend war es eine Schande, dass ich mich in den erbärmlichen Tiefen meiner umnachteten Seele schon zu weiteren Betrügereien entschlossen hatte. Biert lag gut 60 Kilometer von der Route einer Etappe entfernt, die in der wenig viel versprechenden Stadt Revel endete. Von dort aus wartete auf die Profis ein Flugtransfer über das Languedoc nach Avignon (Fluggäste zum Mont Ventoux bitte aussteigen). Birna hatte am Telefon gar nicht mal all ihre Überredungskunst aufwenden müssen, um mich davon zu überzeugen, das Stück nach Revel zu schwänzen. Sie hatte außerdem, wie ihr Anruf an diesem Morgen enthüllte, einen Mietwagen für mich gebucht, mit dem ich vom Flughafen Toulouse nach Avignon fahren sollte.

Nach Toulouse würde ich mit dem Zug fahren. Vielmehr: würde ich nicht. Wie Nick in einer epischen Abfolge haarsträubender, sich widersprechender Telefongespräche mit verschiedenen Bahnbediensteten herausfand, waren von den drei Zügen täglich, die bereit waren, Fahrräder zu transportieren, sieben von einem wilden Streik betroffen. Von den übrigen fünf würden sechs nach Barcelona umgeleitet, allerdings würden die beiden ersten Waggons der vier anderen nach Carcassonne weiterreisen und elf Minuten vor ihrer Ankunft abfahren. »Ich bringe dich«, sagte Nick. Ich protestierte umgehend angesichts dieser erneut großzügigen Geste, aber ich protestierte nicht lange.

Wir machten uns am nächsten Morgen auf den Weg. Mein Magen war immer noch mit der Verarbeitung einer fantastischen Komposition aus Schnecken und Wachteln beschäftigt, angesichts derer der Halbpensions-Tarif des Pyrenean Pursuits von 250 Francs endgültig ein Witz war. Rhys, der nun mit jener Zen-artigen Trägheit infiziert war, die offenbar viele in dieser Gegend ergriff, wollte noch einige Tage bleiben, um seine Fersen und mehr noch seine Knöchel zu kühlen. Nicks nächster Gast, ein Amerikaner namens Mike, bat darum, vom Flughafen Toulouse abgeholt zu werden, was angesichts der 200-Kilometer-Rundreise, die Nick bevorstand, mein Gewissen erleichterte. Hinzu kam, dass das einzig verfügbare Mietauto am Flughafen von Toulouse offenbar dasjenige war, das Mike gerade dorthin zurückbrachte.

Es war seltsam, wieder Auto zu fahren. Seltsam, auf ein Pedal zu treten, das einen mühelos eine abstruse Geschwindigkeit erreichen ließ. Ans Fahrrad gekettet, hatte ich vergessen, was es heißt, frei und ungebunden zu sein, und es tat gut, sich daran zu erinnern. Ich fuhr auf der heißen Autobahn ostwärts und kam an der mittelalterlichen Bilderbuchsilhouette von Carcassonne vorbei, zum ohrenbetäubenden Soundtrack von *Radio Nostalgie*, dem von Mike ausgewählten Sender, und nach einem fruchtlosen Versuch, die Abstimmung in den Griff zu kriegen, ergab ich mich meinem Schicksal. Ich hatte mal gelesen, dass französische Radiosender verpflichtet sind, 40 Prozent muttersprachliche Klänge auszustrahlen, als Teil einer Kampagne, die beweisen soll, dass Frankreich besser als England ist. Während ich auf der Überholspur dahinflog, wurden mir die erschreckenden, Halliday-beeinflussten Konsequenzen bewusst, allerdings suchten die Macher von *Radio Nostalgie* in einer Grauzone nach Auswegen: »*Michelle, ma belle*« und »*Chanson d'amour, ra-da-da-da-da*« waren beide je zweimal aus den Lautsprechern geplärrt, bevor ich die erste von mehreren Spätnachmittagsrunden um die Stadtmauern von Avignon drehte.

Avignon war die zweite Stadt, in der ich ein gutes Hotelzimmer vorgebucht hatte, doch angesichts meiner bescheidenen Leistungen seit Dax hatte ich das wohl kaum verdient. Ich fand das *Mercure Palais de Papes* schließlich in der Nähe der berühmten halben Brücke von Avignon, eingeschlossen von den künstlichen Felsen, die den einstigen Papstpalast abstützen. Ich hatte eigentlich vorgehabt, mich ein wenig auf den ockerfarbenen Boulevards und in den Alleen herumzutreiben, dann früh ins Bett zu gehen, um dort über die bevorstehenden Schrecken des Mont Ventoux zu grübeln und mich längere Zeit hin und her zu wälzen. Daraus wurde aber nichts, weil man mir an der Rezeption offenbarte, dass mein Einzelzimmer durch ein wesentlich größeres ersetzt worden war, um Birna und unsere drei Kinder unterzubringen. Sie waren eine Stunde zuvor mit dem TGV angekommen und befanden sich nun, wie ich schnell herausfand, auf unserem Zimmer.

Was das »Papa-fort-aber-Papa-jetzt-wieder-da!«-Quieken und die Reaktion meiner Kinder darauf betrifft, will ich nicht ins Detail gehen. Birna erklärte, dass meine aufgewühlte telefonische Darbietung große häusliche Sorge ausgelöst hatte, und ich begriff, dass der Mietwagen und die detaillierten Anfragen bezüglich meines Reiseverlaufs allesamt mit der Planung dieser Überraschung zusammenhingen. »Eigentlich bin ich jetzt völlig in Ordnung«, sagte ich angestrengt. »Gestern bin ich einen großen Berg raufgefahren und hatte keine Probleme.« Birna verfügt über ein beeindruckendes Arsenal an ungerührten Blicken, und der, den sie mir jetzt zuwarf, sollte wohl so viel bedeuten wie: »Ist das nicht genau das, was du gestern auch zu diesen Männern in den Pyrenäen gesagt hast?«

Seit jenem schrecklichen Telefonanruf war meine seelische Verfassung eine Achterbahnfahrt gewesen, doch erst jetzt wurde mir klar, wie schlimm ich mich für Birna angehört haben musste, dass sie überhaupt auf die Idee kam, sich mit drei Kindern zwischen zwei und sechs Jahren in London in den Zug zu setzen. Schon lange vor dem Ärmelkanal war den Kindern das Kabbeln ungleich reizvoller als der ruhige Blick aus dem Fenster erschienen, und nachdem bei Lille die Süßigkeiten ausgegangen waren, war Birna permanent mit der Suche nach den Ein-/Aus-Schaltern oder wenigstens den Lautstärkereglern an unseren Kindern beschäftigt gewesen. Eine hochnäsige Geschäftsfrau hatte mehrfach *Calme* im Abteil eingeklagt, und obwohl sie nach einem Hüpf-Aufprall-Zwischenfall bei Dijon überstürzt in einen anderen Waggon umgezogen war, waren die letzten Stunden an Bord beschwerlich geblieben.

Die Anwesenheit meiner Familie machte mich froh, brachte mich aber auch gründlich durcheinander. Dinge, an die ich mich gewöhnt hatte – meine von der Straße verwüstete Kleidung achtlos im Zimmer zu verstreuen, weniger als 400.000 Pfund in der Stunde auszugeben, Chris Boardmans Dehnübungen ohne rauflustige Quälgeister durchzuführen, nach Sonnenaufgang aufzuwachen – wurden zu fernen Erinnerungen. Aber natürlich wurde das alles mehr als ausgeglichen, weil ich nun in den Alpen ein Begleitfahrzeug hatte, beladen mit meinem Gepäck und Cheerleadern, die mich die Berge hinauftreiben würden. Um dann vermutlich ernüchtert und angewidert dabei zuzusehen, wie ich keuchte, fluchte, fiel und versagte.

Man zeigt wenig Neigung, den Mont Ventoux mit dem Fahrrad zu bezwingen, wenn es heiß ist. Der 28. Mai 2000 mag nicht ganz so Furcht erregend wie der 13. Juli 1967 gewesen sein, doch hatte die Sonne bereits um zehn Uhr die dunkelgrünen Mülleimer vor dem Papstpalast ausreichend aufgeheizt, um ein kleines Kind bei der Berührung beinahe so laut zum Schreien zu bringen wie das noch kleinere, das es dort hineinzustopfen versuchte. Ich schaute in den wolkenlosen Himmel und versuchte, meine Atmung zu regulieren.

Ich wollte Tom Simpsons Schicksal nicht nacheifern, und egal, wie groß der Schatten war, den er über diesen Tag werfen würde, er wäre nicht groß genug, um mich zu kühlen. Mein Magen rumorte beklommen, aber als ich zum Parkplatz klickerte, stellte ich immerhin fest, dass meine Beine sich zum ersten Mal seit zwei Wochen morgens nicht so anfühlten, als habe sie ein Schmied die ganze Nacht über als Amboss missbraucht.

Mein Aufbruch verzögerte sich um die Zeit, die man benötigt, um drei Kinder an einem Karussell, einem Pokémon-Stand und einer toten Taube vorbei zu manövrieren, und so stand die Sonne schon ziemlich hoch, als ich ins Hotelzimmer zurückkehrte, um meine *Bidons* mit der üblichen fliegenfreundlichen Mischung aus Traubensaft und Leitungswasser zu füllen. Ich hatte vorgehabt, mit dem ZR im Kofferraum des Twingo nach Carpentras zu fahren und von dort die 149 Kilometer lange Etappe zum Mont Ventoux in Angriff zu nehmen. Dort sollte ich dann von Birna, den Kindern und dem Besorgnis erregend teuren Renault Espace, den wir jetzt gemietet hatten, wieder aufgesammelt werden. Das Problem war: In der bislang gezeigten Form würde ich mindestens acht Stunden für diese 149 Kilometer brauchen (inklusive der nicht verhandelbar langen Mittagspause), und dabei hatte ich die Steigungen noch nicht mal berücksichtigt.

Da es nun bereits Mittag war, konnte ein solcher Fahrplan nur schlechte Laune verursachen. Außerdem war ich darauf erpicht, das Risiko eines Hitzetodes so gering wie möglich zu halten, und so entschied ich spontan, den schlimmsten Temperaturen aus dem Weg zu gehen, indem ich die ausschweifende Anfahrt zum Ventoux außen vor ließ. Wenn ich über Carpentras hinaus bis zum Dorf Sault fuhr, konnte ich 89 Kilometer überspringen und mich für einen spätnachmittäglichen Angriff auf die letzten 60 Kilometer rüsten. Immerhin waren darin die entsetzlichsten Abschnitte der Etappe enthalten.

Es war ein düsterer Abschied. Mein sechsjähriger Sohn Kristijan war gerade darüber aufgeklärt worden, dass ich nicht in der echten Rundfahrt gegen die Radsport-Elite antrat. Zutiefst enttäuscht schaute er mich mit der verratenen Miene eines Kindes an, das sich mit der Tatsache konfrontiert sieht (wenngleich ein leiser Verdacht vielleicht schon bei einer dieser mit Selbstverstümmelung endenden Swingball-Runden aufgekommen war), dass sein Vater möglicherweise nicht der kompletteste Sportler der Welt ist. Frei von solchen Sorgen erfüllte seine zweijährige Schwester Valdis die Lobby mit einem fröhlichen Glucksen, als ich in voller Montur aus dem Fahrstuhl stolzierte. Für eine angemessene Prise Melodramatik ist normalerweise die vierjährige Lilja zuständig, und sie erfüllte ihre Rolle auch kurz, indem sie an meinen Shorts zupfte, mit weit aufgerissenen Augen zu mir hochsah und flehte: »Fahr nicht auf den Berg, Papa!« Ich war noch nicht dazu gekommen, ihr mit einem tapferen Lächeln durchs Haar zu streichen, als sie hinzufügte: »Das ist doch langweilig.«

Der Ventoux, ein langer, breiter Buckel von einem Hügel, sah eigentlich gar nicht so schlimm aus, als ich in die nicht weiter bemerkenswerte Stadt Carpentras fuhr, eine halbe Autostunde südwestlich und knapp 2.000 Meter unterhalb des runden, kreideweißen Gipfels. Es heißt, die Kuppe aus nacktem, gebleichtem Fels vermittle bei bestimmtem Licht den Eindruck einer dauerhaften Schneedecke, aber an einem heißen Tag Ende Mai schien der sanft zwischen Kirschbäumen und Lavendelfeldern aufragende Ventoux freundlich zu sein, eine große Sandburg, die von der ersten Welle der einsetzenden Flut überspült worden war.

Trotzdem war er natürlich nicht zu übersehen. Eintausendneunhundertundneun Meter: Stapele den Eiffelturm und den Canary Wharf Tower übereinander, und pack das Ganze auf den Ben Nevis – seien wir ehrlich, wollten wir das nicht immer schon mal – und man müsste immer noch zum Gipfel hinauf schauen. Der Ventoux ist kein Teil eines Gebirges, er steht einfach für sich, zeichnet sich von fast jedem Punkt der Provençe aus am Horizont ab und macht sich sein eigenes Wetter. Dieser gedrungene, muskelbepackte Koloss breitete sich über eineinhalb Falze meiner Michelin-Karte aus. Er zieht die Blicke auf sich, und oft folgen die Füße. Hier wurde das Bergsteigen erfunden: Als der Dichter und Gelehrte Petrarca im Jahr 1336 den Gipfel erreichte, war er der Erste, der nur zum Selbstzweck einen Berg bestiegen hatte. Fast sechshundert Jahre danach ließ der spätere Premierminister Edouard Daladier eine Straße bis ganz nach oben bauen, die ohne praktischen Nutzen war, wenn man von der Neugier und der Entschlossenheit der Menschen, die Natur zu zähmen, einmal absah.

So gesehen, ist es keine Überraschung, dass sich die Tour de France regelmäßig auf den Weg in diese Mondlandschaft macht. Wenn er auch aus der Ferne unspektakulär aussieht, so ist der Ventoux doch der meist gefürchtete Berg im beachtlichen Arsenal der Tour. »Er ist nicht wie andere Berge«, ist zu einem geflügelten Wort unter den Fahrern geworden, seit die Rundfahrt 1951 das erste Mal hierher gekommen ist.

Und hier war nun ich, ein dünner, zarter Tourist in Nylon und Lycra, der sich erfolglos daran zu erinnern versuchte, wann dieser ganze schwachsinnige Plan mal als gute Idee durchgegangen war. Ich war bemüht, mich aufzubauen - nicht gerade meine Spezialität - und redete mir ein, dass ich zum ersten Mal einer Legende der Tour gegenüberstand. Wenn ich den Ventoux bezwang, durfte ich mich einigen der größten Namen der Sportgeschichte nahe fühlen. Es war, als würde man einen Elfmeter in Wembley versenken oder sich auf dem Centre Court von Wimbledon zum Aufschlag bereit machen, nur bei besserem Wetter und einer schöneren Aussicht. Und wenn man es gemächlich anging, konnte es doch gar nicht so schwer sein, oder? Ohne Satteltaschen war ich bereits leichtfüßig den Col de Seraillé hinaufgeflogen. Das hier war lediglich ein steilerer, längerer Hügel, sagte ich mir, und wenn ich es ertragen konnte, mich etwas weniger leichtfüßig zu fühlen, müsste er zu bewältigen sein.

Bedauerlicherweise war die zwölfte Etappe, Carpentras-Ventoux, völlig unsinnig konzipiert. Als perfekte Übung in quälender Sinnlosigkeit endete sie mit einer Bergankunft: rauf zum Gipfel, von A nach B, dann wieder den ganzen Weg zurück nach A im Teamwagen. Das Etappenprofil war ein schreckliches Dokument.

Meine 60 Kilometer enthielten mit dem Col de Notre-Dame des Abeilles einen Berg der zweiten Kategorie, dazu einen Hügel der vierten Kategorie und die gnadenlose Kletterei zum Ventoux, der mit 21 Kilometern bei weitem langgezogenste Anstieg der *Hors Catégorie* im Verlauf der Tour.

Berüchtigt wurde der Ventoux selbstredend durch die Tour 1967. Man kann die Hitze verantwortlich machen, man kann die Drogen verantwortlich machen, aber unter dem Strich ist der Mont Ventoux der einzige Gipfel in der 97-jährigen Geschichte der Tour, der den Tod eines Menschen durch körperliche Überanstrengung verursacht hat.

Ich hatte mir ein Video über Tom Simpsons Leben gekauft und es vor der Abreise angesehen. Es war das Gewöhnliche an seiner Geschichte, was das letzte Kapitel so ergreifend machte. Ein typisch bescheidenes Heranwachsen als jüngstes von sechs Kindern in Durham und Nottingham, und natürlich war er derjenige, der beim Halma immer gewinnen wollte; das geliehene Fahrrad, mit dem er im Alter von sechzehn Jahren sein erstes Rennen gewann, Schmalspur-Coppi genannt, wegen seiner Ähnlichkeit mit dem hohlwangigen, hakennasigen Fausto Coppi, dem ersten Superstar des Radsports; die unvermeidlichen »Immer-gut-drauf«-Erzählungen derjenigen, die mit dem jungen Tom gerne ein Schwätzchen hielten; die Radsport-Klebebilder-Alben unter dem Bett; die Entschlossenheit, mit der er an Radprofis in ganz Europa schrieb, um sie um Rat zu fragen.

1956 gewinnt er bei den Olympischen Spielen die Bronzemedaille und fährt danach mit 100 Pfund in der Tasche in die Bretagne, um Profi zu werden. Er passt sich derart perfekt an die Menschen, die Sprache und die Esskultur an, dass seine spätere Frau Helen bei ihrer ersten Begegnung glaubt, er sei Franzose. Er gewinnt vier seiner ersten neun Rennen und schreibt nach Hause, dass er das große Geld machen wird. 1960, bei seiner ersten Tour, übernimmt er mit 22 Jahren beinahe das Gelbe Trikot. Die ersten großen Siege: Bordeaux–Paris, Mailand–San Remo, im gleichen Peugeot-Trikot mit Schachbrettmuster, das nun über meinem pochenden Brustkorb hing. Das dicke Auto, die Ferien auf Korsika. Die Heimvideos: beim Skifahren mit seinen kleinen Töchtern, schlafend im Liegestuhl, beim Training auf einem Rad mit Rollen. Er verinnerlicht die Hierarchie und die Taktik des Straßenradfahrens, sowie die PR-Pflichten, die damit einhergehen: Während der Rest des britischen Tour-Teams von 1960 albern vor der Kamera herumzappelt, grinst Tom mit Sponsorenmütze direkt in die Linse. Er inszeniert sich als *Major Tom*, als großstädtischer Gentleman mit Hut und Schirm, der mit seinem ursprünglichen gesellschaftlichen Hintergrund nichts mehr gemein hat. Begeisterungstaumel in den Wohnzimmern von Nottingham, als er 1965 in Spanien Weltmeister wird; als erster Brite, der diesen Titel gewinnt, wird er zur BBC-Sportpersönlichkeit des Jahres gewählt. Autogrammkarten im Weltmeistertrikot, man sieht einen glattrasierten jungen Mann mit frechem, schiefem Grinsen. *Major Tom* mit Akkordeon, herzhaft singend. Das gebrochene Bein, das ihn die nächste Saison kostete. Danach, fast 30 Jahre alt, das Bewusstsein, bei der Tour 1967 vermutlich zum letzten Mal glänzen und sich einen behaglichen Ruhestand sichern zu können.

Ach, Tom. Ich holte mir Carpentras Rosinen und getrocknete Aprikosen und folgte der Tour-Strecke bis nach Sault. Die Organisatoren waren offenbar gnädig und hatten eine Route ersonnen, die sich zunächst vom Ventoux weg bewegte und ihn so lange wie möglich aus dem Sichtfeld der Fahrer heraushielt. Der Himmel hatte dieselbe Farbe wie das ZR, ein dunkles, fast metallisches Blau, dessen Intensität durch weiße Wolkentupfer, die aussahen wie Rauchsignale, verstärkt wurde. Kinder gingen zum Mittagessen nach Hause, auf flachen, von Gestrüpp begrenzten Straßen in leere Orte mit geschlossenen Fensterläden.

Es war ein stickiger Tag, doch in der gleißenden provençalischen Sonne erschien alles unnatürlich scharf: Kirschen, die wie lackierte Stechpalmbeeren glänzten, und leuchtende Mohnblumen, die glühende Lavendelwiesen säumten. Am Col de Murs überholte ich eine Gruppe von Radfahrern, die sich in einer langen Reihe im Wiegetritt den Berg hinaufwälzten. Heute ließ es jeder ruhig angehen.

Ach, Tom. Vor dem Start der '67er Tour marschierte er zu einem Mercedes-Händler in seiner Wahlheimat Gent und leistete eine Anzahlung auf das schneidigste Modell. Führe er eine gute Tour, würde er den Rest bezahlen. »Ich muss irgendein Ziel vor Augen haben«, sagte er seinen Teamkollegen. Er glaubte wirklich, er könne gewinnen, und obwohl er die Hitze hasste und ob seiner früheren Erfahrungen eine tiefe Abneigung gegenüber dem Ventoux entwickelt hatte – »es ist eine andere Welt da oben, der weiße Fels und die blendende Sonne« – war er unglaublich zuversichtlich.

Er startete als Siebter der Gesamtwertung in die 13. Etappe, hielt sich bis zum Fuß des Ventoux im Vorderfeld auf und ging im unteren, von Pinien beschatteten Teil des Anstiegs zwei Fahrern hinterher, die sich aus der Spitzengruppe gelöst hatten. Die Alpen waren bereits überstanden; die ganze Woche über hatte er gesagt, dass dies sein Jahr werden könnte, falls er vor dem letzten Zeitfahren weniger als drei Minuten hinter dem Gelben Trikot lag. Um ihn einzuholen, musste sich sein Teamfahrzeug vorsichtig den Weg durch eine lange Reihe abgeschlagener Fahrer bahnen, und als es ihn erreichte, schon jenseits der Bäume und den Gipfel vor Augen, lag er noch immer an sechster Position. »Aber da merkten wir, dass er in Schwierigkeiten war«, sagte sein Mechaniker.

Es gibt stumme Wochenschaubilder davon auf dem Video, und so furchtbar es auch war, einen Mann zu sehen, der sich buchstäblich über die Grenzen menschlicher Leidensfähigkeit hinaus trieb, so fand ich es doch auf eine makabre, grausame Weise faszinierend. Arthritisch schwankt er von einer Straßenseite zur anderen, verzweifelt bemüht, an zwei Fahrern dranzubleiben, die ihn gerade überholt haben. Als sie davonfahren, geht sein wackelnder Kopf nach unten, er wird langsamer und taumelt fast über die linke Straßenbegrenzung hinaus in einen Abgrund aus weißem Schutt. Der Mechaniker, Harry, ruft und will aus dem Wagen springen, doch Tom richtet sich wieder auf, nur um geradewegs in das gebleichte Geröll auf der rechten Seite zu taumeln. Harry springt heraus und löst die Pedalhaken – »Es ist genug, Tom« – aber das ist es nicht, nicht für Tom, und von irgendwoher nimmt er die Kraft, wütend zu sein – nein, nein, nein, weiter geht's, weiter, mach die Pedale fest, Harry – und auch wenn Harry es so nicht gehört haben will, ist das der Moment, wo Tom röchelt: »Setz mich wieder auf das verdammte Rad!« Er hasst das Rad, aber dies ist nun mal sein Job, er war schließlich Weltmeister und was sollen die auf dem Sofa in Nottingham denken, dies ist seine letzte Chance, ein letzter Versuch, für den Rest seines Lebens auszusorgen, die Kinder in aufeinander abgestimmte Schneeanzüge zu kleiden und seine Frau im 280SL mit elektrischen Fensterhebern durch die Gegend zu fahren.

Es geht um alles oder nichts, und er kriegt nichts. Zweihundert Meter weiter wartet die 1.000-Meter-Marke, die für die Fahrer normalerweise ein Anblick ist, der wundersame Erlösung verheißt. Doch nicht für Tom. Zwei dicke Franzosen in Unterhemden verhindern, dass er auf den heißen Asphalt kippt und führen ihn an den Straßenrand, und obwohl er von zwei Paar kräftigen Armen gehalten wird, treten seine Füße noch immer automatisch in die Pedale. Harry springt durch das Schiebedach des Teamfahrzeugs auf die Straße, Toms Hände klammern sich fest an den Lenker, und es bedarf einiger Anstrengung, sie zu lösen, seine Schuhe von den Pedalen zu befreien und ihn auf diese schrecklichen nackten Steine zu legen. Das Letzte, was man sieht, sind die rasierten Beine und die Shorts mit Peugeot-Logo, darüber der schlaffe Torso, der von den Unterhemden-Männern rüde bearbeitet wird, um wieder etwas Leben in ihn hineinzuschütteln, während es Harry mit Mund-zu-Mund-Beatmung versucht. Dann Ärzte, Sauerstoff, Hubschrauber und Schlagzeilen.

Ach, Tom. Ich wusste, es bräuchte nicht viel, und das tat es auch nicht. *Radio Nostalgie* säuselte im Hintergrund, als ich in Sault parkte, einer ruhigen Anhäufung von Kirchtürmen und Pfannendächern auf einem Hügel, mit einem berauschenden Ausblick für jeden, der seine Augen von der gedrungenen Masse des Ventoux zu lösen vermochte. Ich stellte den Motor aus, und als die hellen, melancholischen Töne von Gilbert O'Sullivan aus dem Armaturenbrett perlten, spürte ich, wie sich mein Nacken spannte und die Nasenspitze zitterte. Meine Seele hatte die Türe offen gelassen, und als könne er nach drei Jahrzehnten der Ablehnung und des Spottes sein Glück kaum fassen, stolzierte Mr. O'Sullivan majestätisch hinein. Ich strich mit dem Handschuh über meine Wangen, damit sie nicht nass wurden, und nachdem ich den Rotz weggewischt hatte, erhob ich meinen tränenverschmierten Blick in den Himmel über dem kahlen, braunen Gipfel. Es war besser, dies jetzt hinter mich zu bringen, da ich oben bestimmt nicht über die nötigen Mittel verfügen würde. *Ground control to Major Tom*.

## Zehn

Egal ob mit oder, wie diesmal, ohne Gepäck – das Schlimme beim Radfahren am Berg ist es, dass nach etwa vier Minuten, wenn der erste metallisch schmeckende, übersäuerte Atemzug in der Kehle kratzt, jeder Gedanke daran aus deinem Gehirn verbannt wird, die Umgebung zu genießen oder eine sonstwie angemessene Urlaubsstimmung zu wahren. Zugunsten eines allumfassenden Eins-gegen-Eins-Duells mit den Gesetzen der Schwerkraft.

Hätte ich dies verinnerlicht, hätte ich mich natürlich mehr bemüht, die Aussicht zu würdigen, als ich unter dem Sonnendach eines Cafés in Sault saß und ohne Begeisterung zwei Drittel eines *Croque Monsieur*, meinen üblichen halben Liter Rosé und eine Cola zu mir nahm. Einige Dutzend Radtouristen nehmen es an jedem Sommertag mit dem Ventoux auf, und während ich das Vorderrad des ZR mit Müh und Not wieder in seinem Kohlefaserrahmen befestigte, rollten drei große, rosige Amerikaner andächtig schweigend und gemächlich an mir vorbei, während ihre Regenbogentrikots unvorteilhaft mit ihren Körpern kollidierten. Wenn die das schaffen, dachte ich... aber dann wurde mir bewusst, dass sie es wahrscheinlich nicht schaffen würden.

Der Col du Notre-Dame des Abeilles war eigentlich bloß zum Aufwärmen gedacht, doch als ich mich behutsam seine trägen, schattenlosen Kurven hinaufwand, wurde mir bald klar, dass er seinen Zweck allzu gut erfüllte. Der Schweiß brannte in den Augen und tropfte zischend auf den glühend heißen Lenker, und ich hatte das Gefühl, dies sei eine Heimzahlung des Schicksals für all die schrecklichen Dinge, die ich als kleiner Junge an sonnigen Nachmittagen mit Lupen und Holzläusen angestellt hatte.

Der Gipfel kam überraschend. Eben noch quietschte ich in einem Tempo daher, das es mir erlaubte, die Gesundheitswarnhinweise auf weggeworfenen Gitanes-Päckchen im Detail zu studieren, dann raste ich bereits in tödlicher Geschwindigkeit hinab, wobei in der Luft lebende Fauna meinen Kehlkopf bespritzte. Heiße, dünne Reifen schnitten eine unaufmerksame Eidechse in der Mitte entzwei. Eine plötzliche Mistral-Böe warf die Pappeln zurück, presste den Kinnriemen meines Helms gegen die Luftröhre und schleuderte mich in Richtung einer Familie, die auf dem Seitenstreifen ein Picknick veranstaltete. Meine gebellten Warnrufe wurden mir aus dem Mund gerissen und so abrupt abgeschickt, dass ich sie nie zu hören bekam. Ein flüchtiger Blick auf Tierkadaver, ein blitzschnell vorbeiziehender Weinberg, ein wackliges Linsen auf den Tacho – Jesus: 65 km/h – dann rollte ich in die provençalische Ebene und konnte endlich einen Handschuh an meine Nase heben und etwas Ähnliches wie eine respektable Erscheinung wiederherstellen.

Ich behielt den Schwung bei, und für ungefähr eine Stunde fraß ich Kilometer, anstatt daran zu ersticken. Irgendwo auf dem Weg lag ein Hügel der vierten Kategorie, doch er kam und ging unbemerkt, und so gelangte ich mit wachsender Zuversicht nach Bédoin, der Ortschaft am Fuß des Ventoux. Ich ließ mich weder von dem an eine Wüste erinnernden Namen noch von einem mobilen Spendenkommando auf dem Rathausplatz aus der Ruhe bringen, das auf einem großen Banner den morgigen »Tag des Blutes« ankündigte. Hier hatte Tom den schicksalhaften Cognac gestürzt, und ich fragte mich just, unter welchem der Sonnendächer er ihn genommen hatte, als ich einen ebenso abrupten wie schmerzhaften Einbruch der Fahreigenschaften des ZR feststellte.

Nur wenige Anblicke sind entmutigender als ein runzliger, faltiger, verwarzter, pfannkuchenplatter Fahrradreifen, zumal wenn dies mit der das Hirn zum Gefrieren bringenden Erkenntnis einher geht, dass die Luftpumpe irgendwo in den Taschen vergraben liegt, die man freudig in den Kofferraum geschleudert hat. Ich konnte es nicht fassen. Über tausend Kilometer war ich gefahren, und bis jetzt hatte ich noch nicht einmal den Luftdruck der Reifen auffrischen müssen. Und was die Situation noch verschlimmerte, war die Tatsache, dass ich sehr wohl daran gedacht hatte, alle anderen Reparaturutensilien in die Lenkertasche zu packen – Reifenheber, Flicken, Klebstoff, Ersatzschlauch, gar ein verschlissenes Stück Schmirgelpapier, zur Hölle noch mal.

Während ich noch überlegte, ob ich die Lage in den Griff kriegen konnte, indem ich wahllos Teile meines Rades aufaß oder mir Flicken über Mund und Augen klebte, sah ich zu meiner Rechten einen dünnen Mann in Armeehosen vor einer Scheune voller Mountainbikes stehen. In weniger als einer Minute hatte er fröhlich und gratis meinen Reifen repariert und schickte mich, leicht rätselhaft, mit einer Banane auf den Weg.

Das war zu schön, um wahr zu sein, und nach einer Viertelstunde staubiger Maisfelder und ansteigender Landstraße schien sich diese Einschätzung zu bestätigen. Alles wurde seltsam ätherisch, eine hitzeflimmernde Ahnung von Unwirklichkeit. Mittlerweile waren mir die Frühwarnsignale eines drohenden Hungerastes bekannt, und spätestens als ich mich zu fragen begann, welches die richtige Straßenseite für mich war, schob ich eine Handvoll heißer, getrockneter Aprikosen zwischen meine lechzenden Lippen und deckte meinen täglichen Bedarf an Anzüglichkeit, indem ich an der Banane des Reifenmannes erstickte. Es half nichts. Meine strampelnden Beine, denen die ganze Aufmerksamkeit meines herunterhängenden Kopfes gehörte, schienen weit entfernt und verschwommen zu sein. Mein Schädel pulsierte und drohte, den Helm zu sprengen. Ich war schon im siebenundzwanzigsten Gang und fingerte immer noch albern an der Schaltung herum, als sei ich eine abhängige Laborratte, die einen deaktivierten Kokainschalter in ihrem Käfig drückt. Und so sehr ich mich auch bemühte, so konnte ich doch nicht die Vorstellung aus meinem Kopf verbannen, dass meine immer abgehackteren Atemzüge den exakten Rhythmus – und nach einer Weile auch die Melodie – der *Wombles*-Titelmusik nachahmten.

Dann schließlich, an einer Stelle, wo die Straße genug davon hatte, sinnlos herumzueiern und sich direkt zum Gipfel wandte, sah ich etwas, was nur eine ausgewachsene Fata Morgana sein konnte: eine fette Brieftasche auf dem Asphalt. Als ich zwecks näherer Untersuchung des Sachverhalts tranig vom Rad stieg, schoss sie plötzlich in das heiße Gestrüpp. Der Anblick zweier gackernder Jungen, die die Brieftasche an einer Angelschnur einholten, änderte meine Gefühlslage: An die Stelle benommener Verwirrung trat nun schlichte Demütigung. Ich war dennoch bemüht, ihre Fröhlichkeit zu erwidern, spürte aber, wie sich mein Gesicht zum bösartigen, höhnischen Grinsen eines Betrunkenen verzog und lauschte in hilflosem Schrecken, wie meinem schlaffen Mund ein entsetzliches dämonisches Fauchen entfuhr. Schwankend sah ich, wie die Jungs panisch durch die Pinien flohen und gelangte schemenhaft zu einer grausigen Wahrheit: Weder Hitze noch Hunger noch chronische Müdigkeit hatten Körper und Geist so durcheinander gebracht. Es waren die Drogen.

Jedesmal, wenn ein Radfahrer wie ein ungezogener kleiner Bub beim Doping ertappt wird, folgen bittere Anschuldigungen und leidenschaftliche Appelle, dass der Sport zu seinen Amateuridealen zurückkehren möge. »Das hat es früher nicht gegeben«, sagen die Leute, und sie haben Recht: Es war schlimmer. Vor mir liegt ein Artikel der *History Today* vom Juli 2000, der darlegt, dass Radsport schon immer mit Drogenmissbrauch einherging; man könnte sagen, er war von Geburt an abhängig. Im Jahr 1896 gewann der Brite Arthur Linton in Rekordzeit das 600 Kilometer lange Rennen Bordeaux- Paris (der nächste siegreiche Brite nach ihm war Tom Simpson), zwei Monate später musste sein Körper den Anstrengungen Tribut zollen. Der Nachruf in der *Cycler's News* ist eine interessante Lektüre für jeden, der einmal das Verhalten von Menschen vor und nach einem längeren Toilettenbesuch in einem Nachtlokal in Soho verglichen hat: »Ich sah ihn in Tours, nach der Hälfte des Rennens... er kam mit glasigen Augen und schlackernden Gliedmaßen an, in einem Zustand höchster Erregung. Dann hörte ich ihn fluchen – was bei ihm sehr selten vorkam... Bei Orleans sah Choppy [Anm.: Lintons Trainer] ein Wrack – eine Leiche, wie Choppy es nannte, und trotzdem hatte er genug Energie, Herz, Mut oder wie immer man es nennen will, um in hügeligem Gelände auf den letzten 45 Meilen 18 Minuten gut zu machen.«

Wie immer man es nennen will? Okay, wie wäre es mit Heroin, Trimethyl und Strychnin. »Choppy« Warburton – und seien wir ehrlich, das ist ein Name, bei dem sich jeder Anklagevertreter die Hände reibt – wurde später von den englischen Rennstrecken verbannt, und es besteht kein Zweifel, dass er Linton bis zum Walrossschnauzbart mit Drogen voll gepumpt hatte. Doping war nicht verboten und wurde in der Anfangszeit kaum verschleiert: Kokainpulver wurde den Fahrern auf die Zunge gestreut, während sie vorbeifuhren. Es wurde ihnen auch zum Kaffee gereicht oder mit Kokosbutter vermischt auf die Beine gerieben. Die Belgier bevorzugten in Äther getränkte Zuckerstückchen, die Franzosen versuchten es mit Digitalis. Heroin- und Kokaincocktails gehörten beinahe zum Standard. Und wer meint, der Gebrauch von Strychnin sei abwegig (anscheinend hat es in geringen Dosen betäubende Wirkung), der stelle sich den verzweifelten Experimentierwahn vor, der manche Fahrer dazu brachte, sich die Atemwege mit einem schnellen Schluck Nitroglyzerin freizumachen.

1924 stieg Vorjahressieger Henri Pélissier verärgert aus der Tour aus, nachdem ihn die Organisatoren bestrafen wollten, weil er ein Trikot weggeworfen hatte – ein Verstoß gegen eine weitere von vielen sinnlosen, drakonischen Bestimmungen. »Sie haben keine Ahnung, was die Tour de France ist«, ereiferte er sich wenig später gegenüber einem Journalisten. »Aber wollen Sie wissen, wie wir es schaffen, durchzuhalten?« Immer noch außer sich, leerte Henri eine Tasche voller Fläschchen und Ampullen auf einem Tisch aus: »Kokain für die Augen. Chloroform für das Zahnfleisch. Wollen Sie auch die Pillen sehen? Unter dem Dreck ist unser Fleisch so weiß wie ein Bettlaken... unsere Augen sind trübe, und anstatt zu schlafen, tanzen wir jede Nacht wie Sankt Vitus.«

Sollten diese Worte einen Skandal provoziert haben, so war er bald vergessen. Während des Kriegs wurden Soldaten auf beiden Seiten Amphetamine verabreicht – insgesamt 72 Millionen Tabletten – und kurz darauf erkannten auch Radfahrer den Wert einer Droge, die Müdigkeit und Schmerz durch einen Mix aus Aggression und Ausdauervermögen ersetzt. Gino Bartali, der Sieger von 1938 und 1948, starb eine Woche vor meiner Abreise, und die Nachrufe waren sich einig: Bartali war höchstwahrscheinlich der letzte saubere Champion. (Man sollte ihn nicht zu sehr wegen der drei Zigaretten täglich verurteilen, die ihm wegen seiner gefährlich niedrigen Herzfrequenz vom Arzt verordnet waren. Bartolis einzige weitere Stimulans war sein Glaube an die Jungfrau Maria.)

Seine große Rivalität zu Fausto Coppi wurde durch seine Überzeugung auf die Spitze getrieben, dass Coppi gedopt war. Gino durchsuchte Faustos Zimmer nach Pillen, und einmal fuhr er 150 Kilometer durch die Nacht, um eine vom Konkurrenten weggeworfene, verdächtige Trinkflasche einzusammeln. Die folgende Untersuchung beförderte nichts Brisanteres als Waschsoda zu Tage, doch Coppi selbst zeigte sich in dieser Frage später außergewöhnlich offen. Kurz vor dem Ende seiner Karriere erwähnte er in einem Interview des französischen Radios beiläufig, dass alle Fahrer *La Bomba* nähmen (wie Amphetamine von den italienischen Fahrern genannt werden), und das diejenigen, die etwas anderes behaupteten, nichts von diesem Sport wüssten. Hatte sich Coppi selbst auch hinreißen lassen? »Ja, wenn es nötig war.« Und wann war es nötig? »Fast immer.« Jacques Anquetil, der die Tour in den Sechzigern fünfmal gewann, äußerte sich noch unverblümter. »Nur ein kompletter Idiot kann glauben, dass ein Radprofi, der 235 Tage im Jahr Rennen fährt, sich ganz ohne Aufputschmittel beisammen halten kann.« Coppi war Simpsons Held, Anquetil der beste Fahrer seiner Zeit. Toms Wahl bestand nicht etwa darin, Speed zu nehmen oder nicht, sondern nur wie viel und von welcher Marke.

In der heutigen, an eine Hexenjagd erinnernden Atmosphäre ist solch alarmierende Offenheit ungewöhnlich, aber nicht völlig aus der

Welt. »Lasst uns keine Heuchler sein. Man schafft das nicht mit Salat und Sprudelwasser allein.« Als ich gehört hatte, wie der Sprecher von Crédit Lyonnais, eines der Hauptsponsoren der Tour, die Brutalität des Rennens auf diese Weise zusammenfasste, wusste ich, dass ich in Schwierigkeiten geraten würde. Das war einen Monat vor meiner Abreise gewesen, und weil ich ahnte, dass ich zwei Jahrzehnte passionierter Faulheit nicht mit einigen Spinning-Einheiten und dem einen oder anderen Waldlauf kompensieren konnte, hatte ich im stillen Kämmerlein damit begonnen, die riesige pharmakologische *Hall of Shame* der Tour zu erforschen.

Bis in die Siebziger hinein lag der Schwerpunkt auf Drogen, die einen glauben ließen, dass man zu Großem in der Lage sei. Obwohl es laut Paul Kimmage auch heute noch üblich ist, sich bei kleineren Rennen ohne Dopingkontrolle mit Amphetaminen in Stimmung zu bringen, vergreift sich der moderne unredliche Fahrer an raffinierteren Medikamenten, die nicht nur schwieriger aufzuspüren sind, sondern ihn tatsächlich zu Großem befähigen. Körpereigene Wachstumshormone unterstützen den Muskelaufbau und reduzieren das Körperfett; das berüchtigte EPO verbessert die Sauerstoffaufnahme des Blutes, und man behauptet, dass es die Leistungsfähigkeit um etwa 15 Prozent steigert.

Das war genau das Zeug, das ich brauchte. Ich erinnere mich, wie ich einst einen todgeweihten Kater zum Tierarzt gebracht habe und fortgeschickt wurde mit einem vom Krebs übersäten Röntgenbild, einem bedauernden Lächeln und einigen mysteriösen Pillen, die dafür sorgen sollten, dass sich der alte Kurt während des Schwanengesangs seines neunten Lebens »besser in seiner Haut fühlt«. Das, so vermutete ich, war die Wirkung aller Stimulanzien, von den allgemein erhältlichen wie Alkohol ebenso wie auch von den in der Subkultur angesagten: dafür zu sorgen, dass man sich »besser in seiner Haut fühlt«. Aber das war nicht genug. Ich musste besser sein als der, der tatsächlich in meiner Haut steckte.

Drei bedeutende Hindernisse erschienen am Horizont, keines davon sonderlich überraschend: EPO und Wachstumshormone waren sehr schwer zu beschaffen, und wenn es einem doch irgendwie gelang, kosteten sie wahnsinnig viel Geld. Dazu kamen die Nebenwirkungen. EPO verdickte das Blut, und würde es unsachgemäß verabreicht, konnte dies dazu führen, dass das Herz Mühe hatte, den karmesinroten Schlamm durch die Kammern zu pumpen. Das Herz eines Radprofis schlägt langsamer als das jedes anderen Menschen – austrainierte Fahrer haben oft einen Ruhepuls von unter 30 – und darin besteht die Gefahr. In den Anfangstagen des EPO-Missbrauchs legte sich ein halbes Dutzend holländischer und belgischer Profis ins Bett und stand nie wieder auf, weil ihre ruhig gestellten Herzen verstopften. Als der Schlaf erst mal als Risikofaktor erkannt war, begannen EPO-Benutzer damit, ihre Wecker zu stellen, um zweimal in der Nacht aufzustehen und Leibesübungen zu machen, damit ihre alten Pumpen nicht das Pumpen vergaßen.

Das klang fast genauso schlimm, wie im Schlaf zu verscheiden, eigentlich schlimmer. Also sagte ich schlicht Nein zu EPO. Was die Wachstumshormone angeht, muss ich nur darauf hinweisen, dass zu den Nebenwirkungen ein übermäßiges Wachstum der Knochen des Gesichts, der Hände und der Füße gehört, und dass ich diesen Satz gerade mit meiner Nase und meinem Kinn getippt habe.

Es bedurfte ein wenig Recherche, um meine ideale Droge zu finden, eine, die subtile psychologische Stimulanz mit einem wachrüttelnden, physiologischen Tritt in den Arsch verband. Ephedrin war schon im alten China bekannt, eine Kräuterdroge, welche die Herzfrequenz erhöht und die Ausdauer steigert. In den Zwanzigern wurde sie erstmals synthetisiert und war beliebt als Mittel bei Asthma und Heuschnupfen, als ein Medikament, das die Atemwege erweitert und so die Sauerstoffaufnahme verbessert. Ein Faktor, der im Zusammenspiel mit der erhöhten Herzfrequenz und der Freisetzung schmerzhemmender Neurotransmitter unweigerlich – wenn auch verspätet – die Sportler anzog. In den Siebzigern war Ephedrin ein beliebter – und verbotener – Muntermacher, und als Diego Maradona von der Fußball-WM 1994 ausgeschlossen wurde, war es die Droge, auf die er positiv getestet wurde (die aber hoffentlich nicht seine inzwischen berüchtigte Kamera-Manie ausgelöst hat).

Ephedrin... Heuschnupfenpillen. Das klang gut – harmlos, aber dennoch effektiv. Ich weiß nicht mehr, wo ich das folgende Zitat her hatte, doch als mein Vorbereitungsprogramm versandete, entwickelte es sich zu einer Art Mantra: »Es ist der unrealistische Druck, Tag für Tag Leistung bringen zu müssen, dem das Dopingproblem zugrunde liegt. Das soll keine Entschuldigung sein, ist aber immerhin eine Erklärung, warum es passiert.« Es würde passieren. Und so spazierte ich in die Arzneiabteilung von *Sainsbury's* und ließ es passieren.

»Heuschnupfen«, sagte ich zu der jungen Apothekerin im weißen Kittel, gefolgt von einem Schniefen, dessen bestürzende schauspielerische Qualität sie abrupt von ihren Rezepten aufblicken ließ. »Drogen... Heilmittel. Heilmittel gegen meinen Heuschnupfen.«

Das war kein guter Start. Sie sah mich durchdringend an, dann blickte sie hinter sich auf die entsprechenden Produkte. »Welches verwenden Sie normalerweise?«

Darauf war ich vorbereitet. »Über die Jahre? Alles Mögliche.« Ich gab einen unendlich erschöpften, gutturalen Seufzer von mir, der ein Leben zusammenfassen sollte, das durch pflanzlich bedingte Nasenverstopfung verpfuscht war.

Sie begann, Produktnamen vorzulesen, und ich folgte ihrer Auflistung. »Clarityn? Beconase? Piriton...?«

»Genau.« Um ein wenig authentischer zu wirken, fuhr ich mit dem nächsten Produkt in der Reihe fort. »Und Acumed.«

Sie fuhr herum. »Das ist ein schmerzstillendes Pflaster für rheumatische Zustände.«

»Kein Wunder, dass es nicht gewirkt hat!«

Ich hatte keine Lust gehabt, den kalten Inquisitoren in einer regulären Apotheke gegenüberzutreten – als ich einmal eine betrat, um ein Grippemittel für meinen Sohn zu besorgen, verließ ich sie mit rotem Kopf und leeren Händen und fühlte mich, als hätte man mich beim Lösungsmittelmissbrauch erwischt – und hatte gehofft, in einer Supermarktapotheke leichtes Spiel zu haben. Da hatte ich mich offenbar geirrt, und weil sich hinter mir eine Schlange bildete, kam ich zur Sache. Allmählich.

»Der Arzt hat mit etwas mit Ephe... Ephe-irgendwas empfohlen«, verkündete ich demonstrativ vage.

»Ephedrin?«, fragte sie vorsichtig.

»...jaa. So heißt das Zeug.«

»Und wie heißt Ihr Arzt?«

Oh, je. Hinter mir begannen die Leute allmählich zu murren. »Ich habe nicht gesagt, dass es mein Arzt war. Ich sagte der Arzt. Ein Arzt. Der Vater meiner Frau. So eine Art Schwiegerarzt.«

Schauen Sie, hätte ich ihr gerne gesagt, ich will das Zeug nicht an einem Eisstand an kleine Kinder verkaufen oder in die Getränke von Polizistinnen schütten. Ich will nur ein paar Berge hinaufradeln und mich dabei besser in meiner Haut fühlen.

»Sind Sie allergisch gegen Hydroxybenzoesäure?«

»Nicht, dass ich wüsste.«

»Irgendwann mal Probleme mit hohem Blutdruck gehabt?«

Ein überzeugtes Kopfschütteln. Es lief besser. Ich würde meine Drogen bekommen.

Sie hob sehr dezent ihre Stimme. »Nehmen Sie Hypnotika oder Medikamente gegen Depressionen?«

»Bis jetzt noch nicht.«

Erste Anzeichen von Empörung hinter mir. Gereizte Hochnäsigkeit vor mir. Die Apothekerin drehte sich um, griff in das Regal und schob widerwillig ein Päckchen Haymine über den Tresen, als sei sie ein argwöhnischer Buchmacher, der Gewinne auszahlen muss.

Ich nahm es, lächelte und sagte: »Ach, ja – und drei Päckchen ProPlus.«

Tatsächlich hatte ich es bereits am Aubisque mit ProPlus probiert, doch bei all dem Gepäck machte die halbe Tablette keinen spürbaren Unterschied. Dieses Mal wollte ich systematischer vorgehen. (Für all die, die keine Erfahrung mit der studentischen Praktik haben, Überarbeitungen auf den letzten Drücker zu machen: ProPlus ist eine

Koffeintablette mit der vitalen Wirksamkeit eines dreifachen Espressos.) Etwa auf der Hälfte des ersten Anstiegs hatte ich mir eine Ephedrin-Tablette in meine schweißige Schnauze gestopft, und gleich hinter Bédoin, als meine Geschwindigkeit in den einstelligen Bereich rutschte und der nun plötzlich monströse Gipfel des Ventoux flüchtig aus dem Lavendel auftauchte, hatte ich noch zwei nachgeworfen, dazu ein paar ProPlus. Und jetzt verpasste ich mir einige viel zu harte Ohrfeigen, stieg wieder auf und versuchte zu vergessen, dass man unter Drogeneinfluss keine Maschinen bedienen soll.

Ich befand mich in jeglicher Hinsicht in einer anderen Welt. An einer Abzweigung sah mich ein Schild schief von der Seite an: *Élevage des Sangliers*. Ich hatte genug Asterix gelesen, um zu wissen, dass *Sangliers* Wildschweine waren. Wenn aber *Élève* Schüler hieß, bedeutete *Élevage* dann nicht Ausbildung? Heiliger Strohsack, was für eine beknackte Schweineschulungscheiße lief hier eigentlich ab? Und das nächste Schild machte die Sache nicht besser: »Patrick Troughton«. Wie? Patrick Troughton? Der verstorbene *Doctor Who*? Das musste ich mir aus der Nähe ansehen. Ich taumelte willenlos auf den angezeigten Pfad und befand mich bald vor einem schäbigen Lagerhaus. Nachdem ich mit dem Finger die Buchstaben entlang gegangen war und jeden einzeln ausgesprochen hatte, musste ich mir eingestehen, dass es auch *Parquets Traditionels* heißen konnte.

Ich hatte mir vorgestellt, dass die Drogen ihre Wirkung im Zusammenspiel entfalten, meine Lungen aufpumpen, mein Herz in einen Turbolader verwandeln und die Überzeugung in meinem Hirn verankern würden, unbesiegbar zu sein. Doch als die ersten auf die Straße gemalten Namen unter meinen Reifen hindurchschlichen und ich aus dem Sattel ging wie ein alter Mann, der von der Behindertentoilette aufsteht, gab es schrille physische Misstöne, eine Art chemische Kastration. Mein Herz schien den ganzen Oberkörper auszufüllen und pochte in meinen Unterarmen, klopfte in meinem Nacken und wummerte im Drum'n'Bass-Rhythmus im Inneren meines Schädels. Ich atmete so, als hätte ich es gerade erst gelernt, und jedesmal, wenn meine Beine die Pedale nach unten traten, fühlte es sich an, als würde man auf einen riesigen Bluterguss drücken. Ich fiel zurück auf den Sattel, und zum allerersten Mal bereitete er mir Kummer und nötigte mich, vergeblich nach perinealer Behaglichkeit suchend, auf dem Arsch hin und her zu rutschen.

Andere Fahrer kamen mir nun entgegen, und meine heißen Ohren fingen das widerwärtige Rauschen sich im Wind aufblähender Kleidung und rasante Fragmente eines »*Bonjour*« oder »Hallöchen« auf. Qualvoll schlingernd mit Körper und Rad, kam ich an eine fette Haarnadelkurve, auf die etwas aufgemalt war. Es war auf Englisch: »Hey – bloß noch 11 Kilometer!« Ich war auf der Umgehungsstraße der Hysterie gewesen, aber das katapultierte mich direkt ins Zentrum. Elf verdammte Kilometer? Elf? In Bédoin waren es 22 gewesen. Es war keine Frage, ob das Glas damit halb leer oder halb voll war. Dies war kein leichter Nackenschlag, es war ein amtlicher Tritt in das Perineum. Warum war denn bloß dieser blöde Samariter zur Stelle gewesen, um meinen Reifen zu flicken? Wenn ich den Chor aus *Fame* gegrölt oder meine Uhr gegessen oder ihn angezischt hätte wie ein in die Enge getriebenes Wiesel, hätte er sich gleich wieder in seine Werkstatt verzogen und ich müsste nicht hier sein.

Das überarbeitete Arrangement mit meiner Familie sah ein Gipfeltreffen um sieben Uhr vor; nun war es viertel nach sechs. Ich konnte, ich durfte mich ihnen nicht in dieser Verfassung präsentieren. Als sich ein großer Kohlensack Müdigkeit schwer auf meinem Nacken niederließ, griff ich mit einer starren Kralle in die Lenkertasche: eine letzte Ephedrin, eine letzte ProPlus. Gott schütze Tommy, England und den Heiligen Georg. Ich nahm meinen Helm ab und fühlte mich umgehend weniger irre. Ich erlöste mein Hirn von seinen Abgründen und zwang mich stattdessen, mit tanzenden Pinien und einem psychedelisch gefärbten Tunnelblick klarzukommen.

Bald schüttelte ich über die Zerrbilder um mich herum nachsichtig lächelnd den Kopf, fand einen Rhythmus und kam allmählich besser voran. Vielleicht nicht unbedingt doppelt so schnell, aber doch schneller. Anreize wurden geschaffen, Belohnung und Strafe, Zuckerbrot und Peitsche: Wenn ich es bis zur nächsten Ecke schaffe, öffne ich mein Trikot; bei der übernächsten darf ich einen Schluck trinken; schaffe ich es nicht bis zu der darauf folgenden, nehme ich eine Handvoll Rosinenmatsch aus der Trikottasche und stopfe ihn mir in den ausgedörrten, protestierenden Rachen.

Faszinierenderweise funktionierte es. Während sich die Straße unbarmherzig durch die immer seltener werdenden Fichten hinaufwand (ein äußerst kurviger Bergauf-Slalom, der einfach immer weiter ging), holte ich sogar die Amerikaner ein, die jetzt nur noch zu zweit waren, zweifellos einige Pfund leichter und sichtbar röter. Ich hatte nicht genug Luft, um Schadenfreude oder einen Gruß los zu werden, doch der vordere ging mit, als ich vorbei kroch, und eine lächerliche Minute lang fuhren wir Schulter an Schulter und simulierten beide Gelassenheit. »Marty«, flehte der abgehängte Kollege mit einem gebrochenen Röcheln, und Marty ließ sich mit mühsam unterdrückter Verärgerung zurückfallen.

Ein als *Le Chalet-Reynard* bekanntes und jetzt mit Brettern verrammeltes Café war der letzte Außenposten der Zivilisation vor dem Gipfel. Das Tierreich bestand lediglich aus einem toten Eichhörnchen auf dem Parkplatz, und auch die Pflanzen hielten nicht viel länger durch. Als die letzten kränklichen kleinen Weihnachtsbäume hinter der nächsten Ecke den Geist aufgaben, lag nur noch ein nackter und seelenloser Haufen aus zementfarbenem Bruchstein vor mir. Die Straße zu einer düsteren, antennenbewehrten Wetterstation führte in derart rüdem Zickzack nach oben, als wäre sie von den plumpen Händen eines Riesen gemalt worden. Sechs Kilometer, um 500 Meter zu klettern.

Der Asphalt vor mir war großzügig mit den Namen der Helden von damals und heute dekoriert, als wüssten sogar die Zuschauer, dass die Fahrer ab diesem Punkt jede Hilfe brauchen, die sie kriegen können. Fetzen aus vergangenen Pressekonferenzen schallten durch mein immer noch vergorenes Hirn: »Dort oben gibt es nichts... du kannst nicht atmen... es ist wie auf dem Mond.« Ich hatte mit allen 27 Gängen des ZR herumgespielt, aber 26 davon waren jetzt irrelevant.

Keine Ahnung, warum mir die Idee nicht schon vorher gekommen war, doch erst, als ich mich um die erste Kurve quälte und von einem plötzlichen Wirbelsturm rückwärts geschoben wurde, folgerte ich, dass der Name »Ventoux« eventuell etwas mit Wind zu tun hatte. Der windige Berg. Obwohl sich das faktisch als völlig falsch erwies – der Name leitet sich von *Vinturi*, dem ligurischen Wort für Berg, ab – erfuhr ich später, dass der Ventoux der windigste Ort der Welt ist, über den wenige Monate vor Toms letztem Gefecht der Mistral mit einer Rekordgeschwindigkeit von 320 km/h gefegt war. Ich presste die Stirn auf den Lenker und nötigte meine Beine irgendwie bis zur nächsten Ecke, wo mich auf einmal eine gewaltige Böe von hinten so heftig erfasste, dass ich mehr oder weniger im Freilauf bis zur Kurve dahinter geschoben wurde.

Der Wind und die Steigung waren eine Sache, besser gesagt waren es zwei, doch eingedenk Toms Sahara-Tod war ich nicht auf die jähe, erschreckende Kälte gefasst. Die riesigen Felsmassen verdeckten die untergehende Sonne, eine Sonne, vor deren Strahlen ich mich so verzweifelt zu schützen versucht hatte und die ich jetzt schrecklich vermisste. Und weil die eisige Brise meine verschwitzten Glieder unversehens gefriertrocknete, zitterte ich bald unkontrolliert. Ich hatte seit dem *Chalet-Reynard* keine Menschenseele gesehen, und als mir jetzt ein robuster Kerl unwillig entgegenkam, mit verkniffenen Augen, zusammengebissenen Zähnen und zum Wärmen in die Achselhöhle gesteckten Händen, da verstand ich auch, warum das so war. Dieses letzte Stück war unvorstellbar gnadenlos, so gnadenlos, dass es nur die am wildesten Entschlossenen zu meistern vermochten.

Ich kroch zwischen den gestreiften Pfosten hindurch, die die Schneehöhe anzeigen, und zwang mich, weiterzumachen. Jede Pedalumdrehung war so anstrengend wie Liegestütze auf einem Arm. Die *Wombles*-Atmung war wieder da, fransig und panisch, und der ohrenbetäubend laute Wind wurde schmerzhaft in meine Kehle geblasen. Dann, als mir alle verbliebene physische und mentale Entschlossenheit geraubt worden war und die endgültige

Kapitulation unmittelbar bevorstand, schielte ich ein wenig nach rechts, und da war sie: eine bescheidene Tafel oberhalb der Straße, aus blassem Granit und mit goldenen Buchstaben verziert. Der Simpson-Gedenkstein. Tommys Mahnmal.

Mit letzter Kraft zog ich meinen rechten Fuß aus der Pedalklaue und stellte ihn auf den Asphalt. Mit dem Kopf auf der Lenkertasche stützte ich mich für vielleicht dreißig Sekunden aufs Rad. Dann befreite ich den linken Fuß, ließ das ZR dort fallen, wo einst Toms Rad gelegen hatte, und schlurfte frierend zum Gedenkstein hinauf. An seinem Fuß lag ein schmutziger Haufen sonnengebleichter, vom Wetter stark mitgenommener Fahrradreliquien: alte Schläuche, Mützen, ein Sattel, vom Mondgestein eingedellte *Bidons*, eine PVC-Regenjacke, deren einer Ärmel um einen weißen Stein geknotet war, während der andere im Wind flatterte. Auf der Tafel selbst befand sich das Relief eines über den Lenker gebeugten Fahrers, der einen Berg fröhlich hinunterfuhr, anstatt sich bleich nach oben zu quälen, dazu die Worte:

*A LA MÉMOIRE DE TOM SIMPSON*
*MÉDAILLE OLYMPIQUE, CHAMPION DU MONDE,*
*AMBASSADEUR SPORTIF BRITTANIQUE,*
*DÉCEDÉ LE 13 JUILLET TOUR DE FRANCE 1967*
*SES AMIS ET CYCLISTES DE GRANDE BRETAGNE*

Nichts als heftiger, lauter Wind mit schweigenden, nackten Felsen darüber, darunter und drum herum: ein elender, einsamer Platz zum Sterben, gottverlassenes, außerirdisches Ödland. Toms Geschichte war eine voller trauriger, später Erkenntnisse, und eine davon kam mir jetzt in den Sinn: »Ein guter Fahrer ist der, der sich selbst in Grund und Boden fahren kann.« Das waren Toms eigene Worte. Und dann dachte ich an das, was Harry, der Mechaniker, am Schluss des Videos gesagt hatte: »Er hat sich selbst zerstört – er war der Typ dafür.«

Ich stolperte zurück zum ZR, rubbelte mit steifen Händen ein wenig Wärme in meine Beine und stieg wieder auf. Aber es war nichts mehr übrig, nicht eine einzige unverbrauchte Kalorie, kein Funken Willenskraft, nichts. Meine Beine schmerzten an Gelenken, von denen ich nicht wusste, dass sie überhaupt existierten, und ich ließ mich vom Rad auf den Rücken fallen. Für einen Moment lagen das ZR und ich Seite an Seite, und meine toten Augen versuchten, sich auf die Masten und Antennen auf dem Gipfel zu konzentrieren, eineinhalb Kilometer die Straße hoch. Dann wurde ich durch wildes Hupen und Kindergeschrei aufgeschreckt, das Begleitfahrzeug bzw. der Besenwagen war angekommen. Ich hatte versagt, und ich hatte vor den Augen meiner Familie versagt. Ich hatte mir in Wembley den Elfer geschnappt und ihn kraftlos direkt in die Arme des Torwarts geschossen. Die Balljungen auf dem Centre Court kicherten noch immer, weil ein weiterer Aufschlag in hohem Bogen in die königliche Loge gesegelt war. So fiel die wohl verdiente Strafe des Dopingsünders aus.

Dass ihr spöttisches Grinsen einem sorgenvollen Stirnrunzeln wich, tröstete mich ein wenig. Ich lag ausgestreckt auf den Vordersitzen und schaute zum Rückspiegel hoch: raue und rissige Lippen, eine Nase von der Farbe und Konsistenz einer überreifen Feige, die Augen umrandet von einer Zorro-Maske aus Tränen und Staub. Ungeschützt durch den Helm, waren meine verklebten Haare von den Elementen zu einer bösartigen Struwwelpeter-Frisur geformt worden. Wie Louison Bobet schon sagte, der 1955 als Erster hier oben ankam: »Ein Sohn auf dem Gipfel des Mont Ventoux ist kein Anblick für seine Mutter.«

Zwischen die Kinder gezwängt, wurde ich behutsam bis ganz nach oben chauffiert, doch ich fühlte mich unwürdig, die Aussicht auf die ins Abendlicht getauchten Weinberge bis runter nach Avignon zu genießen. Birna machte einen kurzen Spaziergang und bekam kaum die Tür auf, als sie zurückkam. »Was ist... dort«, murmelte ich und klang dabei wie Tom Waits nach einem Domestos-Gelage.

»Wind. Baracken, die nach fünfziger Jahren aussehen, und ein paar Polizeiautos. Oh, und ein Werbeplakat, auf dem ›*Tampons pour cyclistes*‹ geschrieben steht.«

Auf der stummen Abfahrt war alles, woran ich denken konnte, wie harmlos das Gefälle von hinter der Windschutzscheibe aussah, wie kläglich anspruchslos. »Kein Berg zu hoch«, lautete eine der regenverschmierten Inschriften unterhalb Toms Mahnmal, eine Aussage, die schon unter den historischen Umständen nicht ganz zutreffend, auf mich bezogen aber so falsch wie nur irgendwas war. Welche magischen Kräfte mir auch immer bei der Eroberung des Col de Saraillé geholfen hatten, sie hatten mich wieder verlassen.

Als wir uns dem *Chalet-Reynard* näherten, entdeckte ich Marty an der nächsten Kurve. Sein Rad lag im Rinnstein, die Hände waren in die Hüften gestemmt, und er machte seinem Kollegen Vorhaltungen, was aber, der gekrümmten Haltung und dem langsamen Kopfschütteln des Letzteren nach zu urteilen, Zeitverschwendung war. Mein erster vernebelter Impuls war, Birna zu bitten, an die Seite zu fahren, damit ich mein Rad aus dem Kofferraum holen und locker an ihnen vorbeisausen konnte, doch Erschöpfung und Demut hielten mich davon ab. Oder hätten mich wenigstens abhalten sollen.

## Elf

»Hast du irgendwas davon gelesen?«

Birna studierte die ausführliche Produktinformation, die meinem Päckchen Haymine beigefügt war. Ich versuchte, Schmerzunempfindlichkeit und mentale Widerstandsfähigkeit aufzubauen, indem ich meinen Kinder zeigte, wie lange ich eine magmaheiße Tasse Frühstücksschokolade mit beiden Händen festhalten konnte.

»Das? Nein. Ich dachte, es wäre nicht von Bedeutung für meine... aua.«

Ich pustete auf meine rubinroten Handflächen, während sie vorlas.

»›Nehmen Sie alle zwölf Stunden eine Tablette‹. Wie viele hast du genommen?«

»Zwei in sechs Stunden.« Das klang besser als vier in zwei. Birna las weiter.

»›Ephedrin Hydrochlorid reduziert die Verstopfung der Nase und wirkt möglicher Benommenheit entgegen, die das Antihistamin Chlorpheniramin verursachen kann... Es können überdies leichte Schwindelgefühle, Herzrasen und Muskelschwäche auftreten.‹«

Ich schaute auf meine Handrücken und knibbelte zerstreut an den stigma-ähnlichen Fetzen verbrannten Fleisches herum, die sich in den Ventilationsöffnungen der Handschuhe gebildet hatten.

»›Alkohol verstärkt die Benommenheit. Meiden Sie Alkohol, wenn sie Haymine einnehmen.‹«

Muskelschwäche, Schwindelgefühle, ein halber Liter Rosé. Die Drogen helfen nicht, sie machen alles nur schlimmer. Es sah so aus, als hätte ich mich schrecklich zum Affen gemacht.

»Na ja... ich fühle mich jetzt ganz okay.«

Und irgendwie stimmte das auch. Der schlaffe, mit Drogen voll gepumpte Invalide, der am Abend zuvor den Nutten in Avignon ein tatteriges Daumen-hoch aus dem Rückfenster geschenkt hatte, hatte keinerlei Ähnlichkeit mehr mit dem fidelen Athleten am nächsten Morgen, der sich auf einen langen Tag im Sattel freute. Es hat mich immer erstaunt, wie Fahrer, die erst am späten Nachmittag an die Pforte des Todes geklopft hatten, ein paar Stunden später vergnügt vom Start wegrollten. Doch bei mir war es ganz genauso, und so faltete ich mit einem Kind auf jedem Knie ungeduldig die Karte zusammen.

Es war ein herrlicher Tag. Ich war immer noch erstaunt über meine neu erworbene Regenerationsfähigkeit, stimmte dem üblichen Rendezvous mit meinem Begleitteam am späten Nachmittag zu und verließ die klaustrophobische Hitze Avignons, fort von japanischen Touristen und urinbefleckten Alleen, und fort von einer jugendlichen Bevölkerung, die zwei Nächte lang emsig in einer Mopedpolo-Variante miteinander gewetteifert hatte, die nach traditionellen provençalischen Regeln mit Bierflaschen statt Holzschlägern gespielt wurde.

Die Sonnendächer der Cafés flatterten im warmen Wind, als ich mit einem dezenten Befreiungsschrei durch die Stadtmauer am Porte Thiers fuhr und es hinter mir hatte. Ohne jeden Respekt vor Wohnwagen, Bussen und Lastwagen radelte ich geschmeidig mit 40 km/h aus der Stadt und murmelte einen ehrfürchtigen Kommentar zu Moores elegantem, leichtfüßigem Fahrstil vor mich hin, während er dem Peloton davonzog, auf dieser flachen, aber brütend heißen 13. Etappe in die Garnisonsstadt Draguignan.

Frischer, von Pappeln beschatteter Asphalt; farbenfrohe Kirschgärten neben raschelnden, turmhohen Bambushainen; leuchtende Weinberge mit winzigen jungen Trauben, die aussahen wie Broccoli. Mit Rückenwind nahm ich in Robion sogar eine Sprintwertung mit – bergauf den schnurgeraden, von Bäumen gesäumten Boulevard entlang – und ging aus dem Sattel, um einen Bauern in die Knie zu zwingen, der in seinem albernen Microcar dahertrödelte.

Als würde ich von tausend begeisterten Zuschauern getragen, schob mich der Wind auf den Kamm des lang gezogenen Montagne du Luberon, eines Anstiegs der vierten Kategorie. Von dort oben hatte ich einen schönen Ausblick auf enge, italienisch anmutende Hügeldörfer, die fast sämtlich reizend waren. Das reizendste war Bonnieux, solange man sich nicht an kitschigen Kunstgalerien, Grundstücksmaklern, Nummernschildern aus Österreich und Preisen von drei Pfund für eine Dose Cola störte. Es folgte eine rasante Abfahrt in eine Granitschlucht hinein, mit gefährlichen Bremsmanövern, weil ich einigen Lastwagen bedrohlich nahe kam oder toten Schlangen ausweichen musste. Dann ein Schinkenbaguette von waghalsigen Ausmaßen an einem Brunnen in Lourmarin, einem Knäuel enger Straßen, die zu einer überdimensionalen Dorfwiese führten, hinter der sich eines der stolzesten *Châteaux* erhob, die ich bisher gesehen hatte.

Der Wind geriet jetzt etwas außer Kontrolle. Tankstellenschilder rotierten wie Flugzeugturbinen, Kellner hechteten über Bouleplätze und verfolgten durch die Luft wirbelnde Sonnenschirme. Doch wenn schon, ich hatte ihn schließlich im Rücken. Ein ausgewachsener Mistral kann die Tour ins Chaos stürzen: 1969 peitschte er den Fahrern mit 70 km/h direkt ins Gesicht, so dass die Organisatoren es ihnen gestatteten, sich hinter ihren Teamfahrzeugen zu verstecken. Zwei Jahre später blies er Eddy Merckx und 200 Mitstreiter nach Marseille, so dass die Fahrer – nach 250 Kilometern bei einer Durchschnittsgeschwindigkeit von 45 km/h – dem Zeitplan derart weit voraus waren, dass niemand da war, um sie zu begrüßen. Als Bürgermeister Gaston Deferre zwei Stunden später erschien, um die Siegerehrung vorzunehmen, waren Eddy & Co. bereits im Hotel unter der Dusche. Eine Demütigung, die Deferre hätte übel nehmen können, doch als echter Franzose gelobte er lediglich, dass die Tour nur über seine Leiche noch einmal zurück nach Marseille kommen würde (Nach 27 Besuchen in Folge bis 1971 machte die Tour das nächste Mal erst 1989 in Marseille Station, drei Jahre, nachdem Gaston seinen letzten Atemzug getan hatte.)

Kampfflugzeuge, die über die Scheunen jagten, ein kurzes Stück Kopfsteinpflaster, das mir den Hintern versohlte, drei Kinder, die schlecht gelaunt auf einem Moped von der Schule nach Hause fuhren – ich sauste mit beeindruckender Geschwindigkeit in die verträumten Dörfer und wieder hinaus. In Pertuis (ein Begriff, der mir bisher nur als Lautmalerei für das Geräusch, mit dem *Snoopy* unliebsame Nahrung ausspuckt, bekannt war) gelang es mir sogar, einen LKW-Fahrer einzuschüchtern, der mich von der Straße zu drängen versuchte. Als ich an der nächsten Ampel auf sein Trittbrett sprang, gegen das Fenster hämmerte und detailliert darlegte, was ich von ihm und seiner Existenz hielt, tat er einfach das, was ich in solchen Fällen auch immer mache: Er starrte stur geradeaus und betätigte mit seinem Ellenbogen diskret die Zentralverriegelung.

In Mirabeau überquerte ich die Durance, die einst mit reißender Gewalt die Schlucht um mich herum geformt hatte und jetzt durch hydroelektrische Maßnahmen und Kanäle gezähmt war. Bei Saint-Paul-lez-Durance bog die Tourstrecke ab, um vermutlich genau das zu vermeiden, was ich jetzt tat – nämlich direkt durch ein Kernforschungsgebiet von der Größe der englischen Grafschaft Berkshire zu fahren. Die Franzosen sind wirklich ein bisschen komisch, wenn es um solche Sachen geht. Ich kann immer noch nicht ganz glauben, dass über 70 Prozent der Elektrizität des Landes durch Kernkraft gewonnen wird, und dass es dagegen kaum Widerstand gibt. Wenn ihr Geheimdienst Schiffe von *Greenpeace* in die Luft jagt, damit Frankreich Atomtests im Pazifik durchführen kann, amüsieren sich die Pariser königlich. Es ist allerdings ohnehin nicht schön, sich eingehend mit französischer Politik zu beschäftigen – im *Rough Guide* musste ich erfahren, dass zwei Drittel der erwachsenen Bevölkerung dafür sind, legale Migranten zu deportieren, wenn sie gegen das Gesetz verstoßen oder ein Jahr lang ohne Arbeit sind.

Ich hatte mit Birna vereinbart, sie in Vinon-sur-Verdon zu treffen, und als Hommage an Eddys Sause nach Marseille war ich lange vor meinem Empfangskomitee da. Vier Uhr ist immer eine gute Zeit, um im Sommer in einer kleinen französischen Stadt anzukommen:

Gerade ist alles noch schäbig und tot und verschlossen, doch im nächsten Moment öffnen die Geschäfte ihre Türen, die Rollläden werden hochgezogen, und urplötzlich sind die Straßen voll mit buntem Obst und lärmenden Hausfrauen. Es ist, als würde man einen Schmetterling aus seinem Kokon schlüpfen sehen.

Vinon war nichts Besonderes, doch im Halbschatten auf dem riesigen Marktplatz zu sitzen, mit einer Cola in der einen und einem Schokoriegel in der anderen Hand, machte mich froh. 122 Kilometer: Moore war wieder da. Es machte mir nicht mal was aus, dass Birna gleich nach Ankunft der Familie verkündete, Vinon sei ein Drecksloch, und sie habe ein nettes Plätzchen zehn Kilometer weiter gefunden.

»Komm schon, Papa«, sagte meine Vierjährige, »du kannst das Fahrrad ins Auto packen und dich auf meinen Füßen schlafen legen, wie gestern.« Doch davon wollte ich nichts wissen. Gestern noch war das Fahrrad eine teuflische Erfindung gewesen, ein geradezu absurd unpraktisches Gerät, das ich mit der gleichen amüsierten Verachtung betrachtete, die normalerweise für Kabinenroller und Träger klobiger Sneakers reserviert ist. Heute war es anders. Jetzt war das Rad eine großartige Maschine, die ultimative Sythese aus Form und Funktion, ein Teil meines Körpers. Ich zwinkerte meinen Kinder zu, sattelte auf, holte den Hammer raus und erreichte das Hotel zehn Minuten vor ihnen.

Gréoux war einer dieser etwas heruntergekommenen Kurorte, die es gut gebrauchen konnten, dass die Tour hier mal Station machte, statt, wie in diesem Jahr, knapp vorbeizufahren. Pudel und Klunker, einsame Solo-Scrabblepartien, Kitschromane, eine Busladung von Leuten aus Lancaster mit Nasen wie W.C. Fields – die Ankunft unserer Familie halbierte das Durchschnittsalter und verdoppelte die Lautstärke. Wir erklärten uns bereit, draußen zu essen, um die Gefahr zu verringern, dass die *Generation X* die gebrechlichen Gäste derart erschreckte, dass sie umgehend zur *Generation Ex* wurden. Die uniformierte Kellnerin bestand höflich darauf, das komplette Tafelsilber auf unserem Plastiktisch auszulegen:

35 Instrumente zum Schneiden und Aufspießen für uns fünf, oder vielmehr 70, nachdem Valdis meine Bloody Mary über den Tisch gekippt hatte, als die Kellnerin eben das letzte Fischmesser ausgerichtet hatte.

Verdauungsbedingte Unpässlichkeit gehört zu den gern verschwiegenen Gebrechen des Rennfahrers. Mit blutverkrustetem Gesicht über die Ziellinie zu fahren oder den Arm schützend auf ein zerfetztes Trikot zu pressen, ist in gewisser Weise heroisch, eine Einschätzung, auf die jemand, der sein Savlon verschmutzt, niemals hoffen darf. Gleichwohl steht eine effektive Verdauung auf der Prioritätenliste während der Tour weit unten, und so mancher Schwan auf dem Rad hat schon als hässliches Entlein das Ziel erreicht, sein Gefieder ganz schmutzig und braun im unangenehmsten wörtlichen Sinne.

Wenn ich den genauen Moment bestimmen sollte, in dem klar war, dass aus mir nie ein professioneller Radfahrer geworden wäre, wäre es nicht mein Sturz an der Bushaltestelle der Kew Bridge oder mein Einbruch am Col de Marie-Blanque, es wäre der Moment, als ich Paul Kimmages Bericht von der 184 Kilometer langen 10. Etappe der 86er Tour gelesen habe. »LeMond war heute in Schwierigkeiten. Er hatte Durchfall. Er fuhr dreißig Kilometer vor dem Ziel an mir vorbei... Gott, der Gestank war fürchterlich. Es floss an seinen Beinen herunter.« Oh, nein, nein, nein. In einem solchen Zustand die physischen Reserven zu haben, andere zu überholen, und die mentale Stärke, mit diesem Albtraumszenario an Peinlichkeit klarzukommen... es lag jenseits meiner Vorstellungskraft. Und Greg LeMond gewann in jenem Jahr am Ende die Tour.

Über all das dachte ich nach, während ich nachts wach lag und mich wunderte, ob dieser Lärm von meinem Magen kam oder von zwei dicken Frauen beim Schlamm-Catchen auf langsam die Luft verlierenden Hüpfbällen. Eine gewisse Zurückhaltung am Frühstücksbüffet war unvermeidlich, und als ich gegen einen Wüstenwind anradelte, um bei Ginasservice wieder auf die richtige Route zu kommen, war ich nicht in der Lage, über den Ursprung dieses sonderbaren, aber ansprechenden Namens zu spekulieren.

Es war zweifellos der bislang heißeste Tag. Das Rumoren in meinen Eingeweiden war grässlich, und wenngleich ich wusste, dass ich etwas essen musste, genügte allein der Gedanke an die Dörrfrüchte vom Ventoux, um ein trockenes Würgen auszulösen. Meine mit warmem Traubensaft gefüllten *Bidons* hatte ich schnell, jedoch ohne Begeisterung geleert, und alles, woran ich denken konnte, war eisgekühlter Ersatz: Bier, Sprudel, alles, was perlte und prickelte.

Als ich bei Aups (wieder einmal) einen Fluss überquerte, kam mir in den Sinn, dass im Vorspann der Fernsehserien *The Goodies* und *The Monkees* jeweils Radfahrer zu sehen sind, die mit rasender Geschwindigkeit in große Gewässer fahren. Ich bekam diesen Gedanken nicht mehr aus dem Kopf: das wunderbare Eintauchen, das Gefühl der Erlösung, wie eine Taufe, die vage Erkenntnis, dass ich schnell untergehen würde, weil ich ans Rad gefesselt war, doch das wäre mir egal, denn ich würde glücklich untergehen.

Es ist immer ein schlechtes Zeichen, wenn ich mich nicht erinnern kann, wo ich zu Mittag gegessen habe. Ich habe allerdings kein Problem, mir die Menüfolge ins Gedächtnis zu rufen: Bier, Wasser, Cola, Wasser, Bier und ein 300-Grad-Segment nicht gegessener Pizza. Während ich allein im Garten des Restaurants saß und mir der kalte Schweiß von den Schläfen tropfte und sich zusammen mit dem Pizzamehl auf meinen Shorts zu einer klebrigen Masse vermengte, näherten sich vorsichtig der besorgte Patron und seine Frau: »*Ça va, monsieur?*« Nein. Eigentlich nicht. »*La Tour passe... passe...*«, begann ich automatisch, konnte den Satz aber nicht beenden. Ein Teenager radelte zügig den beachtlichen, neben dem Haus liegenden Hügel hinauf, ein nicht zuletzt wegen seiner kurzen Gliedmaßen unwiderstehlicher Anblick. Als er am Restaurant vorbeifuhr und mein Peugeot-Trikot sah, hob er einen Arm vom Lenker und rief herausfordernd: »*Vive le velo!*«

Nachdem ich auf die Toilette gestürzt war, um der glänzenden Emaille des Patrons schreckliche Dinge anzutun und mich gerade wieder bleich auf das ZR hieven wollte, kam er herübergetrottet. »*Voilà*«, sagte er und drückte mir eine Werbepostkarte seines

Etablissements in die feuchte Hand. »*Pour vos amis*.« Ich weiß nicht, warum ich es getan habe – vielleicht war es eine leicht desolate Besessenheit, Gewicht zu sparen, wahrscheinlicher die abgebildete Komposition, die von einem riesigem Teller mit Innereien dominiert wurde – als er sich umdrehte, schnipste ich die Karte jedenfalls einfach weg.

Ich konnte nie auf zwei Fingern pfeifen oder einen Stapel Münzen auffangen, den ich zuvor in der Armbeuge eingeklemmt hatte, oder einen Pritt-Stift dazu bewegen, so lang an der Decke über dem Lehrerstuhl festzukleben, bis Mr. Burrows das Klassenzimmer betrat. Aber der eine jugendliche Zeitvertreib, den ich beherrschte – obwohl, wenn ich darüber nachdenke, kann ich auch Steine übers Wasser hüpfen lassen und Telefonzellen in die Luft jagen – war, eine Spielkarte durch einen lockeren Rückhandwurf aus dem Handgelenk in hoher Geschwindigkeit über eine gewisse Entfernung zu schleudern. Trotz meines geschwächten Zustandes verließ die Karte meine verschwitzten Finger mit beachtlicher Rotation und beschrieb einen hohen Bogen, bevor sie den sich zurückziehenden Patron direkt zwischen die Schulterblätter traf. Er jaulte auf vor Kummer und warf seine Hände in die Luft wie ein von einem Heckenschützen erledigter Stuntman; dann, eine Hand auf die getroffene Stelle gedrückt, drehte er sich um, um mich erschrocken und verwirrt zu mustern. Seine Lippen begannen zu beben; bald würden Geräusche kommen, dann Fragen, und da ich die nicht beantworten wollte, hielt ich eine Handfläche wie ein Verkehrspolizist hoch, saß auf und suchte das Weite. Es war das Unverschämteste, was ich je getan habe.

Dadurch, dass es sich selbst als »Heimat der Artillerie« ankündigt, lädt Draguignan durchfahrende Touristen nicht eben zum Verweilen ein, und wenngleich ich nur das Hinterland mit den Umgehungsstraßen zu sehen bekam, die üblichen langweiligen, von *Ronald McDonald* und *Monsieur Bricolage* belästigten beigen Kästen, drängte sich der Begriff »reizlos« geradezu auf. Aus Gründen der Fairness muss ich sagen, dass ich abgelenkt war. Obwohl der dichte Verkehr meinen Verdauungstrakt zusätzlich durcheinander brachte, hatte ich mich einmal mehr in einen Wettstreit verwickeln lassen, diesmal mit einem Mechaniker im Overall, der breitbeinig auf einem Gerät fuhr, von dem ich nur annehmen konnte, dass es das Rad seiner Großmutter war.

Es war eine wenig erbauliche Auseinandersetzung, insbesondere angesichts meiner Zurückhaltung bei der Führungsarbeit. Um es im Radsport-Jargon auszudrücken: Ich lutschte an seinem Hinterrad. Ich gondelte in seinem Windschatten herum und ließ den Mann auf dem rostigen Schrottrad die ganze Arbeit verrichten. Er kurbelte weiter bis zur Gorge de Châteaudouble und sah sich dabei nicht ein einziges Mal um, noch nicht mal, als er in eine Seitengasse rumpelte, mit dem Finger auf die vor mir liegende Straße zeigte und ein brunftig vibrierendes »*Bonne chance!*« von sich gab.

Die Straße wurde schmaler, fraß sich in die steilen Felswände einer Schlucht und um Ecken herum, die so eng waren, dass entgegenkommende Touristenbusse direkt in meine Bahn gerieten. Die 13. Etappe endete in Draguignan, und ich war nahtlos zur 14. übergegangen, die nach allgemeiner Auffassung die erschreckendste war, mit jener Sorte aberwitzigem Streckenverlauf, die Drogenmissbrauch fast unvermeidlich macht: 250 Kilometer nach Norden ins kalte Herz der Alpen, mit zwei Anstiegen der Ersten Kategorie, die rein statistisch schlimmer waren als mancher der *Hors Catégorie*, und dann als Abrundung der berüchtigte Col d'Izoard, dessen giftiger Gipfel noch 300 Meter höher war als der des Ventoux.

Oh, und natürlich Côte de Canjeurs, zweite Kategorie, der Anstieg, auf den mich der Breitbeinige wohl aufmerksam machen wollte. Eine aufreibende, nicht enden wollende Kletterei durch heiße rote Erde und spärliches Gestrüpp. Die Sonne stand immer noch hoch am Himmel, und soweit ich das beurteilen konnte, wenn ich meinen Blick mal vom weichen Asphalt nach oben richtete, verhielt es sich mit den in der Ferne im Dunst liegenden Gipfeln genauso. Wenn das die Alpen waren, befand ich mich wohl jetzt erst am Fuß der Alpen. Es hätte mich eigentlich nicht überraschen dürfen, dass die Alpen sehr große Füße haben.

Dies war eine Touristenstrecke, voll mit tuntigen Deutschen auf tuntigen Motorrädern und britischen Kombis mit Dachgepäckträgern und akribisch gelb bemalten Scheinwerfern. Zumindest die Briten nahmen Notiz von mir. In jeder anderen Kultur gilt es anscheinend als alltäglich, auf einem aus dem letzten Loch pfeifenden Fahrrad ohne Not einen Felsen hinaufzufahren, doch die Blicke, die mir aus rechtsgesteuerten Fahrzeugen zugeworfen wurden, drückten etwas ganz anderes aus: eine Art interessiertes Grauen, das mich dazu veranlasste, mir mit der Hand über den Helm zu fahren, um ihn nach hängen gebliebenen Tierleichen abzusuchen.

Ich fuhr hinauf in vertrocknetes Unkraut, eine leere Welt aus bröckeligem Fels, was bereits ausgereicht hätte, Menschen davon abzuhalten, sich an diesem Ort anzusiedeln; da brauchte es das gewaltige militärische Testgelände, durch welches sich die Straße vorarbeitete, nicht mehr. Nachdem ich schmerzerfüllt, aber ekstatisch einen Kamm überquert hatte, rollte ich im Freilauf um die nächste Ecke und wurde mit dem ganzen Schrecken des Begriffs »Scheingipfel« konfrontiert. Ein scheußlicher Moment. Kommt, liebe Bomben, und macht mich alle.

Als halbherziges Zugeständnis an Chris Boardmans Trainingslehre hatte ich ab und zu Notizen in ein Leistungsnachweis-Tagebuch gekritzelt. Etwa: »Ein harter Tag, aber niemals in den roten Bereich gekommen.« Oder: »Habe Schmerzen, keine Belastung.« Wenn ich allerdings versuche, das kranke Geschmiere zu entziffern, das ich in Comps-sur-Artuby zu Papier gebracht habe, kann ich gerade noch die Worte »s. gereizt / schwächlich« erkennen. Zumal ein weiterer Versuch der Nahrungsaufnahme scheiterte, diesmal wegen eines Restaurantschilds, das aggressiv »Innereien und Schmorfleisch« anpries.

Schwer vorstellbar, dass die Ein-Mann-Fanta-Orgie, die ich in Comps abhielt, dazu geeignet war, meine Lage zu verbessern, wie dann auch die auf einem Parkplatz gleich außerhalb des Ortes vorgefallenen, beschämenden Szenen belegten. Irgendwie hatte ich 100 Kilometer hinter mich gebracht, aber es waren immer noch 28 bis zum vereinbarten Treffpunkt mit meinem – ein hölzernes Lachen

– Begleitfahrzeug. Wäre die Straße nicht augenblicklich in eine Mammutabfahrt gemündet, auf der ich 16 Kilometer lang nicht ein einziges Mal in die Pedale treten musste, hätte ich es bestimmt nicht geschafft.

Ich rollte vorbei an auf Hügeln gelegenen, fast arabisch anmutenden Burgen in den Grand Canyon du Verdon, wo ein lebhafter Fluss zwischen riesigen Granitwänden eingezwängt ist. Viele sagen, diese Schlucht sei die eindrucksvollste in ganz Europa, aber die unglaubliche Wahrheit ist, dass sie erst 1905 entdeckt wurde. Ich finde es nach wie vor erstaunlich, dass die Höhlen von Lascaux so lange verborgen geblieben sind, doch ein zwanzig Kilometer langes und 600 Meter breites Loch im Herzen des dicht besiedeltsten Kontinents der Welt zu übersehen, spielt in Sachen geographischer Apathie in einer ganz anderen Liga. Knapp fünfzig Jahre später wäre der Canyon fast durch eine Talsperre geflutet worden, ein Plan, der nur aufgegeben wurde, weil das Geld ausging. Man kann immer noch die Tunnel sehen, die einst zur Vorbereitung gebohrt wurden. Dann sah ich ein Schild, das mich in Castellane willkommen hieß, gleich dahinter einen kastanienbraunen Espace, und nach 128 Kilometern, die mit denen, die ich tags zuvor locker bewältigt hatte, nicht zu vergleichen waren, hatte ich es irgendwie geschafft.

Castellane war kompakt und laut und wurde von einer winzigen Kapelle überragt, die ängstlich auf einem hoch aufragenden Felsen lag, als würde sie die Stadt nicht etwa bewachen, sondern darauf hoffen, dass sie jemand auffangen würde, wenn sie herunterstürtzte. Erwähnenswert an Castellane war außerdem, dass es überbelegt war, *Complet, No Vacancy*, keine Zimmer. »Himmelfahrtstag«, sagte Birna, aber damals wusste keiner von uns diese köstliche Ironie zu würdigen. Meine Crew war offenbar der festen Überzeugung, einen härteren Tag gehabt zu haben als ich, doch ich war zu schwach, Einspruch zu erheben und nickte nur matt zur atemlosen Aufzählung während der Autofahrt erlittener Brech- und Schwindelanfälle. »Ich habe am Hinterrad eines Mechanikers gelutscht«, war alles, was ich als Antwort flüstern konnte.

Ich hing in den Seilen, aber die Profis wären gerade erst in den Ring gestiegen. In Castellane war ein Sprint vorgesehen – ein Sprint! Und dann noch mal 200 Kilometer voll mit Bergen, wo Höhenunterschiede zu bewältigen waren, als würde man mit dem Fahrrad das Empire State Building rauf und runter fahren. Elfmal. Ich hasste mich dafür, ständig auf meinem drohenden Ungemach herumzureiten, doch es ging nicht anders. Tour-Fahrer wollen am Ende des Tages eigentlich gar nicht aufhören, über die Tour zu reden – sie können nicht, besser gesagt. Sie leben und atmen das Ereignis buchstäblicher als Teilnehmer irgendeines anderen sportlichen Wettkampfs, und am Ende eines Tages ist alles, worüber sie reden wollen, der nächste Tag.

Ich habe einen herrlichen Bildband über die Geschichte der Tour, und von den zahlreichen Fotos, auf denen Fahrer im Hotel nach dem Rennen zu sehen sind, haben allenfalls zwei etwas mit Zerstreuung zu tun (wenngleich beide in perfekter Weise nationale Charaktermerkmale vorführen: der Italiener Felice Gimondi, der einer Blondine sein Autogramm auf den Schenkel malt; der Belgier Eddy Merckx, der nicht weniger begeistert bei einer Partie Patience die Kreuz Vier umdreht). Auf allen anderen versuchen die Fahrer, entweder körperlich zu entspannen – ein Antequil mit winzigen Pupillen, der kräftig massiert wird; Ottavio Botecchia, der sich Wasser ins Gesicht spritzt; zwei Franzosen, die beim Baden interviewt werden; Coppi mit den Füßen im Bidet – oder sich aufzuputschen: Gino Bartali, der die Strecke des nächsten Tages studiert; drei Spanier, die kurzsichtig in den Sportteil schielen. Keine Zeit oder Energie für originellen Unfug, wie ihn der Schweizer Oscar Plattner zu praktizieren pflegte: Wäre der Sprintweltmeister von 1955 ein Tour-Fahrer gewesen, hätte *Procycling* wohl nie an eine sehr extravagante Begabung erinnern dürfen, wonach Plattner »unter den richtigen Umständen sieben Wellensittiche balancieren konnte, vorausgesetzt, dass der letzte auf einem Bein stand.«

Die einzig freien Betten in der Stadt gab es in einer Pappschachtel auf einem Campingplatz, was für mich in Ordnung war, bei Birna allerdings weniger gut ankam. Offenbar neugierig geworden in Bezug auf unser duales Urlaubstransportsystem, kam der portugiesische Betreiber in seinem kleinen Golf-Buggy auf ein Schwätzchen vorbei, als wir gerade die Kinder auf unserer Sperrholzveranda zusammentrieben. Ich hatte es lange aufgegeben, Franzosen mit meinen Aktivitäten beeindrucken zu wollen, aber da Portugal keine echte Radsporttradition hat und sein Englisch ausreichte, um mein fiebriges Geschwafel zu entschlüsseln, war er alsbald ganz Ohr. »Sie fahren das ganze, komplette Rennen?«, fragte er und zog in berechtigter Sorge seine markanten Augenbrauen hoch. Ich nickte finster und erkundigte mich, wo ich Waschmünzen für meine stinkenden Klamotten bekäme. »Nein, nein«, sagte er, hob abwehrend die Hände und bestand darauf, alles in seiner eigenen Maschine zu waschen. Das wäre auch an jedem anderen Tag eine liebenswürdige Geste gewesen, doch welches Opfer es an diesem speziellen bedeutete, wusste ich erst zu würdigen, als er gerade in seinem Buggy davongesummt war. Es tut mir so Leid, *Sir*.

Still vor mich hin zu leiden, würde ich nicht als meine große Stärke bezeichnen, doch auf einem Zeltplatz besteht diese Option ohnehin nicht. Unsere wackligen Wände boten immerhin minimalen Schallschutz gegen das traditionelle Camping-Wiegenlied aus teutonischem Schnarchen, aber ich erschauere noch heute bei dem Gedanken an die katastrophalen Geräusche, die meine Mitcamper während der ganzen Nacht mit anhören mussten. Welch eine Schande – da hätte ich ja gleich am helllichten Tag über den Platz schlendern und um eine helfende Hand bei meinem siebten Sittich bitten können.

Es dürfte inzwischen deutlich geworden sein, dass ich kein angenehmer Patient bin. Meine halbe Kindheit lang bin ich, »Ich glaube, es ist die Milz« wehklagend, zwischen den Beinen meiner Mutter herumgekrochen, und ich habe einen solchen Aufstand wegen ein bisschen Bauchweh gemacht, dass man mir den Blinddarm entfernt hat, damit ich endlich Ruhe gab. (Die Untersuchungen davor waren allerdings tatsächlich rigoros. Ich möchte denjenigen sehen, dessen Schrei nicht das Glas der

Krankenhausfenster zum Bersten bringt, wenn ein mit Vaseline eingeriebener Arzt bis zum Ellenbogen in ihm drin steckt. Obwohl, vielleicht möchte ich das lieber nicht.) Als das Morgenlicht durch die Vorhänge schimmerte, warf ich mich immer noch stöhnend hin und her wie ein leicht am Knöchel berührter italienischer Fußballer. Die Kinder waren schon wach und hielten eine lärmende Mahnwache an meinem Bett ab, und Nachtschwester Birna erklärte gähnend, dass ein Urlaubsbauchweh normalerweise nicht länger als einen Tag dauert.

»Urlaubsbauchweh?«, jammerte ich und war um einen schrillen Tonfall bemüht. »Es handelt sich hier um eine ernsthafte Störung des Verdauungssystems. Ich glaube...« An diesem Punkt wurde ich durch ein ausgedehntes Zischen übertönt, das von irgendwoher aus meinen verknoteten Innereien kam. »Ich glaube, ich habe die Ruhr.« Kristjan blickte mich mit naiver Sorge an; ich legte meine feuchte Hand auf seine Schulter und krächzte: »Papa hat Dünnpfiff.«

Ich hantierte alibimäßig mit Landkarten und Handschuhen herum, wartete aber insgeheim darauf, dass Birna mich stoppen würde. Es dauerte nicht lange. »Sag mir nicht, dass du heute aufs Rad steigst.«

»Na, gut, dann nicht«, sagte ich etwas zu schnell und betrachtete meine hageres, abpellendes Gesicht im Spiegel über der kleinen Spüle. Von Castellane aus machte das Profil Sprünge wie das Herz eines verängstigten Nagers, und hier war nun ich: frittiert, geröstet, mager und knusprig. Als ich meine *Bidons* ausspülte, bemerkte ich, dass sogar meine Ohren krank aussahen.

Birna beobachtete meine Nachlässigkeit mit Interesse. »Willst du sie nicht vernünftig ausspülen?«

»Das macht keinen Sinn, wenn ich heute nicht fahre.«

»Was benutzt du normalerweise?«

Nachdem mein Waschpulver durch Insektizide kontaminiert worden war, hatte es in meinem Leben nur noch einen flüssigen Allzweckreiniger gegeben, mit dem ich Trikot, Shorts und Socken wusch, meine Bidons reinigte und dem verschmutzten Rahmen des ZR gelegentlich etwas Glanz verlieh, indem ich das Zeug direkt auf ein gestohlenes Hotelhandtuch auftrug. »*Wash'n'Go*«, sagte ich.

»Das ist keine so gute Idee«, antwortete Birna, und sie hatte Recht. Was immer ich in die Bidons füllte, schmeckte danach nach parfümierter Schminke. »Und wann hast du sie zuletzt ausgekocht?«

Wann hatte ich zuletzt... Hätte man diesen Moment gefilmt, wäre die Kamera voll auf mich draufgegangen, während ich mit großen Augen und offenem Mund die Hände vors Gesicht schlug, weil mir urplötzlich alles schmerzlich klar wurde. Nick und Jan hatten mir die gleiche Frage gestellt, sie hatten gar angeboten, es für mich zu erledigen. »Immer, wenn wir hier eine größere Gruppe zu Gast haben, kochen wir alle *Bidons* aus. Einmal, wenn sie ankommen, und einmal, bevor sie wieder abfahren.«

Ich hatte angenommen, sie seien einfach... nun ja, britisch. Sie wissen schon: penibel. Vom gedankenlosen, sklavischen Festhalten an Routine getrieben. Man sollte ja eigentlich jeden Abend die Reifen aufpumpen, die Kette reinigen und den Dreck von den Umwerfern bürsten, doch schien mein Fortkommen dadurch, dass ich nichts von all dem jemals getan hatte, in keiner Weise negativ beeinflusst worden zu sein. Das Auskochen der *Bidons* stand für mich etwa auf einer Stufe mit jenen »Vorbereitungen für eine lange Reise«, die sich in Autohandbüchern finden, die man nur dann einmal durchblättert, wenn man im Halteverbot darauf wartet, dass Frau und Kinder vom Schuhkauf zurückkommen. Und dann denkt man: Himmel, ich sitze hier in einem Volvo Kombi und lese das Benutzerhandbuch, während sich meine Kinder die Füße ausmessen lassen, was bedeuten könnte, dass ich schon jetzt einer der langweiligsten Männer Europas bin, und wenn irgendwer meint, dass ich nun auch noch damit anfange, jedesmal, wenn wir die M25 benutzen, meine Scheibenwischer zu untersuchen und mit dem Gartenschlauch kleine Steinchen aus den Radkästen zu spritzen, dann hat der sich aber geschnitten.

Birna ist aber nicht britisch. Genauer gesagt, ist Birna die Antwort auf die Frage, was dabei herauskommt, wenn man einen isländischen Virologen mit einer isländischen Immunforscherin kreuzt. Das übergeordnete Ziel in ihrem Leben war offenkundig die weltweite Ausrottung des Schmutzes. Hart gegenüber dem Dreck als solchem, hart gegenüber den Verursachern des Drecks. In einem Ton, in dem man normalerweise zu Kindern spricht, die sich nach dem Klogang nicht die Hände gewaschen haben, schimpfte sie: »Du hast Fruchtsäfte und weiß der Geier was in diese Flaschen getan, und das hat den ganzen Tag in der Sonne vor sich hin gegärt, vermischt mit deinem Speichel und...« Ihr Wortschwall versandete und wurde angesichts dieses toxikologischen Szenarios durch ein angewidertes Zittern ersetzt.

Ich hatte angenommen, dass mein Zustand mit der Belastung zusammenhing, weniger der mentalen als vielmehr der übermenschlichen physischen: dass ich krank geworden war, weil ich mich überanstrengt hatte und über meine Grenzen hinausgegangen war. »Er hat sich selbst zerstört – er war der Typ dafür.« Jetzt erkannte ich, dass das überhaupt keine Rolle gespielt hatte. Ich war krank, weil ich schmutzig war. Ich war ein schmutziger Junge.

Ich schickte Kristjan in das Verwaltungsbüro, um meine gewaschene Kleidung zu holen, und mit dem auseinander montierten ZR im Kofferraum fuhren wir ins Zentrum von Castellane. Eigentlich hatte ich einen Erholungstag auf dem Campingplatz eingeplant, dann aber kalkuliert, dass Birna und die Kinder in fünf Tagen nach England zurückkehren mussten, und dass ich in meiner jetzigen Form mindestens ebenso lange mit den Alpen beschäftigt sein würde. Ich hatte am Vortag ein Begleitfahrzeug abgelehnt, weil ich keine öffentliche Aufmerksamkeit auf mein bescheidenes Fortkommen lenken wollte, doch angesichts der nun anstehenden Quälerei wollte ich die Berge nur in engem Kontakt mit meiner Crew in Angriff nehmen. Folglich wurde die Auszeit von der Tagesordnung gestrichen und Betrug wieder ein Thema.

Bevor wir Castellane verließen, hatte ich allerdings noch etwas zu erledigen. Birna hielt vor einer Apotheke, und ich kletterte matt aus dem Wagen und humpelte hinein. Ich wollte Tabletten zur Trinkwasseraufbereitung, doch als ich sah, wie der silberhaarige Apotheker meiner Bitte um »Pillen, damit ich mich sterilisieren kann« recht verstört begegnete, schob ich unbeholfen ergänzende

Erläuterungen nach, um sicherzugehen, dass ich nicht mit einer ganz anderen Sorte Medikament den Laden verließ. Von nun an würden die Erfrischungen aus den *Bidons* an einen herzhaften Schluck aus dem städtischen Kinderplanschbecken erinnern, aber immerhin würde ich nicht sterben. Der Gedanke daran, dass meine Flaschen am Ventoux, am Fuß der Alpen und vielleicht sogar schon in den Pyrenäen Seuchen genährt hatten und ich mich mit jedem durstigen Nippen langsam vergiftet hatte, war schrecklich.

Das Rad in den Kofferraum zu packen, hatte was von der Endgültigkeit des Besenwagens gehabt. Heute würde ich derjenige sein, der hinter der Windschutzscheibe saß. Ich würde den Radfahrern reumütig zusehen, Steigungen einzuschätzen versuchen, Mühen nachfühlen und Aufmunterung zusprechen, allerdings im Bewusstsein, dass, was immer ich auch tat, ich für sie nur irgendein hämischer Wichser in einem Auto sein würde. Wir fuhren um den Lac de Castillon, dessen fast chemisch türkise Oberfläche vor Tretbooten wimmelte; auf den umgebenden Hügeln Zedern und glattes Granit, eher mediterran als alpin. Der Col d'Allos war der erste richtige Alpengipfel. An seinem Fuß wucherten außerhalb der Saison geschlossene Skihotels mit Schindeldächern, und die Haarnadelkurven führten zwischen Almen hindurch, als sei dies alles eine Heidi-Kulisse. Während sich die Straße krümmte und anstieg, quetschten wir uns gelegentlich an Radfahrern vorbei. Alle wirkten schmerzerfüllt, einige traumatisiert, und einer – ein wirklich alter Mann auf einem Tourenrad mit zahlreichen Satteltaschen – ließ derart fieberhaft die Pedale rotieren, dass man befürchten musste, er würde jeden Moment in Flammen aufgehen.

Wir hatten ihn gerade hinter uns gelassen, als Birna den Wagen anhielt, die Handbremse zog und mit vor Angst brüchiger Stimme ausdrücklich auf einen weiteren Verbleib am Steuer verzichtete. »Das... da«, stammelte sie und deutete mit dem Finger auf das Panorama, während sie rüde meine Knie auseinander drückte und sich in den Fußraum des Beifahrersitzes kauerte. Mit einem höhenbedingten Nervenzusammenbruch hatte man bei Birna immer zu rechnen, und als ich ihrem Fingerzeig bis hinunter in das in weiter Ferne liegende Tal folgte, fiel mir ein, dass wir uns am bisher höchsten Punkt der Tour befanden, auf 2.250 Metern.

Ich muss gestehen, dass ich, vielleicht aus medizinischer Eifersucht, dazu neige, die Phobien der Menschen um mich herum zu übernehmen. Mit Spinnen hatte ich keine Probleme, bis ich als Kind eine mit spitzen Schreien verbundene Panikattacke meines Vaters angesichts eines Arachniden erlebte, und heutzutage kann ich nicht allein in den Gartenschuppen gehen. Über Splatterfilme habe ich mich stets köstlich amüsiert, bis eine Freundin bei *Freitag, der 13.* einmal zu oft ihre Nägel in meinen Arm gegraben hat; in jener Nacht musste ich auf dem Fußboden neben dem Bett meiner Eltern schlafen, für einen 20-Jährigen kaum der passende Ort. Und eine weitere traurige Tatsache ist, dass ich mich nach Jahren des intimen Kontaktes mit Birna unweigerlich mit ihrer Höhenangst infiziert habe. Möglicherweise in einer leichteren Variante, wenngleich das niemand annehmen würde, der uns beide auf allen Vieren über die Clifton-Hängebrücke bei Bristol hat kriechen sehen.

Sich Berghänge hinabzustürzen ist eine Beschäftigung, der bei der Tour regelmäßig nachgegangen wird, doch ohne den pawlowschen Impuls durch Birnas Jammern war ich auf dem Rad bisher noch nicht von Höhenangst befallen worden. Aber als ich mich jetzt hinters Steuer klemmte, wusste ich, dass es einer übermenschlichen Anstrengung bedurfte, um der Hysterie Einhalt zu gebieten, die sich bis zu den Rücksitzen auszubreiten drohte. Denn die hätte schreckliche Folgen für alle Beteiligten gehabt, insbesondere für den alten Sack auf dem Fahrrad, der nun wieder näher kam, und den eine in Panik aufgeworfene Tür sauber in die Ewigkeit befördern würde.

Eine atonal-schrille Kinderliedsession übertönte die undeutlich artikulierten Todesahnungen aus dem Fußraum und trug uns auf den Gipfel. Aber die Abfahrt war schlimmer, eine einsame, schmale Straße direkt am Abgrund, mit vielen bedrohlichen Lücken in der rostigen Leitplanke. Birna tauchte erst in Barcelonette wieder auf, einem jener von Geröll und Moränen umgebenen Hochplateau-Orte, die danach schreien, von einer Schneedecke überzogen zu werden. Wir warteten eine Ewigkeit, dass die Ladenbesitzer ihre wohl verdiente dreistündige Siesta beendeten, und verschlangen einen Großteil ihrer Bestände ein Stück die Straße rauf, gleich neben dem schäumenden Schlamm eines angeschwollenen Gletscherflusses. Dabei gab es reichlich Gelegenheit für kindliche Albernheiten der annähernd fatalen Art, und da ich nicht außen vor bleiben wollte, vergaß ich, den Kofferraum zu schließen, als wir abfuhren, worauf Tennisbälle, Flip-Flops und anderer Urlaubskrempel in den nachfolgenden Verkehr flogen. Der hohe Anteil an italienischen Fahrern auf ihrem Rückweg in die Heimat – ich stellte später fest, dass die Grenze nur ein paar Kilometer entfernt war – garantierte, dass die ereignisreiche Rettung der Gegenstände angemessen gewürdigt wurde.

Ich fühlte mich körperlich besser – die unhandliche Baguette-Komposition, die ich mir schmerzhaft in den Rachen gestopft hatte, enthielt die ersten Kalorien von Bedeutung während der letzten 24 Stunden – aber gleichzeitig verspürte ich eine bleierne Traurigkeit. Ihren Höhepunkt erreichte sie, als wir durch das heiter benannte Dorf La Condamine fuhren und beklommen auf etwas starrten, was nur in den Fels gehauene Reihen von Gefängniszellen sein konnten. Warum ist der französische Strafvollzug so melodramatisch? Noch in der Nachkriegszeit haben sie Leute auf die Teufelsinsel geschickt. Was musste erst jemand verbrochen haben, der in einen Berg eingesperrt wurde? Unlängst hatte ich mir Gedanken über das theatralische Getue ihrer Sprache gemacht. Es tut einem nicht einfach nur Leid, man ist gleich »aufs Tiefste betrübt«. Und »Hochachtungsvoll« mag uns entsetzlich pedantisch vorkommen, aber wie würde es Ihnen gefallen, sich vom Filialleiter Ihrer Bank mit folgenden Worten zu verabschieden: »Ich bitte Sie, den Ausdruck meiner vornehmsten Empfindungen entgegenzunehmen.« Ich nehme an, all das ist Teil jenes überspannten Romantizismus, der auch die Tour wegen ihrer Schicksalhaftigkeit derart beliebt macht. (Später fand ich heraus, dass es gar keine Gefängniszellen, sondern alte Kanonenstellungen waren. Aber nun gut: Das nennt man die Ausnahme, die die Regel bestätigt.)

Etwas am Fuß des Col de Vars erregte meine Aufmerksamkeit. Es lehnte an einem dieser »Vorsicht-vor-riesigen-herabstürzenden-Felsbrocken«-Schilder, deren praktischer Nutzen sich mir nicht erschließt (»Achtung: Eines von diesen Dingern könnte in wenigen Sekunden auf Ihrem Auto landen, und wenn das passiert, werden Sie alle sterben«). Es war ein verstorbenes Fahrrad. Ich stieg aus, um es mir näher anzusehen. Die Reifen waren verrottet, der Sattel bloß noch ein Gerippe, und jede Speiche, jeder Hebel und jede Kurbel waren vom Rost zerfressen. Ich stellte das Rad aufrecht hin – ein erstaunliches Gewicht. Als die Familie herbeistürzte, um es als wichtigstes Requisit einer überdrehten Fotosession zu missbrauchen, die jedem frühen *Beatles*-Film zur Ehre gereicht hätte, fühlte ich mich von der Anwesenheit der Maschine plötzlich brüskiert. Die erste Haarnadelkurve des Col wartete gleich um die Ecke, begrenzt von einer Stützmauer, die professionell mit dem Wort »Hinault« verschönt worden war. Er ist hier vor fünfzehn Jahren hinaufgeflogen, sagte das tote Rad, und vor noch längerer Zeit habe sogar ich es bis hierhin geschafft. Und jetzt sieh dich an, altes Waschweib, gondelst die Hügel mit deinem Rad im Kofferraum rauf.

Auf den nächsten elf Kilometern wand sich die Straße unentschlossen im Zickzack hinauf, ein ungeordneter Aufstieg durch die Bäume, hinein in eine kahle und ziemlich chaotische Wildnis aus Felsbrocken, Schafmist, Gräsern und Wind. Auf der unspektakulären Passhöhe – keine die Ehefrau verstörenden Abgründe hier – befand sich ein Café. »Da kannst du eine Urkunde kriegen, dass du mit dem Rad hinaufgefahren bist«, las Birna aus einem Reiseführer vor, während wir auf einem Parkplatz, der mit neuen Exemplaren des anscheinend unerschöpflichen Vorrats an tuntigen deutschen Motorradfahrern übervölkert war, den Kindern Schokolade von den Mündern wischten. Ich gab keine hörbare Antwort. Mein an diesem Tag notwendigerweise knapper Eintrag in das Leistungsnachweisbuch lautet: »Die Schande.«

Es dürfte inzwischen klar geworden sein, dass es im Hause Moore eine klare Rollenverteilung bei der Nahrungsaufnahme gibt. Während sich meine Frau durch zwanghafte Genügsamkeit auszeichnet, erfülle ich meine Pflichten bei der Kalorienzufuhr mit verschwenderischer Sorglosigkeit, was oftmals zu schier endlosen Scharmützeln führt, die üblicherweise in der Lobby eines Hotels ausgetragen werden. Ein schönes Beispiel dafür trug sich im Empfangsbereich des *Les Barnières* zu, welches in Sachen Touristenschröpfung als Juwel in der Krone von Giullestre gelten muss.

»Sieh mal«, stichelte Birna, als sie das Angebot des Hotels sondierte, »die haben hier Rosé von den Hängen des Mont Ventoux.« Ich zog ein Gesicht wie Oliver Hardy, bevor er seinen üblichen Spruch aufsagt. Doch Birna beharrte: »Es ist der zweitbilligste Wein auf der Karte.«

Eine kurze Pause; ein Blick aus dem Fenster auf den in der Sonne liegenden Pool; ein kapitulierender Seufzer. »Ich lade das Auto aus.«

Ich begann zu begreifen, dass der aufgemotzte Rentner als solcher offenbar ein fester Bestandteil des alpinen Sommers ist, und die Allgegenwart der Telefonnummer des medizinischen Zentrums im gesamten Etablissement legte nahe, dass *Les Barnières* in Anlehnung an Basil Fawlty besser »Hotel für Leute mit einer weniger als fünfzigprozentigen Chance, die Nacht zu überstehen« heißen sollte. Oder, was mich anging, den morgigen Tag. Trotzdem war es natürlich ein herrlicher Abend. Ich stolzierte in meinen Radlerhosen um den Pool herum und stellte meine lächerliche, an den Oberarmen endende Sonnenbräune einem älteren Publikum zur Schau, dessen Aufmerksamkeit eher Romanen in Großdruck gehörte. Die Kinder machten Arschbomben und kreischten. Alles erinnerte stark an die Videoszenen von Tom Simpsons Familienurlaub auf Korsika, nur dass diesmal der Papa behaartere Beine hatte. Ich verputzte mein Abendessen und die Hälfte von dem der Kinder dazu, und setzte mich danach auf unseren Balkon im obersten Stock, das durch Fensterglas gedämpfte Toben der Kinder hinter mir und die Altersschwäche darunter.

Den letzten Schluck *Côtes du Ventoux* trank ich direkt aus der Flasche, blinzelte in die Dunkelheit und betrachtete die schwarzen Umrisse auf diesem Furcht erregenden, geradezu gotischen Hintergrund, diese mörderischen Granitkrallen, die an den Sternen kratzten. »*Mon mari – avec son bicyclette*«, hatte Birna gegenüber dem dicken Kellner gescherzt und auf die Silhouette des Giganten der Provençe auf dem Etikett der Weinflasche gedeutet. »*Ah oui*«, hatte er darauf gesagt und dämlich gezwinkert, als wolle er einen Witz ankündigen. »*Et demain, l'Izoard!*«

War die Vorstellung, ich könne solch einen Berg hinauffahren, wirklich so abwegig? Okay, ich hatte es bisher nicht auf einen einzigen Berg der HC oder auch nur Ersten Kategorie geschafft, ohne zu schieben, und abgesehen von der einmaligen Bezwingung des Col de Seraillé konnte man meine Klettererfahrungen mit den Worten »Blut, Schweiß und Pillen« zusammenfassen. Aber Simpson, Kimmage und Boardman hatten allesamt angedeutet, dass ein Formtief oft der Bestform vorausgeht, und ist erst einmal der Knoten geplatzt, muss schon eine Menge passieren, um einen erneuten Einbruch zu erleben. Auf jeden Fall fühlte ich mich schon viel, viel besser, selbst wenn man berücksichtigte, dass ich die roséfarbene Brille aufhatte. Ein paar Lichter, die ich zunächst für ein Sternbild gehalten hatte, verschwanden in der Finsternis. Ein Dorf? Dort oben? Jesus. Ich würde morgen so hoch und noch viel höher hinaus müssen. Knapp darüber bewegte sich ein Flugzeug als blinkender roter Punkt über die Alpen. Das war modernes Reisen: schnell, schmerzlos, langweilig.

Ich war ziemlich betrunken und sinnierte über die spirituellen Wurzeln der Tour: die beschwerliche Geschichte der Menschheit und den heroischen Einsatz unserer Vorväter, um über alle Widrigkeiten zu triumphieren. Die Höhlenbewohner von Lascaux hatten Speere zur Jagd benutzt; heute geht es nur noch darum, sie möglichst weit zu werfen. Einen Speer zu schleudern ist keine Angelegenheit auf Leben und Tod mehr, vorausgesetzt, die Kampfrichter im Stadion halten die Augen offen, aber jetzt gerade erschien es mir wichtig, die Zeiten zu ehren, in denen das anders war. Heute können die Menschen in

Frankreich in einen Zug oder ins Flugzeug steigen und innerhalb einer Stunde durchs ganze Land reisen, aber ihre Großväter hatten diese Möglichkeit nicht. Das Fahrrad war dem ländlichen Frankreich ursprünglich als »Pferd, das kein Heu braucht« verkauft worden: ein alltägliches Transportmittel und oftmals das einzige in einem nach europäischen Maßstäben großen und leeren Land. Bauern dachten sich nichts dabei, mit dem Rad über gewaltige Hügel zu fahren – nun ja, vermutlich dachten sie eine ganze Menge, aber sie hatten keine Wahl. Was war die Geschichte dieses toten Rades auf dem Col de Vars? Die Tour setzte diesen Menschen und den harten Zeiten, die sie durchlebt haben (und in denen man in eine Schlucht so groß wie Belgien fallen und erst ein halbes Jahrhundert später entdeckt werden konnte) ein Denkmal. Wir müssen uns diesen Scheiß nicht mehr antun, doch wenn wir 180 Männern in komischen Hosen dabei zusehen, wie sie ihre geschundenen Körper bergauf und bergab treiben, lässt dies erahnen, wie es der Menschheit in diesen glücklicherweise vergangenen Tagen ergangen ist.

Mitten in der Nacht wachte ich mit einem angenehmen Gefühl in meiner Brust aus tiefem Schlaf auf. Eine wohlige Wärme, die sich rasch über beide Arme ausbreitete und das verbrannte Fleisch meiner Fingerkuppen liebkoste. Das war es, dachte ich dösend, das Feuer in meinem Bauch: So muss es sich anfühlen, wenn sich die gute Form einstellt. Schicksal, komm und nimm mich an deine Hand. Ich war bereit. Entweder das, oder ein kleines Mädchen hatte im Schlaf auf mich drauf gepinkelt.

## Zwölf

Höhenangst 1, Durchfall 0. »Ich kann wirklich nicht«, verkündete Birna, während ich Croissant-Krümel von den Landkarten fegte. Mein Begleitfahrzeug würde mir nicht auf den Izoard folgen, weil die Fahrerin ein großer Angsthase war. »Wir werden den Weg durch das Tal nehmen und dich in Briançon treffen. Es tut mir Leid.«

Sie hatte ihren Sinn für Humor verloren, und das gleiche galt für die Alpen. Gestern waren wir durch Les Prats gefahren und hatten aus der Ferne den Ausblick auf einen Berg mit dem lustigen Namen Col d'Urine genießen können, doch nun zu sehen, wie sich die Strecke für die nächsten eineinhalb Tage eher wie Darmschlingen durch die Gegend wand, war eine ernüchternde Erfahrung. Die Casse Deserte und Terre Rouge auf dem Izoard; ein Gipfel namens Crève Tête – Aufgerissener Kopf – auf dem Weg zum vorletzten *Hors Catégorie*-Anstieg der Tour, dem Col de la Madeleine. Das war eine Besetzungsliste, die in Bezug auf die kommenden Herausforderungen Bände sprach, und am deutlichsten war eine Warnung zu vernehmen: Leg dich nicht mit uns an, Fahrradbubi.

Aber das Wetter war wieder prächtig, und da ich sowohl unter sportlichen als auch unter ernährungsphysiologischen Gesichtspunkten nichts mehr zu verlieren hatte, rollte ich leichten Herzens und schwungvoll in einen weiteren gleißend hellen Tag in den Alpen. Wo mich bisher der Anblick eines riesigen Felsbrockens am Fuß eines Berges aus der Fassung gebracht hatte, dachte ich jetzt: Schade, dass ich den nicht runterfallen sehen habe. Nadelbäume ragten aus den Felswänden heraus und neigten sich in bedenklichem Winkel über dem reißenden Sturzbach darunter, doch sie klammerten sich noch immer ans Leben. »Nein, nein, uns geht's gut«, sprachen sie zu mir. »Es sieht böse aus, aber du wärst überrascht, an was man sich alles gewöhnen kann.« In der Tat. In den feuchten Tunnels behielt ich meine Sonnenbrille auf und fühlte mich seltsam beschwingt, wenn ich sie fast blind durchquerte, und ich unterdrückte erfolgreich ein panisches Würgen, als sich die Straße gabelte und dort auf einmal, akkurat eingefasst von den vertikalen Felswänden um mich herum, die grotesken Zacken der 3.000er-Nachbarn des Izoard vor mir standen.

Ich sah mich nicht imstande, sie als potenzielle Gegner für einen Kerl auf dem Rad ernst zu nehmen und flog die gerade, aber dennoch ansteigende D902 nach Arvieux hinauf, dem letzten Halt vor dem Ende der Welt. Hier füllte ich vernünftigerweise meinen Brennstoffvorrat auf: zwei Schokoriegel und Bananen, die ich eben noch im Dorfladen erstanden hatte, bevor er fürs zweite Frühstück dicht machte. Ein Schluck aus dem *Bidon*, der deutlich machte, warum sich Chlor als Konservierungsmittel für Fruchtsaft nicht durchgesetzt hat. »*Il fait chaud*«, sagte die Inhaberin und schloss ab, derweil ich auf ihren Stufen saß und widerwillig Flüssigkeit in mich reinschüttete.

Ich war jetzt so nah dran, dass die wirklich Schwindel erregenden Höhen hinter Vorbergen versteckt waren, was mich wenigstens daran hinderte, vor der ersten Haarnadelkurve den Mut zu verlieren. Dennoch waren es bis dorthin bereits vier brutale Kilometer, ein direkter, humorloser Anstieg vorbei an nicht gemähten Weiden voll mit Löwenzahn, ab und zu unterbrochen von einem Sessellift. Ich hatte am Straßenrand des öfteren etwas glitzern sehen, und nachdem ich abgestiegen war, um der Sache auf den Grund zu gehen, untersuchte ich eines von mehreren Dutzend Kunststofftütchen. Bei »*Speedy Gel*« handelte es sich weder um ein Kondom noch um die Probepackung eines Toilettenartikels, sondern um ein »Energiekonzentrat«. Wo auch immer sie heute steckten: Die Amateure, die den Izoard in Angriff nahmen, wollten ihren Helden nacheifern. Sie fuhren die gleichen Räder und trugen die gleichen Klamotten, und indem sie sich verstohlen Glukose und Aminosäuren in den Mund schoben, glaubten sie vermutlich, auch die gleichen Drogen zu nehmen. Ach, ihr irregeleiteten Schwachköpfe, dachte ich und fragte mich, wo ich das Zeug wohl kaufen könnte.

Die Straße führte hinauf in einen Wald. Es wurde steiler, was schlecht war, und kühler, was gut war. Ich schaltete in den sechsundzwanzigsten Gang und kam voran. Der Schweiß floss in Strömen, brannte in den Augen und lockte die Fliegen an, die sich nur durch Kraft raubende Schläge vertreiben ließen, und es gab jetzt ein neues Geräusch, ein twrrrrr, das das gewohnte drrr-tschick kontrapunktierte. Das hatte sicher etwas mit der Schraube zu tun, die nicht mehr zu finden gewesen war, nachdem ich am Morgen versucht hatte, die Umwerfer neu einzustellen.

Bald konnte ich nicht mehr ausspucken, ohne danach beim Versuch, den verpassten Atemzug nachzuholen, wie ein Ertrinkender nach Luft zu schnappen. Ich sehnte mich verzweifelt danach, in den siebenundzwanzigsten Gang zu schalten, versuchte es aber um jeden Preis zu vermeiden und experimentierte mit dem Fußgelenk-Trick, der mich halbwegs über den Aubisque gebracht hatte, bis meine Achillessehnen zu jaulen begonnen hatten. Dann kam ich auf die brillante Idee, so langsam zu fahren, wie es irgend möglich war, ohne umzufallen. Niemand fuhr hier hinauf, aber einige fuhren runter, und ich war überrascht, dass ich noch in der Lage war, sie nach der bewährten Methode zu grüßen: ein paar Gänge raufschalten, wenn man sie kommen hörte, drei Finger lässig zum Gruß zu heben und dabei versuchen, statt einer hässlichen Fratze ein Gesicht zur Schau zu stellen, als würde man beiläufig die Landschaft betrachten.

Fünfzehn Minuten später hatte sich das mit dem beiläufigen Blick erledigt. Das Beste, was ich noch zustande brachte, war das rote Gesicht eines ganz mit seiner Verstopfung beschäftigten Kleinkindes. Aber trotzdem war ich immer noch halbwegs beieinander, als ich mich um eine mit parkenden Autos gesäumte Kurve kämpfte und auf die Oberfläche des Mars rollte. Die Casse Deserte: ein Hort des Teufels aus versengtem Geröll und rotem Bruchstein, ein ordinäres, lebloses Panorama. Hinter mir war alles voll mit Chalets und Weihnachtsbäumen gewesen, doch jetzt hatte ich eine Grenze überschritten und war aus der Welt des Kitsches direkt ins Nichts gelangt.

Neben jedem zweiten geöffneten Kofferraum hockte ein älterer, meist recht beleibter Mann, der ein stets makelloses Fahrrad zusammenbaute, um damit die Casse Deserte zu zähmen. Der Straßenbelag war hier neu und glatt, eine schwarze Schönheit, die zunächst hinunterglitt, dann geradeaus, und sich schließlich durch Geröllmassen hinaufschlängelte wie ein Faden, der den Berg zusammenhält. Einer von zwei grauhaarigen Kerlen nickte mir kameradschaftlich zu, schloss seinen in Turin zugelassenen Fiat Kombi ab und setzte dazu an, ein sonnengebräuntes Bein über die silberne Querstange seines Rades zu hieven. Ich erwiderte den Gruß und bat gestenreich darum, mich zu fotografieren. Er willigte ein und hielt fest, wie ich feierlich einen Blick in die karge Umgebung warf. Wir begannen so etwas wie ein Gespräch.

»*Torino?*«, keuchte ich, und als er langsam nickte, entdeckte ich eine auffällige Ähnlichkeit mit Lee van Clief in seiner Rolle als der »Böse« in »Zwei glorreiche Halunken«: von der komplett schwarzen Kleidung über den gepflegten Schnurrbart bis zum sehnigen Körperbau. Was das Ganze besonders überzeugend machte, war sein Kollege, der (ganz Gerissenheit, mühsam gezähmter Wahnsinn und eine überreife Nase) eine alarmierende visuelle Übereinstimmung mit dem aufwies, der den »Gemeinen« gespielt hat.

Ich nickte, als der Böse in einem bedächtigen, vielleicht noch schlechteren Französisch als meinem erklärte, dass der Giro d'Italia erst am Tag zuvor den Izoard überquert hätte (genau wie die Tour besucht auch der Giro regelmäßig benachbarte Länder). Er sei mit seinem Freund hier – diese Bemerkung hatte ein verschlagenes Zwinkern des Gemeinen zur Folge – und sie hätten zusammen verfolgt, wie der Giro langsam vorbeigerollt sei. Die letzte Nacht hätten sie im Auto geschlafen und... »*Maintenant... maintenant...*« Er drehte sich zu den tödlichen Hängen um und suchte nach einem Wort, mit dem er ihre Trostlosigkeit umschreiben konnte. Doch er fand keines und lachte leise in sich hinein.

»Fausto Coppi«, schwatzte der Gemeine mit einem unerwartet affektierten Quieken. »Gino Bartali«, murmelte sein Freund, bekreuzigte die schwarze Brust und blickte auf in den azurnen Himmel, der jetzt gnädigerweise leicht bewölkt war. »Tom Simpson«, sagte ich und tat etwas, was ich bisher niemals ernsthaft getan hatte: Ich bekreuzigte mich ebenfalls, und zwar so melodramatisch, dass sich der offene Reißverschluss meines Trikots knapp unterhalb des Adamsapfels in meiner Gurgel verhakte.

Mit Reißverschlüssen hatte ich über die Jahre so meine Erfahrungen gemacht, und als ich jetzt vorsichtig an der eingeklemmten Haut zupfte, war mir klar, dass es hätte schlimmer kommen können. Mein Bruder ist mal mit dem Bus von Paris nach Hause gefahren und saß dabei neben einem jungen Mann, dessen in Trauer erstarrte Miene darauf hindeutete, dass er erst kürzlich einen schweren Verlust erlitten hatte. Das gequälte Fummeln an seinem durch einen Mantel verborgenen Schoß ließ überdies auf ein virologisches Problem im Nachgang einer während der Totenwache volltrunken begangenen Taktlosigkeit schließen. Doch als sie in Calais hielten, zerrte er rüde am Arm meines Bruders, lüftete mit vor Selbsthass entglittenen Gesichtszügen schweigend den Mantel und enthüllte ein kompliziertes Geflecht aus Metallzähnen und intimem Fleisch. Ein unachtsamer Moment am Pissoir hatte gereicht, um dieses grausige Spektakel zu inszenieren, aber was konnte mein Bruder dafür? Seit dem Tod von Prinzessin Diana wissen wir alle über das »Guter-Samariter«-Gesetz in Frankreich Bescheid, das Passanten vorschreibt, an einer Unfallstelle zu helfen. Der beschriebene Vorfall fand allerdings lange davor statt; man sollte also nicht allzu hart mit meinem Bruder ins Gericht gehen, dass er angewidert durch den Mittelgang flüchtete, weil er die Situation als unsittlichen Akt interpretierte, wenngleich einen, bei dem der Übeltäter wegen des fragwürdigen erogenen Mehrwertes sechs Sittiche hinter Oskar Plattner zurückbleiben würde.

Mein Bruder ist ein anständiger Mann, den eventuell immer noch Schuldgefühle plagen, wenn er sich dieses Vorfalls erinnert. Doch es ist mir ein dringendes Bedürfnis, ihm zu sagen, dass er sich solche Emotionen verbieten möge. Angesichts der kurzen, aber intensiven maskulinen Behandlung, die ich auf dem Rücksitz des Fiats erfuhr (insbesondere des exotischen Finales, bei dem in der Sonne geschmolzene Butter zur Anwendung kam), hat er allen Grund, zu seinem Verhalten zu stehen.

Gleichwohl: Wenn es lediglich der Adamsapfel ist, der eingefettet wird, entsteht eine menschliche Bindung, und nachdem das Gleitmittel vorsichtig abgetupft war – beide Anwender behaupteten, während ihres Militärdienstes im Hospital gearbeitet zu haben – rollten wir zusammen los, das ZR und ich zwischen dem Bösen und dem Gemeinen. Den Hang hinab, um die nächste Kurve – ich war gespannt darauf, wie ich mit den beiden auf dem letzten, langen Anstieg zum Gipfel fertig werden würde.

»*Ecco là*«, kläffte der Gemeine von hinten; »*Ici!*«, dröhnte der Böse von vorne. Der Böse wurde langsamer und fuhr an die Seite, ich hielt hinter ihm an und sah mich verblüfft um. »Hier?«

»*Si*... 'ier. *Voilà*.«

Ich schaute nach links; in einen hohen Fels war eine bescheidene Gedenktafel eingelassen. »*Coppi e Bobet*«, sagte der Böse und fasste die Inschrift der Tafel zusammen, die die beiden Legenden der Fünfziger ehrte, und den monumentalen Kampf, den sie sich 1951 an diesem Ort geliefert hatten. »Bei Giro«, erklärte der Gemeine verschmitzt, »nicht bei Tour.« Es folgte eine lange Stille, während der ich allmählich unruhig wurde und der Böse zu weinen begann. Aus den Augenwinkeln sah ich, wie sich eine Träne in einem Krähenfuß niederließ und dann seine gebräunte Wange hinab lief. Der Gemeine muss es auch gesehen haben, denn er öffnete sein Bidon, prostete der Gedenktafel zu und zwitscherte: »Fausto Coppi.« Dann nahm er einen Zug aus der Flasche, die den folgenden Atemstörungen nach zu urteilen offenbar kein alkoholfreies Getränk enthielt. Weil auch mir ein Gedenkschluck angeboten wurde, kann ich berichten, dass es der härteste Drink war, der mir jemals erfolgreich die Kehle verätzt hat. »*À la Tour*«, keuchte ich, einmal mehr des Turmes gedenkend. »*Al*

*Giro*«, erwiderte der Gemeine und nahm noch einen gewaltigen Zug aus der Flasche.

Verglichen mit anderen Pilgerfahrten, war ihre recht kurz gewesen. Nach einer unbehaglichen Wartezeit schwang ich mich wieder aufs ZR, murmelte ein Aufmerksamkeit heischendes Geräusch und nickte fragend in Richtung Gipfel. Der Gemeine rümpfte seine beachtliche Nase und machte eine höfliche, ablehnende Geste. Wir schüttelten uns die Hand, ich betastete meinen wehen Hals und ergänzte ein unbeholfenes »*Grazie*«. Dann ließ ich sie im kühlen Schatten des Denkmals andächtig seufzend zurück und machte mich auf den Weg. Stillstand ist Rückschritt.

An diesem letzten Abschnitt mit gewundenen Haarnadelkurven und verbrannter Erde hatten sich die italienischen Fans bei der Etappe am Vortag versammelt. Rosafarbene Seiten aus der *Gazzetta dello Sport* flatterten leblos am Straßenrand, gelegentlich waren sie auch unter leeren Literflaschen Moretti-Bier fest geklemmt. Der dicke Mann mit Tirolerhut vom Etikett strahlte mich durch seinen schäumenden Bierkrug hindurch an. Die Italiener haben nie ein Siebziger-Revival gebraucht: neben Schwarzfahren, Autofahren unter Alkoholeinfluss und sexueller Belästigung ist Abfallentsorgung auf offener Straße nur eine von vielen, aus jener Zeit übrig gebliebenen Freizeitbeschäftigungen in diesem Land.

Und wenn es etwas gibt, was sie noch mehr lieben als Chaos, dann sind es Schmierereien. Die auf die Straße gemalten Graffitis wagen sich bei der Tour selten über den Namen eines Lieblingsfahrers hinaus. Eine mit »EPO« beschriftete Spritze unter dem Namen eines verdächtigen Fahrers ist so ziemlich das Kreativste, was man dort finden kann. Aber als ich mich nun durch die tote Gegend quälte, war der vor mir liegende, frische Asphalt mit komplexen, kunstvollen Bildern verziert. Einige davon parodierten Straßenschilder, etwa ein perfekt stilisiertes Vorfahrtszeichen, das mit »PANTANI – STOP« beschriftet war.

Simon O'Brien war einen Tag, bevor die Tour 1997 bei Nick und Jan vorbeigekommen war, in ihrem Haus gewesen und hatte eindringlich vor den schlimmen Dingen gewarnt, die passieren können, wenn man im Dunkeln mit einem Pinsel hantiert. Da kann aus einem beabsichtigten ALLEZ CHRIS schon mal ein EVERTON FOOTBALL CLUB oder FUCK MAN CITY werden. Die Italiener aber verarbeiten ihre unziemlichen Gelüste auf eine angemessenere, künstlerische Art und Weise. Ihr bevorzugtes Symbol ist der erigierte Penis, manchmal als notwendiges Requisit einer freizügigen Darstellung dessen, was ungeliebten Fahrern alles blühen kann, doch für gewöhnlich als eine für sich stehende Ikone, eine monströse Gottheit, die mit scharlachroter Eichel und behaartem Hodensack die ganze Breite der Straße einnimmt.

Ich war gerade über einen Hoden von der Größe eines kleinen Kreisverkehrs gefahren, als sich die Straße durch eine weitere Haarnadelkurve wand, dann gerade verlief und dann... was? Was? WAS? Ein Obelisk, ein Souvenirstand, drei Dutzend umher laufende Auto- und Motorradfahrer, erschöpfte Radfahrer und ein 360-Grad-Panorama... der Gipfel, der zweithöchste Punkt der Tour. Ich hatte den mächtigen und gefürchteten Col d'Izoard nicht einfach nur bezwungen, ich hatte ihn gedemütigt. Ich konnte nicht begreifen, warum es so einfach gewesen war: Wurde ich besser auf dem Rad oder besser darin, den Schmerz zu ertragen? Vermutlich ist das dasselbe.

Wie es sich für eine Sensation gehörte, war es sensationell. Ich strahlte noch immer wie ein Idiot über das ganze Gesicht, als ich eine Stunde früher als geplant in Europas höchstgelegener Stadt Briançon ankam und an einer Ampel endlich den Landcruiser mit Wohnwagen überholte, den ich den ganzen Weg den Izoard runter verfolgt hatte. »*Capitale mondiale du vélo*«, tönte eine Plakatwand, als ich auf einer mit Schlaglöchern übersäten Straße durch die Stadtmauern holperte. »*Let's talk mountains*«, forderte eine andere, und ich dachte: Ja, lasst uns das tun. Es war Samstagmittag, und die sonnigen Straßen waren belebt. Ich saß an unserem verabredeten Treffpunkt, dem Place de l'Europe, vor einem Café und aß einen Hamburger mit Pommes Frites. »*Ça va pas*«, schimpfte der Kellner mich freundlich aus, als er mir eine Cola brachte. »Es ist heiße Temperatur, *Cyclistes* nicht trinken kalte *Boissons*...« Er griff sich an die üppige Wampe: »... schlecht für *l'Estomac*.« Die letzte Person, die mir an einem heißen Tag von eisgekühlten Getränken abgeraten hatte – der Krämer, bei dem ich in Comps-sur-Arby zwei Flaschen Fanta gekauft hatte – hatte Glück gehabt, nicht böse mit meiner Luftpumpe malträtiert worden zu sein. Aber heute sah die Welt ganz anders aus, also nickte ich, zuckte die Achseln, trank und wartete.

Das Begleitfahrzeug tauchte zwanzig Minuten zu früh auf und die Fahrerin war erstaunt, mich anzutreffen. »Diese Berge waren gewaltig«, sagte sie. »Es war schlimm genug, um sie herumzufahren. Hast du schon ein Hotel für uns gefunden?«

Angesichts meiner bisherigen Meriten hatte man angenommen, dass ein Berg der *Hors Catégorie* als Tagespensum allemal ausreichen würde. Aber die Regeln hatten sich geändert. Die Profis würden die 249 Kilometer von Draguignan – Himmel, war das lange her – nach Briançon an einem einzigen Tag zurücklegen. Ich selbst hatte doppelt so lange gebraucht, und das, obwohl ich die halbe Strecke mit dem Auto zurückgelegt hatte. Da war es das Mindeste, noch ein Stück weiter zu fahren. »Ich treffe euch um 18.30 Uhr vor dem Rathaus von Valloire«, sagte ich, als ich den Verlauf der 15. Etappe, der vorletzten in den Alpen, studiert hatte. »Das ist 50 Kilometer von hier.«

»Aha... Also, gut. Was ist denn das da an deinem Hals?«

Während Birna die Kinder an den Mittagstisch setzte – wobei dieses Verb nach Anführungsstrichen geradezu schreit – fuhr ich durch das Gedränge davon und fragte mich, ob ich ihr hätte sagen sollen, dass die einzige Strecke nach Valloire für uns beide über die am zweithöchsten gelegene Straße Europas führte.

Der Weg zum Fuß des Col du Galibier war eine ernsthafte Bedrohung für meinen Enthusiasmus. Beim Col du Lautaret handelte es sich um einen kräftezehrenden, zermürbenden Anstieg, 25 Kilometer, die permanent schmerzhaft, aber nie unerträglich waren. Mit den Worten von Paul Kimmage: »Er ist ein langes Miststück.« Es gab Gegenwind und starken Verkehr – der Pass inmitten der 3.000er-

Gipfel ist bereits seit den Zeiten der alten Römer ein wichtiger transalpiner Transportweg – und obschon ich zwei ziemlich seriöse Radfahrer ein- und überholte, gab mir der Versuch, es mit einem dritten aufzunehmen, beinahe den Rest. Es war ein Typ mit gestutztem Bart und einem Giro-Verpflegungsbeutel über der Schulter, und nachdem er mich wieder eingefangen hatte, schaute er mir direkt in die Augen, um nach Art der Profis meinen körperlichen Zustand zu taxieren, dann ging er mit einem teuflischen Grinsen aus dem Sattel. Ich erlag der Versuchung – kindisch vielleicht, andererseits war es genau das, was ein richtiger Radfahrer zu tun hatte – und trat in die Pedale, bis meine Beine vor Schmerzen zu glühen schienen. Ich verkürzte den Rückstand bis auf vier Buslängen, was gut zu schätzen war bei diesem Verkehr, kam aber nicht näher heran, und als wir in den ersten Tunnel fuhren, dachte ich, na ja, ich wette, du bist heute noch nicht auf den Scheiß-Izoard gefahren, rief ihm Schimpfwörter hinterher und ließ mich zurückfallen.

Im Café auf dem Gipfel kauften Autofahrer T-Shirts, auf denen »Ich habe den Lautaret bestiegen« geschrieben stand. Ich unterdrückte ein arrogantes Schnauben, verschlang zwei Schokoriegel und trank eine Orangina, bevor ich mich auf eine unscheinbare kleine Straße begab, die in Richtung eines gewagt aufragenden Bergkamms aus schneebedecktem Granit führte. »Ein Ort, zu dem Sie nicht mit dem Fahrrad fahren werden«, schrieb der Reiseführer über den 2.645 Meter hohen Galibier. Heute war der 3. Juni, und ich war überrascht, als die Kellnerin sagte, dass die Straße über den Gipfel normalerweise noch zwei weitere Wochen eingeschneit sei. An jedem früheren Tag wäre die Information, dass sie in diesem Jahr eher als sonst passierbar war, Anlass für ein gequältes Aufjaulen gewesen: verraten und verkauft durch die globale Erwärmung.

Der Galibier hat schon den Ruf von mehreren Hundert Profis ruiniert, und es ist immer noch schwer zu begreifen, wie ich ihn mit so glorreicher Nonchalance bezwungen habe. Der Wind erwischte mich auf dem ersten baumlosen Abschnitt, und als ich die langen Schatten erreichte und keine Sonne mehr hatte, begann mein Atem zu kondensieren. Aber ich wurde nie wirklich langsamer und musste nie in den siebenundzwanzigsten Gang, selbst dann nicht, als sich der Schnee am Straßenrand aufzutürmen begann, matschig und schmutzig wie am Strand fallen gelassene Eiscreme. Einen Kilometer vor der Passhöhe, als ich durch ein schlammiges, braunes Bächlein fuhr, das launisch über die Straße plätscherte, erreichte ich einen kompakten Betonzylinder, der dort zu Ehren des Tour-Gründers Henri Desgrange errichtet worden war. Ich hielt an und stoppte ungewohnt selbstsicher ein Paar mittleren Alters in einem Toyota. »*Un photo*«, befahl ich und zeigte auf das ZR und Henri, und der kahlköpfige Ehemann nickte eingeschüchtert. Als er an den Straßenrand zurücksetzte, um einem Kleinbus Platz zu machen, gab es ein hässliches lautes Geräusch, das vom schneebedeckten Gestein widerhallte; er war gegen einen Felsbrocken gefahren. »*C'est rien*«, sagte ich munter und blickte auf das, was von seinem Rücklicht noch übrig war. »Okay – *mon photo*.« Er knipste mich und machte sich eilig davon, ohne den Schaden selbst untersucht zu haben.

Sie hatten Henri hierhin gepflanzt, weil es sein Lieblingsberg gewesen war. Im Vergleich zum Galibier, »dem Giganten der Alpen«, waren die anderen Cols seiner Meinung nach »Mückenpisse«. »Die ideale Tour«, pflegte er zu sagen, »ist eine, die nur ein Fahrer beendet.« Das hatte ich zu Hause gelesen, und während einiger meiner schlimmsten Leidensperioden hatten mir diese Worte als ein Spottlied im Ohr geklungen, das nun gerächt werden musste. Ich dachte an Octave Lapize, der über den Aubisque schlich und in Richtung der wartenden Veranstalter »Ihr Mörder!« geröchelt hatte; ich dachte an Paul Kimmage, der sich während der letzten Minuten seiner 87er Tour den Galibier hinaufquälte, derweil ihm der Besenwagen fast in den Arsch kroch; und dann, so muss ich leider gestehen, ging ich hinter Henris Statue und besudelte sie so ausgiebig, wie es keine Mücke je tun konnte. Er war einer von denen. Ich dagegen begann, mich wie einer von uns zu fühlen. Ich tat das, was die Profis von mir erwartet hätten.

Der letzte Kilometer war der vielleicht steilste in meiner Karriere als Radfahrer, und hätte ich nicht gewusst, dass es der letzte sein würde, ich hätte möglicherweise aufgegeben. Aber ich gab nicht auf. Mit einer jubelnden Fratze rollte ich auf den stürmischen Aussichtspunkt und fragte mich vergnügt, welcher dieser spitzen weißen Bastarde da drüben wohl der Mont Blanc war, und welcher der grauen Scheißkerle auf der anderen Seite der Madeleine, der 2.000-Meter-Schrecken der *Hors Catégorie* am nächsten Tag. Ich hatte 1.600 Kilometer zurückgelegt, um diesen, im bildlichen wie wörtlichen Sinne, Höhepunkt zu erreichen. Zwei Berge der *Hors Catégorie* an einem Tag bezwungen – von hier aus konnte es, durfte es nur noch bergab gehen. »Bravo«, sagte eine Stimme, und ein kleiner Franzose kam zu mir herüber, um mich an seinen Erinnerungen an ein Radwochenende in den Beneluxländern im Jahr 1967 teilhaben zu lassen. Während ich lächelte und nickte, begann ich zu verstehen, wie sich Alice Cooper gefühlt haben muss, als ich ihm vor einigen Jahren bei einem Interview lang und breit von meiner Schülerband erzählt habe.

Die Abfahrt war vorhersehbar schnell und vorhersehbar rau: Ich bremste mit tauben Fingern, um durch matschige Kehren zu kommen, und wich im Slalom zwei über die Straße hoppelnden Murmeltieren aus, die auf dem Heimweg zu ihrem baumlosen Geröllhaufen waren. An einer Stelle war der vereiste Schutt zu einem Korridor aufgetürmt, dessen Wände mich um Längen überragten. Es war, als würde man sich die Cresta-Bahn in St. Moritz hinunterstürzen. Auf dem Kopf stehende Namen zogen unter meinen Reifen vorbei: Virenque, Pantani, Riis und sogar das eine oder andere vom Frost konservierte Relikt, ein geisterhafter Hinault hier, der Schatten eines Roche dort.

Als es dann mit den Kurven vorbei war und es einfach bloß noch steil bergab ging, kamen verstohlene Seitenblicke auf die schottischen Moorlandschaften um mich herum nicht mehr in Frage. Der brausende Wind verschluckte das Geräusch des reißenden Flusses neben mir. Am ersten Bauernhaus fuhr ich in eine Wolke aus

Fliegen, und als ich auf der anderen Seite wieder herauskam, hatte ich eine in jedem Nasenloch, und meine Sonnenbrille sah aus wie der Scheinwerfer eines Rallyewagens nach einer Nachtetappe um die finnischen Seen. Als ich 70 Stundenkilometer erreichte, bog sich der Rahmen des ZR durch und begann zu summen, oder zumindest schien es mir so, und auf einmal fiel mir ein, dass mein Rad an diesem Morgen aus vielen Einzelteilen bestanden hatte, und dass ich derjenige gewesen war, der sie wieder zusammengesetzt hatte.

Ich landete, und das ist fast wörtlich zu nehmen, um Punkt halb sieben in Valloire und fand mein Begleitfahrzeug, das in den verlassenen Straßen der Stadt nach dem Rathaus suchte. »Danke, dass du den Scheißberg erwähnt hast«, flüsterte die bleiche Fahrerin, deren drei Assistenten auf dem Rücksitz schnarchten. Sie betrachtete mit einer Mischung aus Ehrfurcht und Abscheu mein erfrorenes, mit Fliegen verdrecktes Gesicht. Ich nahm den Helm ab, schob die Sonnenbrille hoch und verkündete: »Ich bin ein herausragender Sportler.«

Valloire befand sich sozusagen im Sommerschlaf: Die Fensterläden der Chalets waren verriegelt und warteten auf den Schnee und die Skifahrer. Wären wir zwei Tage früher hier angekommen, wäre alles geschlossen gewesen; jetzt hatte immerhin ein Hotel geöffnet: ein adrettes, sauberes, eher spartanisches Chalet, weiß getüncht und mit Blumenkästen, die Sorte Hotel, in der Hitler vielleicht abgestiegen wäre.

Wir aßen Fondue in einem bierkellerähnlichen Speisesaal und tranken köstlichen Rosé aus der Gegend – mit Schrecken wurde mir bewusst, dass ich mittags nichts getrunken hatte, und ich hoffte inständig, dass dies nicht der Grund für meine Leistungssteigerung war. Nachdem wir die Kinder unter teutonische Daunendecken gesteckt hatten, die so schwer wie Matratzen waren, gingen Birna und ich auf unseren Balkon und sahen einen riesigen Hasen, der zwischen den Volkswagen und den Geranien auf dem Hotelparkplatz herumhoppelte. Was für eine stille Szene, und welch ein krasser Kontrapunkt zum Brüllen und Tosen des Schmelzwassers auf dem Galibier.

»Waren sie wirklich so groß?«, fragte ein zartes, gedämpftes Stimmchen, als wir wieder hineingingen. »Die Berge, die du mit deinem Fahrrad raufgefahren bist – waren die so groß wie die da?« Ich folgte Kristjans Blick auf die sich im Mondlicht abzeichnenden Gipfel vor unserem Fenster.

»Viel, viel größer«, sagte ich, denn das waren sie wirklich.

»Also bist du jetzt schon viel besser?«

Da wurde mir klar, dass das, was ich an diesem Tag geleistet hatte, etwas war, was bisher nur die Väter anderer Kinder geschafft hatten, und dass ich dadurch jetzt einer Art Eliteclub angehörte. »Ich bin nicht nur besser«, sagte ich in angemessenem Tonfall, »ich bin der Beste.«

Es hätte schlimmer ausgehen können. Fast hätte ich »mein Sohn« gesagt.

## Dreizehn

Paul Kimmage gab auf dem Col du Télégraphe auf, gleich zu Beginn derselben nebligen Etappe, die später mit den Heldentaten seines Landsmannes Stephen Roche in La Plagne endete. Als ich am Morgen unbekümmert den Télégraphe hinaufsauste – der aus dieser Richtung nicht einmal ein Anstieg der vierten Kategorie war – wurde mir klar, wie sehr er nach der furchtbaren Hatz über den Galabier im Eimer gewesen sein musste. Viel strapaziöser war für mich, was danach folgte. 34 unsanfte Kilometer ununterbrochen bergab. Ich erreichte weniger als zwei Drittel des Tempos der Profis, aber ich schwöre: Würde ich mit dem Auto so fahren wie ich es mit diesem Fahrrad getan habe – bis an die Grenzen der Leistungsfähigkeit von Mensch und Maschine – hätten die Passagiere schon nach zwei Minuten darum gefleht, aussteigen zu dürfen. Als ich einen kurzen Blick auf die herrliche Kulisse aus Wasserfällen und Kiefernwäldern um mich herum warf, verfehlte ich rein zufällig ein Schlagloch von der Größe einer Salatschüssel, das mich mit Freuden umgebracht hätte.

Kurz darauf verfing sich etwas Kleines, Zappelndes in meinen Beinhaaren – ich musste da dringend was unternehmen – und ich wagte nicht, danach zu schlagen, bis die Straße im Arc-Tal bei Saint-Michel-de-Maurienne flacher wurde. Als ich abstieg, um ein *Pain au Chocolat* und einen Kaffee zu mir zu nehmen, war die Unterseite des Rahmens mit von den Speichen zerfetzten Körperfragmenten bespritzt. Mit immer noch wackligen Knien erinnerte ich mich daran, dass Bernard Hinault bei der besessenen Suche nach einer aerodynamisch günstigen Sitzposition einmal damit experimentiert hatte, mit einer Hand am Lenker und der anderen ausgestreckt hinter dem Rücken zu fahren. Da realisierte ich augenblicklich, wie wichtig es war, sich nie wieder mit diesem gefährlichen Irren zu beschäftigen.

Gewöhnlich halten die meisten Alpenorte während des Sommers ganztägig Siesta, aber jetzt fand offenbar irgendwo ein Wochenend-Event für Radsportler statt. Als ich von Autos mit einem halben Dutzend Rädern auf dem Dach überholt wurde, kam ich nicht umhin, mich zu fragen, ob sich nicht vielleicht einer der Teamchefs zu seinem Fahrer hinüberbeugte und sagte: »Hey, das ist der Typ, der mich auf dem Weg zum Lautaret überholt hat: Lass ihm die Beine rasieren, und dann ab in die erste Mannschaft mit ihm.«

Sobald ich diesen Gedanken formuliert hatte, wusste ich, dass ich ihn bereuen würde, und es dauerte nicht lange. Der Col de la Madeleine machte nicht viel Federlesen: kein langsames Vorspiel wie beim Izoard oder Galibier, es ging gleich richtig zur Sache. Ich hatte festgestellt, dass einige Berge eins mit ihrer Umgebung zu sein schienen, überwucherte grüne Hügel, die fast übergangslos mit den Almen verbunden waren. Doch die Gipfel rund um den Madeleine waren welche der anderen Sorte: kahle, fremdartig wirkende Felsen, die aussahen wie riesige, wahllos in die Erde geschleuderte Steinäxte.

Bei diesem Anstieg befand ich mich wieder einmal im Glutofen, und bald begann ich zu schmelzen. Die Straße war chaotisch – dünn und weiß wie ein Baumwollfaden auf der Karte, sonnenverbrannt und mit Frostschäden im wirklichen Leben – doch sie stellte sich mutig der Herausforderung und nahm mit einem Minimum an Kurven direkt Kurs auf den in 2.000 Meter Höhe gelegenen Gipfel: eine Steigung von acht Prozent auf 19,3 Kilometern, damit steiler als der Ventoux und beinahe ebenso lang. Ich war seit Valloire mit einem Durchschnittstempo von 34 km/h gefahren, doch Geschwindigkeiten im zweistelligen Bereich waren jetzt nur noch eine ferne Erinnerung. Immer wieder griff ich fahrig nach meinen *Bidons*. Der erste war schon leer gewesen, bevor die Kletterei überhaupt begonnen hatte, der zweite reichte nur bis zum todgeweihten Dörfchen Saint-François-Longchamp, dem letzten Außenposten vor dem Gipfel. Ich hatte gehofft, dort die Wiederauffüllung meiner Flaschen erbetteln zu können, aber wenn Not die Mutter des Erfindungsreichtums ist, so ist sie zugleich die Großmutter des Bagatelldiebstahls. Und wenn Leute unbedingt mehrere Dutzend Kisten Cola (aah!), Mineralwasser (ooh!) und Heineken (falalala-la-la-la-la!) auf der offenen Ladefläche eines unbewachten Kleinlasters zurücklassen müssen, in einer Gegend, in der mit durstigen Briten auf der Durchreise zu rechnen ist, dann ist das ihr Problem. Zur Strafe bekam ich einen leichten Schluckauf.

Auf dem letzten einsamen Abschnitt, vorbei an verriegelten Schäferhütten und breiten grünen Skipisten, hatte ich Mühe, die bösen Gedanken zu vertreiben. Die ganze Zeit über war ich im Siebenundzwanzigsten gefahren, und der Schweiß floss in Strömen aus Körperteilen, die in Sachen Ausdünstung sonst eine Nebenrolle spielen: Er glitzerte auf den Unterarmen und sprudelte aus den Knien. Der Gipfel war bei weitem nicht so aufregend wie die bisherigen Cols der *Hors Catégorie* – keine Denkmäler, kein Nebel, bloß eine mit Brettern verrammelte Snackbar und ein Parkplatz, auf dem ein paar Kinder die letzten Schneereste auf den Windschutzscheiben der elterlichen Autos verteilten. Aber die Aussicht war atemberaubend: Stolz entdeckte ich im Süden die Gipfel, die ich gestern überquert hatte, und hoffte inständig, dass jene im Nordosten nicht die waren, die morgen auf dem Programm standen.

Der Hunger klopfte an meine Tür, doch angesichts des abschüssigen Streckenprofils war das egal, denn ich würde an diesem Tag so gut wie nicht mehr in die Pedale treten müssen. Die savoyischen Dörfer mit ihren Blechdächern waren die allerletzte schwache Bastion gegen den Tourismus hier in den Alpen, Hütten aus groben Holzplanken, im Gras kauerndes, muhendes Vieh und abgewrackte Citroëns am Rande der beängstigendsten Schlucht, die ich bis jetzt gesehen hatte. Als ich das Tal erreichte, erstand ich an einer Tankstelle zahlreiche ungeeignete Nahrungsmittel, die ich allesamt auf dem Vorplatz verzehrte; und kaum eine Stunde später erreichte ich Brides-les-Bains, unseren verabredeten Treffpunkt für den Nachmittag.

Brides-les-Bains war ein weiterer Kurort, der aus dem Nichts entstanden war, als die Eisenbahn hier vorbeikam, und dem dann langsam die Touristen ausgegangen waren, seit Fernreisen aufgrund von Billigflügen eine erschwingliche und glamourösere Option boten. Doch man ergab sich nicht kampflos, wie die ständige Präsenz auf der Tour-Route belegte. Und angesichts der zahlreichen vertrottelten Fußgänger, die anscheinend einen raschen Verkehrstod herbeisehnten, zahlten sich die Bemühungen, die Stadt als Kurort für Rentner neu zu erfinden, offenbar aus. Die bedauerliche Kehrseite dieser Jagd nach dem schnöden Mammon war eine systematische Ausgrenzung der vorpubertären Jugend.

Wie Birna bereits im Zug nach Avignon festgestellt hatte, erwartete die vornehme französische Gesellschaft, dass Kinder zu sehen, aber nicht zu hören sein durften. Da Lilja jedem Versuch, ihre Launen zu zügeln, in einer Lautstärke begegnete, die an chirurgische Eingriffe in prä-anästhesistischer Zeit erinnerte, sahen wir ganz richtig einen Konflikt mit dieser Maxime voraus. Sogar die Strategie, die Kinder im Auto einzusperren, war zum Scheitern verurteilt. Hotelbedienstete, die einen unterdrückten Aufruhr witterten, ersonnen um so aberwitzigere Abwehrmaßnahmen. Sie positionierten sich zum Beispiel so, dass sie ein gut bestücktes Schlüsselregal verdeckten, und gaben dreist vor, belegt zu sein; oder nicht über Kinderbetten oder Hochstühle zu verfügen; oder »eine grooße 'und« zu besitzen, der »zu stark spielen« könnte.

Schließlich parkte ich das Auto einen Kilometer von jedwedem Hotel entfernt und blieb mit den Kindern dort, während Birna ein Zimmer in einem Hotel mit Schwanenhals-Wasserhähnen und schmaler Speisekarte fand. Die Empfangsdame des *Ruth Ellis* sah nicht allzu erfreut aus, als der Rest von uns in die Lobby drängte, aber natürlich brauchte sie sich überhaupt keine Sorgen zu machen. Keiner kann behaupten, wir hätten in beide Saunas gepinkelt oder jeden Rentner mit unseren Arschbomben vom Schwimmbecken vertrieben.

»Dies ist genau die Sorte Ort, an dem man komplett verrückt wird«, sagte Birna außer Atem, nachdem sie eilig ihre Schminksachen aus dem Auto geholt hatte. Wenngleich ich persönlich den Ausdruck »senil« bevorzugte, war unbestreitbar etwas Verstörendes an Brides-les-Bains. Neben der abschreckenden Kulisse machten wir dafür den Lärm verantwortlich, dieses ewige Krachen des Schmelzwassers, das ein letztes Lebewohl brüllte, bevor es sich in Richtung Mittelmeer verabschiedete. Kein Wunder, dass keine anderen Kinder in der Stadt waren – bei einem solch feuchten Wiegenlied würden sie bis zur Pubertät in den Windeln stecken. Und folgerichtig mussten die meisten der gegenwärtigen Bewohner so etwas wieder tragen.

Drei Wochen waren um; die Profis würden jetzt die Champs Elysées erreichen. Da ich von Paris noch weit entfernt war, traf ich beim Frühstück leichten Herzens die Entscheidung, nicht nach Courchevel zu fahren, einer Bergankunft der ersten Kategorie zwanzig Kilometer die Straße rauf, wo die 15. Etappe endete und die 16. begann. Stattdessen würde ich direkt durch das Tal der Isère fahren und den nächsten Anstieg der ersten Kategorie in Angriff nehmen, rasch gefolgt von einem nicht unerheblichen der zweiten Kategorie. »Die schnörkeligen Stücke fahre ich nicht«, sagte Birna, als sie meinem Finger über die Karte folgte. Am Vortag hatte sie einen Umweg von 120 Kilometern in Kauf genommen, um nicht über den Madeleine fahren zu müssen. Es wurde vereinbart, dass unsere recht unterschiedlichen Routen nach 100 Kilometern im nobel klingenden Skiort La Clusaz zusammentreffen sollten.

Man mag in Albertville ankommen, ohne zu wissen, dass die Stadt Gastgeber der Olympischen Winterspiele von 1992 war, aber es besteht nicht die geringste Chance, den Ort mit dieser Wissenslücke auch wieder zu verlassen. Die breiten Straßen und Plattenbauten schaffen eine Atmosphäre, die ein wenig an den Kommunismus erinnert, ein Eindruck, der durch viele riesige Wandmalereien zur Erinnerung an das Ereignis verstärkt wird – abblätternde Skisportler, die auf der Seitenwand eines Warenhauses Slalom fahren, ein verblasster Rodler, der einen Betondamm entlang rast. Eine bestenfalls entfernte Verbindung zum Wintersport war kein Hindernis: Es gab einen olympischen Tennisverein, ein olympisches

Radsportzentrum und selbst einen olympischen Frisör. Ich kaufte drei *Pains au Chocolat* und einen Liter Trinkjoghurt in einer Bäckerei, in deren Schaufenster fünf miteinander verbundene Gebäckringe hingen. Dann begann ich, peu à peu immer weiter runterschaltend, den langsamen Aufstieg zum Col des Saisies.

Offensichtlich bekam man in dieser Gegend nicht viele Radfahrer zu sehen. Autofahrer drehten sich neugierig nach mir um, und das nur zum Teil wegen des schwarzweißen Joghurtrings um den Mund, den ich bei meiner nächsten Begegnung mit einem Spiegel bemerkte. Und ich hatte mich so daran gewöhnt, dass Restaurantbedienstete freudig einen Stuhl hinausstellten, damit es mein savlondampfender Hintern bequem hatte, dass ich erschüttert war, als mir zur Mittagszeit der Empfang bereitet wurde, den ich angesichts meiner Erscheinung verdient hatte. Als ich die Kellnerin nach dem Klo fragte, sah ich, wie ein Dutzend grauer Hinterköpfe vor Ekel den Kopf schüttelten: »Typisch! Fliegen im Haar, Joghurt um den Mund... und eine schwache Blase hat er auch.« All das wäre halb so schlimm gewesen, hätte es sich bei besagtem Klo nicht um eines dieser Porzellan-Fußabdruck-Dinger gehandelt, mithin jener Art sanitärer Einrichtung, die Verständnis weckt für die Neigung vieler Franzosen, den Parkstreifen vorzuziehen. Und als Blasenbubi den Fehler machte, nach dem Senf zu fragen... nun, Sie hätten die lautstarke Belustigung hören sollen, als die Kellnerin herankam und mit ihrem ausgestreckten Finger auf den Gewürzständer zeigte. Denn... ja! Der Senf war bereits auf dem Tisch! Sehen Sie?

Na ja, es war nett, etwas Frohsinn in ihr Leben zu bringen. Noch netter war es allerdings, 71 Gratis-Pfefferminzbonbons mitgehen zu lassen.

Der Col der Saisies protzte mit den bislang bombastischsten Haarnadelkurven, gewaltigen, trägen Kehren, die einen grünen, mit makellosen Chalets gepunkteten Hang hinaufführten. Zwei Meter hohe Disteln und wilde Erdbeeren säumten die Straße, aber über mir passierten üble Sachen: Die Gipfel verschwanden in braunen Wolken, Donner hallte von den Bergwänden wider. Im Tal hatten die neben jeder Garage aufgeschichteten großen Stapel Feuerholz nur als pseudo-ländliche Dekoration gedient, doch als schließlich der Regen einsetzte, hatte ich einen bäuerlichen Lebensraum erreicht, in dem sie ihren eigentlichen Zweck erfüllten.

Als es zu stürmen begann, suchte ich unter dem Dach einer uralten Scheune Schutz. Ich beobachtete die Kühe zu meiner Linken beim Grasen auf einer sechzig Grad steilen Alm, und ich schaute auf den Regenbogen, der eine Brücke über das Tal zu meiner Rechten schlug. Die Straße, von der ich unten abgebogen war, führte zurück zum Mont Blanc, und die Berge sahen im feuchten Nebel wie Bühnenkulissen aus. Die Autos unter mir waren kleine bewegliche Flecken, und zum ersten Mal konnte ich sagen: Ich hatte soeben aus eigener Kraft einen enormen Höhenunterschied bewältigt, ohne mir dessen bewusst gewesen zu sein. Angesichts dieser heroischen Leistung erschien es mir unangemessen, unter dem Dach einer Hütte zu kauern, also fuhr ich weiter, ließ mich von den Elementen torpedieren und fragte mich, ob meine Reifen mich vor einer Exekution durch Blitzschlag bewahren würden.

Die Straße dampfte, und meinen Gliedmaßen ging es – diesmal im wahrsten Sinne des Wortes – ebenso. Durch den Regen blinzelnd, kam ich in eine steile Gegend, in der Kühe aus alten Badewannen tranken und stattliche Milchkannen neben mit Holzschindeln gedeckten Bauernhäusern aufgereiht standen. Es schien eine Welt für sich zu sein, was sich auch im Selbstverständnis der Bewohner ausdrückte. Zerfledderte Flaggen der Savoyen – sie sollten sich aber für eine entscheiden, die weniger Ähnlichkeit mit der der Schweiz hat – hingen neben jeder Scheune, und an viele Bushaltestellen war SAVOIE LIBRE geschmiert. Und ehrlich gesagt, von mir aus können sie diesen Landstrich für sich haben. Wenn es hier schon im Juni so aussieht, dachte ich, wie ist es dann erst im verdammten Winter?

In La Saisie hörte es auf zu regnen, und als die Straße breiter und flacher wurde, fuhr ich in eine moribunde Betonwüste für Skifahrer – Sommer, Montag, drei Uhr am Nachmittag: ein dreifaches Todesurteil. Was die Schönheit dieses Ortes anging, durfte der Beitrag der Menschheit als umstritten gelten, doch die Natur tat ihr Bestes, um zu retten, was zu retten war. Durch den Dunst zeichneten sich in der Ferne Gipfel ab, die im Sonnenlicht aussahen, als trügen sie einen Heiligenschein, nebeneinander aufgereiht wie auf einer *Greatest Hits*-Postkarte der Alpen.

Es sagt einiges über meine Verfassung aus, dass ich die Abfahrten mittlerweile mehr fürchtete als die Anstiege. Obwohl, wenn ich es jetzt so lese, kommt es mir wie eine dreiste Lüge vor, aber Sie verstehen, was ich meine. Die Angst befand sich nunmehr in einem harten Wettstreit mit der Erschöpfung, und während ich mein Rad mit waghalsigen Bremsmanövern durch losen Schotter nach Fluvet steuerte, wurde die dünne Luft von ohrenbetäubenden Flüchen in einer nicht-menschlichen Sprache durchdrungen. Nachdem ich auf der Hauptstraße mit quietschenden Reifen zum Stehen gekommen war, ging ich in den einzigen geöffneten Laden des Dorfes, und da sich sämtliche Süßwaren hinter dem Tresen befanden, sah ich mich gezwungen, meinen Wunsch in Worte zu kleiden: »Ein Snickers...? *Un Snickeur? Un Sniquet? Une Sniqueur?*«

Ich machte kurzen Prozess mit dem mühsam erworbenen Gut sowie einem halben Liter Milch, derweil ich an verdreckten Gebäuden entlangfuhr. Auf Höhe des letzten stieg ich vom Rad und entdeckte einen kleinen Jungen, der auf einer niedrigen Mauer stand und ungerührt auf die andere Seite pinkelte. Als er meinem Blick lässig begegnete, musste ich an das vielleicht hässlichste unter vielen hässlichen Geheimnissen der Tour de France denken.

Ich hoffe, ich stehe mit meiner leichten Besessenheit bezüglich der Ausscheidungsgewohnheiten professioneller Sportler nicht allein. Wenn ein Tennisspieler sich mitten im Match hurtig aus der Arena entfernt und der Kommentator etwas vom Ruf der Natur murmelt, fühle ich mich seltsam getröstet: Diese Leute mögen in mancherlei Hinsicht einer anderen Gattung angehören, aber hier ist der Beweis, dass sie im Grunde Menschen wie Du und Ich sind. Da dies aber für Radprofis nicht gilt, müssen jene die Dinge anders handhaben.

Bis 1957 besagte ein ungeschriebenes Gesetz der Tour, dass, wenn ein Fahrer zum Urinieren anhielt, der Rest in gemäßigtem Tempo weiterfuhr, statt sich auf ehrenrührige Weise einen Vorteil zu verschaffen und zu beschleunigen. Dann allerdings geschah genau dies, um den kleinen Luxemburger Charly Gaul wegen seiner Überheblichkeit in die Schranken zu weisen. »Keiner verpisst sich, wenn ich pisse«, hat sich Gaul darauf wahrscheinlich gesagt, denn am nächsten Tag führte er die Praxis ein, mit seinem Willi im Wind zu wedeln und auf die Straße zu strullen. Das hätte ihm Spitznamen wie »Männeken Piss«, »Die Gelbe Gefahr« oder andere geschmacklose Verballhornungen des Gelben Trikots einbringen können, aber in Frankreich zog man es vor, ihn *»Pee-Pee«* zu nennen (unendlich schade, dass sich seine Karriere nicht mit der von Raymond *»Poupou«* Poulidor überschnitt – die beiden hätten auf Varietébühnen rauschende Erfolge feiern können).

Wie auch immer: Seit Charly das Tabu gebrochen hat, ist mobile Blasenentleerung die Norm. Das Vorgehen ist sogar in den Tour-Statuten geregelt: Auf der Landstraße darf man pinkeln, wo immer man will, doch wird ein Bußgeld für jeden fällig, der verarbeitetes Evian innerhalb geschlossener Ortschaften absondert. Ich habe es mehr als einmal im Fernsehen gesehen: Ein Fahrer lässt sich aus dem Feld zurückfallen, am besten auf einem geraden, leeren Straßenstück, dann schiebt er das Hosenbein hoch und tut, was er kann, um am Rad vorbei zu zielen. Denn was man verständlicherweise um jeden Preis vermeiden will, ist – wegen deren beeindruckender Fähigkeit zur Flüssigkeitsdispersion – ein Strahl auf die Speichen.

Manchmal kann es aber passieren, dass einem Fahrer sowohl die Gelegenheit als auch die Mittel für ein solches Unterfangen fehlen. 1978 sicherte sich Michel Pollentier durch erstaunliche Zurschaustellung urinaler Waghalsigkeit in zwei Akten einen unerwünschten Platz in der Tour-Geschichte. Auf dem Furcht erregenden Anstieg nach Alpe d'Huez entleerte er sich in höchster Not direkt in die Hose; als Etappensieger musste er eine Urinprobe abliefern, hatte aber nichts mehr im Köcher. Allein das schon trübte seine heldenhafte Leistung, aber nachdem er das Siegerpodest nach einer ungewöhnlich zurückhaltenden Umarmung der Blondinen und unter zögerlichem Applaus verlassen hatte, kam es noch schlimmer. Pollentier hatte überdies eine verbotene Stimulans genommen, und als die Dopingkontrolleure auf dem Weg zu seinem Hotel waren, entschied er sich, die Situation mit Hilfe einer Vorrichtung zu meistern, die jedem vertraut sein dürfte, der entweder den Film *Withnail & I* gesehen hat oder ein widerlicher Spinner ist.

Während Michel noch darauf wartete, an die Reihe zu kommen, fiel ein anderer Prüfling durch verdächtiges Verhalten auf, als ihm das Fläschchen gereicht wurde. Daraufhin wurde allen anwesenden Fahrern kurzerhand befohlen, die Hosen runter zu lassen. Bei Michel wurde ein Schlauch entdeckt, dessen eines Ende an intimer Stelle befestigt war, während das zweite mit einem unter der Achselhöhle steckenden Gummibeutel verbunden war, der den Urin eines anderen enthielt. Pollentier wurde sofort von der Tour ausgeschlossen, und um die Demütigung perfekt zu machen, stellte sich seine anschließend abgelieferte Originalprobe als negativ heraus.

Ich hatte seit Tagen über *Pee-Pee* und Pollentier nachgedacht und tat es mal wieder, als die D909 in einer sanften Steigung durch die nassen, schwarzen Felswände des Gorge de l'Arondine führte. Es war niemand zu sehen, die Straße verlief geradeaus, die Milch nahm ihren vorherbestimmten Weg und ich dachte: jetzt oder nie.

Im Verlauf meiner müßigen Spekulationen hatte ich stets angenommen, dass das Hochziehen der Hose der schwierigste Teil der Operation war. Nun aber wurde rasch deutlich, dass das zu kurz gedacht war. Das Hosenbein hochzukrempeln, um an die gute alte Sittichstange zu kommen, war das eine; es dort oben zu halten, war etwas ganz anderes. Während ich unsittlich über den regennassen Asphalt taumelte, wurde mir klar, dass das Problem mit meiner fortdauernden Unfähigkeit zusammenhing, beide Hände zugleich vom Lenker zu nehmen. Lycra definiert sich über eine Respekt einflößende elastische Spannung, und weil ich vier Finger benötigte, um eben die in den Griff zu kriegen, blieb mir nur noch der zu Recht als unbeweglich verunglimpfte Daumen für die heikle und anspruchsvolle Tätigkeit der Richtungsbestimmung. Die nachfolgende Szene war jedenfalls keine, die man sich im Nachhinein begeistert in Erinnerung ruft. Als ich am kupfernen Glockenturm der Kirche in La Giettaz vorbeifuhr, begann es stark zu regnen, und wenn ich sage, dass ich diesen Wolkenbruch mit stiller Freude begrüßt habe, kann man wohl ermessen, wie umfassend der Versuch, Charly Gaul nachzueifern, gescheitert war.

Es war wirklich eine Schande, denn La Giettaz schien das bis dato vollkommenste Exemplar eines Alpendorfes zu sein: eine Schwindel erregende Aussicht, gediegene Holzhäuser und ein Sanatorium, dessen uniformierte Krankenschwestern allerlei Rentner in Rollstühlen die Berge hinaufschoben. Ein Paar ließ sich sogar auf ein unbeschwertes Rennen gegen mich ein – na ja, unbeschwert für sie jedenfalls. Diese Berge waren zu klein für mehr als eine inkontinente Sportlerlegende.

Meine Moral war noch immer am Boden, als ich am Col d'Aravis in leichte Schwierigkeiten geriet. Paul Kimmage weist des öfteren darauf hin, wie sich die Form von Berg zu Berg ändert, wie es passieren kann, dass man den einen Berg hinaufkriecht und den nächsten hinauffliegt. Jetzt verstand ich, was er meinte. Die Bäche, die bisher sanft über Felsen mit dem gelassenen Charisma von Elefantenrücken geströmt waren, schossen nun reißend durch spitzes Gestein oder stürzten Wasserfälle hinab, und als der Hügel steiler wurde, hatte ich zu kämpfen, mein Kopf baumelte hin und her und meine Finger fummelten hektisch an den Gängen herum. »*Allez! Allez!*«, riefen zwei Mädchen, die sich in einer Ente an mir vorbeimühten. Zwei winselnde Kilometer später wurde mir auf dem schlammigen, nebligen Col von einer Familie applaudiert, die vor dem Gipfelcafé saß und Heißgetränke zu sich nahm. Vor Erschöpfung benommen, hätte ich es auf der Abfahrt fast übertrieben und flirtete bei riskanter Geschwindigkeit mit einem Stacheldrahtzaun; als der

Hinterreifen auf dem Schlamm am Straßenrand wegrutschte, erfüllte ich das feuchte, grüne Tal einmal mehr mit dem gellenden Geschrei eines Bungee-Springers.

Nun, die Hauptsache war, dass ich La Clusaz zwanzig Minuten eher als geplant erreichte, was mir genug Zeit ließ, festzustellen, dass dies die Art Nobelort war, die Fergie zum Skifahren und Glühweintrinken besuchen würde, und außerdem zwei Ricards und ein Bier auf dem Platz an der Kirche in mich hineinzukippen. Infolgedessen war ich beinahe am Tisch eingeschlafen, als meine Familie eintraf, und als Birna an Bergen mit den Silhouetten gekrönter Monarchen vorbei nach Westen fuhr, schlummerte ich bald tief und fest. Ich wachte auf, als wir am Hotel eintrafen: Dem äußeren Anschein nach war es das kostspieligste, für das ich jemals aus eigener Tasche bezahlt haben würde, mit einer Lobby voll silberhaariger Blake Carringtons in gebügelter Freizeitkleidung und makellosen Gärten mit Liegestühlen, die sich bis zum hoteleigenen Privatufer des mondänen Lac d'Annecy hinzogen.

»So schlimm ist es nicht«, sagte Birna, als sie sah, wie sich meine Züge jener Leichenbittermiene annäherten, die ich im Anschluss an mein gescheitertes Pinkelexperiment zur Schau gestellt hatte. Und bei 50 Pfund für die ganze Bande war es das wirklich nicht. Ich stellte wieder mal fest, wie aberwitzig günstig Hotels in Frankreich zu sein pflegten, und dass das *Beau-Site* in Talloires die besten Eigenschaften der umliegenden Nationen in sich vereinte: Schweizer Service, italienisches Panorama, französische Preise.

Vor mir lag der letzte Tag in den Bergen, und wenn ich ihn überleben würde, dann auf dem Zahnfleisch. Ich hatte seit fast zwei Tagen kein anderes Fahrrad oder auch nur einen einzigen, auf den Asphalt gepinselten Namen gesehen, und beim Frühstück fand ich heraus, warum das so war. »Ist nicht so viele *Vélo* 'ier«, erklärte der schwarzbeschlipste junge Kellner. »Zu viele *Montagnes*. Ich bevorzuge den, äh, gleitenden Sport: Snowboard, Wakeboarding.« Während ich dieses letzte Wort noch immer genoss – es ist wundervoll, zu hören, wie sich ein aufsässiger französischer Mund mit einem mehrsilbigen englischen Wort abplagt – fragte ich ihn, ob sich jemand die Tour ansehen würde, wenn sie in der Nähe vorbeikam. »Ja, natürlich. Ich sehe sie mir immer an – aber ich 'abe nicht die...«, und hier klopfte er mit einer Faust dramatisch auf seine Brust..., »die 'erz für *vélo*. Es ist sehr... schwierig. Sehr 'arte Sport.«

»Ja«, sagte ich, spielte affektiert mit dem Reißverschluss meines Trikots, blickte verträumt durch die Terrassentüren und sah, wie sich dichter Nebel auf den Bergen niederließ. »Ja, das ist es. Und Sie bevorzugen Wakeb... wie hieß das noch gleich?«

Als mich die Familie in La Clusaz verabschiedete, war ich bereits mit winzigen Regentropfen besprüht. Es würde kein einfacher Tag werden. Zwischen hier und unserem Treffpunkt in Evian lagen 130 Kilometer Ungemach und ein 1.600 Meter hoher Berg, bevor sich die Alpen mit einem letzten Ausrufezeichen verabschieden würden, dem einsamen und nassen *Hors Catégorie*-Anstieg auf den Col de Joux-Plane. Der Name hatte immer geklungen, als sei er aus einem Kinderlied, und beschwor Bilder von Flaggentüchern und Maibäumen herauf, aber der Karte nach zu urteilen tanzten die Kinder über einem gähnenden Abgrund. Die zarte Linie, die sich verschlungen ihren Weg bahnte, sah schludrig gekritzelt aus und vermittelte den Eindruck von Feierabendkartographie, eine Art »Das-sollte-reichen«-Herangehensweise an eine Straße, die zu befahren ohnehin niemand ernsthaft in Erwägung ziehen würde. Drei kleine Hände winkten traurig durch die regennassen Autofenster, und mir wurde zum ersten Mal klar, was für ein bescheuerter Urlaub für meine Kinder das war: Den lieben langen Tag wurden sie, mit Dramamin betäubt, auf dem Rücksitz eines Autos durchgeschüttelt, um dann am Spätnachmittag von einem schmutzigen weinerlichen Krüppel wachgeküsst zu werden.

La Clusaz, Le Grand-Bornand: Was macht ein Dorf männlich und ein anderes weiblich? Vielleicht war es ja das Vermächtnis meiner eigenen geschlechtsbezogenen Turm/Tour-Mühen, aber ich fing an, mich ernsthaft über diesen linguistischen Blödsinn zu ärgern. Am Abend zuvor hatte ich in La Clusaz um »*un bière*« gebeten, nur um mich vom mondgesichtigen Patron belehren zu lassen: »*Une bière*.« Mit von Pastis und Müdigkeit gelockerter Zunge hatte ich mich im Stuhl zurückgelehnt und gegrummelt: »Ich sag Dir was, René, bring mir von jedem eines: Vielleicht tun sie sich zusammen und machen mir viele kleine Baby-*Bières*.«

Mein Experiment, das Geschlecht eines Orts anhand seines Äußeren zu bestimmen, wurde durch den dichter werdenden Nebel erschwert. Das letzte Stück auf den Col de la Colombière aus der ersten Kategorie war derart einsam, dass es die Schnecken heil über die ganze Straße schafften; von Wolken verschleierte, braune Schneeflecken und Moorlandschaften waren die traurigen Reste eines majestätischen Panoramas, das ich nur auf einer Postkarte im Café auf dem Gipfel zu sehen bekam. Hier trank ich einen doppelten Espresso, tropfte Schweiß und Dunst auf den Tisch und klemmte mir noch einmal den Kropf im Reißverschluss ein, bevor ich mich auf die Abfahrt machte, verfolgt vom faszinierten Blick der jungen Tochter des Patrons, die eine Mahnwache am Fenster hielt.

Verkrampft durch die Kälte, wäre ich auf dem Weg hinab beinahe gestorben. Weil ich wegen meiner durchgefrorenen Hände keine sichere Kontrolle über den Lenker hatte, geriet ich auf die falsche Straßenseite, als gerade ein entgegenkommendes Auto geisterhaft aus dem Nebel auftauchte. Erst als die Schindeldächer allmählich Allwettertennisplätzen wichen, war ich sicher, es geschafft zu haben. Als ich zurückblickte, sahen die vom Nebel umwaberten Gipfel aus, als stünden sie in Flammen. Wäre das tatsächlich der Fall gewesen, ich wäre wieder hinaufgefahren, um mich aufzutauen. Verzweifelt trat ich in die Pedale, um ein wenig Körperwärme zu erzeugen, raste durch Cluses, eine hässliche Ansammlung satanisch aussehender Fabriken, und stürzte mich dahinter auf einen Hügel der dritten Kategorie. Es begann zu regnen und mein Tacho funktionierte nicht mehr. Ein Fahrschüler streifte mich, und die zwei Stück Obstkuchen, die ich beim Frühstück mitgehen lassen hatte, waren irgendwie aus meiner Trikottasche verschwunden. Eine gesperrte Brücke, eine entmutigende Umleitung, Kuckucksuhr-Balkone, und dann, ausgezehrt und mit den ersten Anzeichen eines nahenden Hungerproblems, war ich in Samoëns, auf der Suche nach einem Mittagessen, der Straße zum Joux-Plane und den verloren gegangenen Teilen meines Gehirns.

Es gab nicht viel zu tun in Samoëns, nicht um 15.30 Uhr an einem nassen Mittwoch im Juni, und während ich in einer holzvertäfelten Bar einen Berg von frittiertem Fett verschlang, sah ich eine Menge Leute, die in der Tat nicht viel machten. Stämmige Hausfrauen watschelten ziellos vorbei. Ein triefäugiger Mann mit einer Pudelmütze auf der niedrigen Stirn kam herein und bestellte schroff einen *Lucifer Flambée*, wobei es sich laut Karte um »*Bière et Alcohol*« handelte. Noch mehr stämmige Hausfrauen. Ein Lieferant, der einem Eisenwarenladen Mülleimer gebracht hatte, saß in einer der vor dem Geschäft ausgestellten Schubkarren und ließ sich von seinem Arbeitskollegen rasant und geräuschvoll um den Platz schieben. Nach einem weiteren Dutzend Hausfrauen fuhr ein Mann einhändig auf einem Fahrrad vorbei und steuerte ein zweites Rad mit seiner rechten Hand; eine Vorstellung, die mich noch immer beeindruckt, wenn auch nicht ganz so sehr wie damals, sollte die trübe Erinnerung an den von mir gespendeten offenen Applaus den Tatsachen entsprechen. Als Pudelmütze seinen zweiten *Lucifer* bestellte, kamen zwei paar lila Radhosen durch die Tür, und als ich nach ein paar weiteren Pommes Frites bemerkte, dass sich die dazugehörigen Köpfe auf Englisch verständigten, schaute ich mich um und sah ein milchgesichtiges junges Pärchen, das Postkarten schrieb und heiße Schokolade trank. Ohne nachzudenken, stand ich auf und ging zu ihnen herüber.

»Entschuldigung«, sagte ich und bat damit sowohl für meine Erscheinung um Verzeihung, als auch dafür, dass ich noch nicht wusste, was ich sagen sollte. »Aber ich habe eure Beine bemerkt und muss einfach wissen, was ihr hier macht.«

Unter den Eisbrechern im Bereich Konversation war das eher eine Titanic, aber es gereicht den unterschätzten Manieren der englischen Jugend zur Ehre, dass das Pärchen offen zu mir aufblickte, statt mich berechtigterweise aufzufordern, gleich wieder zu verschwinden.

»*Yo* – naja, wir machen nur so eine Art Tour«, fing der Mann an, oder besser gesagt der Junge. »Zehn Tage. Wir sind gestern mit dem Flieger in Genf gelandet und sind gerade hier angekommen. Es ist klasse – man kann die Räder bei *British Airways* umsonst mitnehmen. Was ist mit dir?«

»Naja – man könnte es so eine Art Tour nennen. Die Tour. Die Tour de France.«

»Cool«, sagte das Mädchen gleichgültig und kratzte sich durch ihr graues Fleece-Oberteil an der Schulter. Abgesehen von minimalen Abweichungen beim Körperbau hätte sie leicht als ihr Freund durchgehen können. »Schade, dass das Wetter so scheußlich ist – die Landschaft soll fantastisch sein. Papa ist in seiner Junggesellenzeit immer zum Skifahren hierher gekommen.«

»Ich schätze, das war in den Siebzigern«, sagte ich mit einem ironischen Schnauben, das ihr offensichtlich entging.

»Äh... *yo*. Er hat Mama 1979 kennen gelernt, also... *yo*, Siebziger.«

Oh, Kinder, Kinder. Ein ernstes, nachdenkliches Schweigen machte sich breit. Um es zu brechen, sagte der Junge: »*Yo* – als nächstes fahren wir weiter nach Morzine.«

»Hmmm? Sieh an, ich auch. Wie kommt ihr dahin?«

»Gibt nur einen Weg, glaube ich. Den Joux-Plane.«

»Na, prima. Das ist meine Strecke. Sie ist Teil der Tour de France, die ich fahre. Die ganze.«

»Cool. Na, in dem Fall können wir vielleicht alle...« In diesem Moment wechselte er einen raschen, aber viel sagenden Blick mit seiner Freundin. »Äh... viel Glück. Ziemlich trostlos da oben, so wie es aussieht.«

Ohne Rücksicht auf halb geschriebene Postkarten und halb getrunkene Schokoladen verabschiedeten sie sich fast augenblicklich und stürzten hinaus auf die Straße. Ich konnte ihren Widerwillen, mich auf den Joux-Plane zu begleiten, verstehen. Andererseits auch wieder nicht: diese herzlosen kleinen Bastarde. Sah ich wirklich so grausig aus? Wahrscheinlich wollten sie Hand in Hand hinauffahren und auf dem Gipfel zur Feier des Tages ein bisschen knutschen. Zehn

Minuten später zog ich den Reißverschluss meines Regentops zu und stieg ohne Begeisterung aufs Rad. Ich fühlte mich sehr, sehr müde.

Wie es sich für den immerhin steilsten Anstieg der Tour 2000 gehörte – 8,4 Prozent bei einer Länge von zwölf Kilometern – stieg die Straße sofort hinter Samoëns an und wurde schmaler. Schon bald musste ich aus dem Sattel und in den Dunst. Ich ließ Bauernhäuser hinter mir, die so hoffnungslos hinüber waren wie Baracken, und dann gab es um mich herum nichts mehr als Tannenbäume und Schlaglöcher, und mein Atem vermischte sich mit dem Nebel. Der funktionsuntüchtige Tacho war mir den ganzen Tag über auf den Zeiger gegangen, doch jetzt war die gleichgültige, nicht anklagende Anzeige eine einsame Quelle des Trostes.

»Hey!«

Ich war fast im Sattel eingeschlafen und schaute erschrocken auf. Es waren die beiden Radfahrer.

»Hey!« Sie waren mir mit hoher Geschwindigkeit entgegen gekommen und brachten ihre grünen Tourenräder quietschend zum Stehen. »Er ist geschlossen. Der Pass. *Route barrée*.«

Ich schaute sie an wie ein freundlicher alter Landpfarrer, dem himmlische Boten soeben darüber informiert hatten, dass Gott ihn nicht leiden kann und nie leiden konnte. »Geschlossen? Aber... geschlossen warum? Warum geschlossen?«

»Keine Ahnung. Große Schranken und ein ›Durchfahrt-verboten‹-Schild. Geschlossen. *Route barrée*.«

Ich versuchte, mit der Situation fertig zu werden, wusste aber sofort, dass dieses Bestreben mangels Opiaten zum Scheitern verurteilt war. »Geschlossen«, sagte ich mit einem leeren und gebrochenen Flüstern.

»*Yo* – schlechte Nachrichten. Das ist ein Umweg von mindestens 40 Kilometern, die Straße zurück und dann durch die Schlucht.«

Ich starrte in den wenig hilfreichen Nebel über uns. Es war kalt – jetzt, wo ich aufgehört hatte, zu treten, sogar sehr kalt – aber ganz bestimmt konnte dort oben nicht genug Schnee sein, um eine ganze Straße zu blockieren. Und wenn es so wäre, konnte ich das Rad nicht einfach schultern? Ich musste nicht allzu lange über diese 40 Kilometer nachdenken, um zu wissen, dass selbst das beträchtliche Risiko eines einsamen Todes es wert war, sie zu vermeiden.

»Ich werde es versuchen.«

»*Yo?* Es sind noch sechs Kilometer bis zum Gipfel und...« Der Junge winkelte seinen Unterarm an, um die bevorstehende Steigung anzudeuten und begutachtete mein Alter und meine Verfassung mit einem flüchtigen Blick, der gleichermaßen Verdammung und Mitgefühl ausdrückte.

»Und es ist bitterkalt«, fügte das Mädchen hinzu und rieb ihre Thermohandschuhe. Warum hatte ich keine Thermohandschuhe?

»Ich habe keine andere Wahl«, sagte ich beiläufig tapfer. »Es liegt auf der Route – der Tour-Route.«

»Cool«, sagte der Junge und sah auf einen aberwitzigen Chronometer von der Größe eines Spielzeugweckers. »Okay, gut, äh... nochmals viel Glück. Vielleicht treffen wir uns in Morzine auf einen Grog.«

Ich hatte mir höflich angehört, wie der Vater des Mädchens seine vorehelichen Urlaube zu verbringen pflegte, und sie brachten nicht einmal den Anstand auf, das ungeheure Ausmaß meiner Leistung zu würdigen. Zweimal hatte ich das toleriert und als etwas entschuldigt, was bei einer Konversation im Eifer des Gefechtes schon mal passieren kann, doch ein drittes Mal kam das nicht in Frage.

»Wohl kaum, denn ich werde vor euch da sein und direkt nach Evian weiterfahren«, sagte ich kurz angebunden, zog meinen Kinnriemen stramm und machte mich zum Aufbruch bereit. »Aber euch fällt bestimmt eine Menge ein, um euch gegenseitig aufzuwärmen.«

Während der dreißig Sekunden, die ich bis zur nächsten Kehre brauchte, war ich im Stillen sehr zufrieden mit dieser Spitze zum Abschied. Dann aber wurde mir schlagartig klar, dass nicht etwa von den Ferien des Vaters des Mädchens die Rede gewesen war, sondern von den Ferien des Vaters der beiden. Sie waren nicht Freund und Freundin, sondern Bruder und Schwester.

Immerhin hatte meine bedauerliche Entgleisung einige positive Nebeneffekte. So war ich für ein paar wertvolle Minuten auf etwas anderes als die Anstrengungen des Anstiegs konzentriert. Außerdem verspürte ich eine gesteigerte Entschlossenheit, das Hindernis, das zur Schließung der Straße geführt hatte, zu bewältigen, um so mein Entkommen vor der geschwisterlichen Entrüstung sicherzustellen. Etwas weiter hergeholt war die Vermutung, ich könnte mit meinem angedeuteten Vorwurf tatsächlich eine inzestuöse Gräueltat verhindert haben: Schließlich trugen sie die gleiche Kleidung und fuhren die gleichen Räder – und seien wir ehrlich: Wo Rauch ist, da ist auch Feuer.

Kühe wanderten über die neblige Straße, was mir mehr Beine machte als jedes leistungsfördernde Mittel, und als ich mich durch dichtes Tannengehölz kämpfte, wurde ich von einem mit wahnwitziger Geschwindigkeit aus dem Dunst auftauchenden Polizeiauto fast aus dem Sattel geholt. Nachdem der Fahrer sein spektakuläres Ausweichmanöver beendet hatte, blieb seinem Beifahrer gerade noch Zeit, mich missbilligend anzuschauen, den Kopf zu schütteln und seine Arme in unzweideutiger Nachahmung der vor mir liegenden Barriere zu kreuzen.

Ich fuhr weiter in die Wolken hinein. Obgleich ich mittlerweile ahnte, dass mein dramatischer Auftritt gegenüber den Geschwistern der eines aufgeblasenen Wichtigtuers gewesen war, verspürte ich eine moralische und spirituelle Verpflichtung, diesen letzten Berg zu bezwingen. Jetzt einen Rückzieher zu machen, hätte meiner Kletterkarriere eine bedrückende Symmetrie verliehen; mit der Bezwingung des Joux-Plane würde ich dagegen auf eine fast ununterbrochen ansteigende Erfolgskurve zurückblicken können.

Das Hindernis, das die illegal Liebenden aufgehalten hatte, war bei weitem nicht so groß wie von ihnen behauptet, nur ein einzige, halbherzig auf die Straße gestellte Absperrung: »*Route barrée*« in der Tat, aber nicht *barrée* genug, um mich aufzuhalten. Ein Stück weiter befanden sich ein paar Warndreiecke und ein zusätzliches »Durchfahrt-verboten«-Schild, unter dem ein verbeultes, gelbes angebracht war, auf dem »CHAUSSÉE DEFORMÉE« zu lesen war. Ich überwand einen wenig beeindruckenden Erdrutsch – kleinere Reste eines Weihnachtsbaums, einige Eimer Schlamm und minimal lädierter Asphalt auf einer Straßenseite – und war enorm zufrieden mit mir. Ran, rauf und rüber: Einige Windungen und fünfzehn Minuten später lehnte ich mein Rad gegen einen Wegweiser, an den eine savoyische Flagge aus Blech genietet war und zwang den Selbstauslöser, den Nebel zu durchdringen, damit auch nachfolgenden Generationen der begeisternde Anblick ihres unerschrockenen Vorfahren, seiner Maschine und der emaillierten Aufschrift »Col de Joux-Plane (Altitude 1.700 M.)« nicht erspart blieb.

Ich konnte nicht viel sehen, aber es schien auch nicht viel zu sehen zu geben. Nasses Gras. Schlamm. Gelegentlich ein eingemotteter Skilift, der in den Wolken verborgen war und schaurig über mir quietschte. In gewisser Weise war das ernüchternd. Ich hatte den ganzen Tag an den erschöpften Jubel der Fahrer bei der Fahrt über den Joux-Plane denken müssen: möglicherweise blutig, ganz sicher gebeugt, aber nicht geschlagen. Für vielleicht ein halbes Dutzend von ihnen würde das Rennen noch ernsthaft weitergehen, für die übrigen etwa 120 Überlebenden hätte dies genauso gut die Ziellinie sein können; die verbleibenden Etappen nach Paris waren nur mehr eine Prozession, eventuell mit der Chance auf einen frechen Etappensieg, mehr aber auch nicht. Wer die Berge überlebt, der überlebt auch die Tour, und wer die Tour überlebt, ist ein Gigant der Landstraße.

Von den sieben Anstiegen der *Hors Catégorie* hatte ich den ersten halb schiebend gemeistert, den zweiten geschwänzt, und beim dritten wurde ich das letzte Stück im Drogenrausch chauffiert. Aber die restlichen vier hatte ich alle in einer für meine Verhältnisse fast schon heroischen Art und Weise bezwungen. Gigant der Landstraße war möglicherweise ein wenig übertrieben, doch als ich über den flachen Gipfel meines letzten Alpenriesen rollte, war ich zumindest ein *King of the Hill.* Eine kurze und unrühmliche Herrschaft allerdings, denn dann fuhr ich um die nächste Ecke und stellte fest, dass die Straße vom Berg gefallen war.

Ich glaube, ich hätte sterben können. Hätte die Sicht mehr als zwei Radlängen betragen, wäre ich mit Sicherheit schneller gefahren und damit majestätisch in die gähnende, vom Nebel verschleierte Spalte gesegelt, statt sanft in ihren matschigen, aber harmlosen oberen Bereich zu kippen. Mit anderen Worten: Ich hätte es Thelma und Louise gleichgetan, und nicht Laurel und Hardy.

Ich hob das ZR zurück auf den Asphalt und wischte mir den Schlamm von den Beinen. Eventuell war dies die Ursache für die Absperrungen gewesen. Die Alpen, einst höher als der Himalaya, schrumpften mit jedem Jahr, und als wollte er die kümmerlichen Bemühungen der Menschen, die Berge abzustützen, diskreditieren, hatte der Regen ein großes Stück vom Joux-Plane weggespült und dabei einen ganzen Straßenabschnitt mitgenommen. Die *Chaussée* war weniger deformiert, als vielmehr amputiert worden. Auf einer Länge von bestimmt fünfzehn Metern war der noch begehbare Teil des Asphalts ein planlos an den Hang genähtes, zerfetztes Band, an keiner Stelle breiter als ein Kaminsims und manchmal erheblich schmaler. Mit einem Fuß auf dem morastigen Steilhang und dem anderem auf dem, was von der Straße noch übrig war, hob ich das ZR mit meinen tauben Händen hoch und trug es auf die sichere Seite. Ich kam mir vor wie der Held in einem Abenteuerfilm, wenn auch in einem, zu dem die Zucker-Brüder das Drehbuch geschrieben hatten.

Ich war erschüttert, und bald darauf schüttelte es mich vor Kälte. Während einiger der aufregenderen Abfahrten hatte ich Bekanntschaft mit dem Phänomen versagender Bremsen gemacht: jenem Punkt, an dem die durch fortwährende Belastung aufgeheizten Gummibremsklötze anfangen, zu vibrieren und zu pfeifen, bevor sie auf einmal bei der Tempoverringerung nur noch so hilfreich wie eingefettete Fischschuppen sind. Es war eine derart unwahrscheinliche physikalische Transformation, dass sie mich jedes Mal beeindruckte wie etwas aus dem Alten Testament.

Dass ein Fahrrad, das aus Materialien konstruiert war, die man noch vor wenigen Jahren mit dem Begriff »Weltraumzeitalter« in Verbindung gebracht hätte, unter einer so erschreckenden, elementaren Krankheit litt, ist mir nach wie vor unbegreiflich, aber wenigstens hatte ich gelernt, damit klarzukommen. Indem ich die vorderen und hinteren Klötze abwechselnd betätigte, konnten sie sich zwischendurch abkühlen: die Bremsen melken, nannte ich das.

Als die Straße wieder durch die Baumgrenze strebte, begann ich zu melken - links, rechts, links, rechts - doch es war schrecklich kalt, und bei 65 km/h verloren meine geröteten, nassen Hände bald jede Beweglichkeit. Die Bremsen konnten entweder angezogen oder gelöst sein, aber zwischen diesen Optionen zu wechseln, war nicht länger möglich. Meine Finger waren in jenem mysteriösen Extrem gefangen, wo Feuer und Eis eins werden; jener Bruchteil einer Sekunde, wenn man mit seinem Zeh gegen den Wasserhahn gestoßen ist und nicht sagen kann, ob es der blaue oder der rote war. Alles, was ich tun konnte, war solange zu schreien, bis die Straße nach einigen weiteren Kehren kurzzeitig abflachte und ich gequält anhalten konnte.

Bei der Abfahrt von einem schneebedeckten Gipfel beim Giro 1989 musste Paul Kimmage zwischendurch anhalten und sich auf die Hände pinkeln, um sie ein wenig zu wärmen. Ich hätte es auch getan, wenn ich gekonnt hätte. So aber stand ich für einen Moment einfach im Nebel, die Fäuste in den Achselhöhlen, den Kopf zwischen den Schultern, ein Freak ohne Hals und Arme, der heulend unwahrscheinliche Szenarios heraufbeschwor, in denen die meisten der großen Namen der Christenheit vorkamen. Dann hatte ich eine Eingebung, umklammerte die durch die Reibung qualmenden Felgen und genoss vielleicht zwei Sekunden der Erleichterung, bevor wegen der überraschend hohen Temperatur meine Fingerkuppen zu schmelzen begannen.

Ich hüpfte und stampfte und ohrfeigte mich wie ein beraubter Iraner, doch es half nichts. Meine geröteten Handgelenke waren noch immer festlich mit Tautropfen geschmückt, und meine Füße pulsierten vor Schmerzen, als hätte man soeben die Zehen abgehackt. Ich zwang mich dazu, einen Schluck aus dem *Bidon* zu nehmen, und als der Inhalt auf meine Zähne traf, glaubte ich, sie würden allesamt ausfallen. Ich war mir vage bewusst, dass Hilfe erst zu erwarten sein würde, wenn die Straße wieder geöffnet war, und dann auch nur in Form einer halbherzigen Suche nach meinem Leichnam.

Die Blasphemie war inzwischen weniger anspruchsvollen, gutturalen Tierlauten gewichen. Da fiel mir ein, was sich unter Pillen, Pumpe und Plastiklöffel ganz unten in meiner Lenkertasche befand. Unsere Freundin Emma hatte es mir gegeben, es war zumindest teilweise als Witz gemeint gewesen, und jetzt gerade hatte ich die Pointe verstanden. Ich möchte bezweifeln, dass irgendwer mit Ausnahme eines sexuell abgestumpften Perversen den Deckel einer Tube *Deep Heat* jemals mit solch ungeschminkter Begeisterung aufgeschraubt hat. Ungeschickt drückte ich den gesamten Inhalt auf einmal heraus, schmierte mich von oben bis unten ein und keuchte masochistisch entzückt, als die feurige weiße Creme meinen porösen Panzer durchdrang.

Es hielt nicht lange vor, aber das musste es auch nicht. Vier Kurven später – meine Hände fuchtelten bereits wieder mit der Präzision eines Säufers im Morgengrauen an den Bremsen herum – kam ich an einem großen Haufen schwelenden Heus vorbei, der neben der Straße aufgetürmt war. Ungerührt vom mangelnden Respekt, den diese rauchende Erscheinung sowohl Logik als auch Meteorologie zollte, setzte ich mich oben drauf, stellte fest, dass es herrlich war und blieb für ungefähr eine Viertelstunde dort sitzen. Dann stieg ich wieder aufs Fahrrad und huschte kurz darauf aus dem Nebel heraus, um die *Route barrée*-Absperrung herum und hinein in den architektonisch vorhersehbaren Skiort Morzine. Die erste Menschenseele, der ich seit dem gestikulierenden Gendarm begegnete, war ein Alpenbewohner, der seinen dekorativen Holzstoß aus einem Erdrutsch ausgrub. Er begutachtete mich mit verständlicher Vorsicht: Grubenpferde können für gewöhnlich nicht Fahrrad fahren, vor allem keine schwer verwahrlosten, die mit Rasierschaum eingeschmiert sind. Und warum lächelte dieses Exemplar?

Als ich über die breite Hauptstraße fuhr, war ich endlich in der Lage, das innere Feuer anzufachen, indem ich wie ein Wahnsinniger in die Pedale trat. Ich überließ es der Holzverkleidung und Dreifachverglasung, den drohenden inzestuösen Frevel zu absorbieren und strampelte durch das Tal zum Genfer See.

Als ich in Evian eintraf, sah ich eine Grundschullehrerin auf einer Leiter, die sich abmühte, in ihrem Klassenzimmer ein fröhliches Wandbild anzubringen. Es musste nach sieben Uhr abends sein, was bedeutete, dass die Menschen von Evian gute Menschen waren. Der Ort war genau das, was ich brauchte: anspruchslos und behaglich, mit einer aufgetakelten, mit Casinos übersäten Promenade am See, der bis morgen warten konnte. Wir hatten ein Zimmer im Voraus gebucht, und meine Familie hatte bereits eingecheckt. »Gütiger Gott«, sagte Birna, als sie aus dem Lift trat und sah, wie der Empfangschef mit verstörtem Grinsen *The Amphibian Formerly Known As Tim* begrüßte. Birna wollte nicht, dass die Kinder mich sahen, bevor ich gebadet hatte, aber als sie nach zweimaligem Wasserwechsel ziemlich goldig einer nach dem anderen hereinkamen und mir Schokolade und Lutscher anboten, fühlte ich mich wie eine dieser Tour-Legenden, die auf alten Schwarzweißaufnahmen bei Interviews in der Badewanne zu sehen sind. Es sah allmählich so aus, als könne aus mir noch ein richtig Großer werden.

## Vierzehn

Die Tour de France sucht regelmäßig benachbarte Länder heim, für gewöhnlich wegen kommerzieller Interessen oder aus den schon angedeuteten, weniger rationalen Beweggründen, so als wolle sie sagen: »Hey, seht euch all diese sexy Jungs auf Rädern an! Wünscht ihr euch da nicht, Franzose zu sein?«

Die Tour ist sogar einige Male in Großbritannien gewesen. Am unterhaltsamsten war es 1974, als die Fahrer auf einer Etappe, die das Exportpotenzial französischer Artischocken promoten sollte, sechs Stunden lang trostlos eine abgesperrte Umgehungsstraße außerhalb von Plymouth rauf- und runterfuhren. Der Tourdirektor hatte seinen Pass vergessen und wurde den ganzen Tag über von Undercover-Zollbeamten beschattet. Ansonsten war kaum jemand erschienen, und am nächsten Morgen fragte der *Daily Mirror* rhetorisch: »Tour de France: Können 40 Millionen Franzosen irren?«

Nun, die Tour 2000 hatte sich der rohen Artischocke grenzüberschreitender Kooperation noch liebevoller als irgendeine ihrer Vorgängerinnen angenommen. Aufgrund dessen war es etwas schade, dass die Tour de France für meinen Freund Paul Ruddle, der mit Birna vor ihrer Abreise kurz entschlossen abgemacht hatte, uns in Evian zu treffen und mich drei Tage lang mit dem Rad zu begleiten, fast ausschließlich in der Schweiz stattfinden würde.

Allerdings schien ihn weder dies noch sonst etwas zu berühren, als er mit Birna vom Flughafen kam. Er war seit drei Uhr früh auf den Beinen und hatte sein Rad gemäß den kleinlichen Anforderungen der British Airways verpackt, doch hätte man das angesichts der Ungeduld, mit der er die Hügel an der Ostseite des Genfer Sees in Augenschein nahm, kaum vermutet. Wir begaben uns zum Parkhaus, um seinen Verschnitt aus Mountainbike und Tourenrad auszuladen und zusammenzubauen.

Ich würde Paul ungern verlegen machen, indem ich seine beängstigend erfolgreiche Karriere als Senkrechtstarter am Londoner Aktienmarkt erwähne, aber was will man machen: Hiermit ist es bereits geschehen. Ein Mann, der seinen guten Namen einem makellosen Urteilsvermögen und der damit verbundenen Abneigung, Dummköpfe zu ertragen, verdankte, war ein ungewöhnlicher Freiwilliger für meine Tour. Da Paul außerdem vor kurzem seinen ersten Marathon in drei Stunden absolviert hatte und jede Woche bis zu 150 Kilometer lief, war für mich nur schwer nachzuvollziehen, was er sich von meiner Begleitung versprach. Es war unwahrscheinlich nett von ihm, dafür seinen Urlaub der vermutlich nächsten zehn Jahre zu opfern, doch nachdem ich mich bei ihm bedankt hatte, ahnte ich, dass meine schlimmsten Befürchtungen noch übertroffen werden würden. Er verkörperte nicht nur die physische Apotheose des Begriffs »austrainiert«, er wusste überdies genau, was er tat.

»Du machst das ziemlich gut«, sagte ich, als ich Paul im grellen Licht des Parkhauses dabei zusah, wie er mit dem Geschick eines Jongleurs mit Sechskant- und Schraubenschlüssel hantierte und Räder auf Achsen montierte und Pedale anbrachte.

»Hab als Junge das eine oder andere Wochenende im Fahrradladen gearbeitet«, erklärte er, schloss ein Auge und kaute auf der Lippe, während er die Ausrichtung seiner Vorderradbremse taxierte. Ein weiterer Hinweis darauf, dass das Aufwachsen mit zahlreichen Geschwistern in Nordirland Paul auf die meisten Herausforderungen des Lebens gut vorbereitet hatte.

»Wie viele Wochenenden?«

»Schon ein paar mehr.«

Das bedeutete immerhin drei drrr-tschick-lose Tage für mich, andererseits geriet dadurch mein selbst ernannter Status als Teamchef in Gefahr. Nachdem wir den Parkhausbenutzern von Evian einen unerwarteten Blick auf unsere Arschbacken gegönnt hatten, schlüpften wir in unser Lycra, warfen alles Überflüssige in den Espace und machten uns zum Aufbruch bereit.

»Ach, scheiß drauf«, meinte Paul, dann riss er sich den kastanienbraunen Helm, den zu tragen er seiner Frau versprochen hatte, vom Kopf und warf ihn in den Wagen, als ich gerade den Kofferraum schließen wollte. »Ich kann damit einfach nicht fahren.«

»Weil es dämlich aussieht?«, fragte ich und tastete verunsichert die noch auffälligeren Umrisse meiner eigenen Kopfbedeckung ab.

»So ist es«, bestätigte Paul, und los ging's.

Mir wurde klar, dass Paul einfach nicht die Sorte Mensch war, die von Fahrrädern fiel. Im Geiste ließ ich ein Potpourri meiner eigenen Erfahrungen mit horizontalem Radfahren Revue passieren, insbesondere der zahlreichen Stürze in Zeitlupe in unterschiedlichsten urbanen und ländlichen Kulissen, und ich musste akzeptieren, dass wir ziemlich verschieden waren. Während Paul keinerlei Interesse daran hatte, beim Sport zuzusehen, war er selbst immer ein guter Sportler gewesen. Er wäre nicht in der Lage, einem zu sagen, wie der Trainer der englischen Nationalelf heißt, würde mich aber beim Hochdrauf nach allen Regeln der Kunst vorführen. Der Name Tiger Woods würde ihm kaum etwas sagen, und doch konnte er einen Golfball bewundernswert genau und weit schlagen. Und wenngleich er beim Wort »Team-Jersey« sicher nur an gemeinschaftlich begangene Steuerhinterziehungen in Zusammenhang mit der dafür berüchtigten Kanalinsel dachte, war es keine Überraschung, Paul mit hinter dem Kopf verschränkten Händen an den sorgfältig gepflegten Ziergärten am Seeufer entlang radeln zu sehen.

Als wir uns mit Birna und den Kindern trafen, wurde alles noch schlimmer. »Hat Paul dir erzählt, was ihm letzte Woche in Singapur passiert ist?« Ich nahm nicht an, dass es um eine Geldbuße wegen der Zerstörung einer Bushaltestelle ging, und ich hatte Recht. Paul räusperte sich verlegen, derweil Birna mir berichtete, dass er sich auf einem Heimtrainer in seinem Hotel mit solch verheerender Kraft ertüchtigt habe, dass die Maschine explodiert sei. »Sie ist nicht explodiert«, sagte Paul leise. »Sie hat nur irgendwie... Feuer gefangen und ist ein bisschen geschmolzen.«

»Ach, komm schon«, sagte Birna mit einem widerlich anzüglichen Grinsen und sah aus, als wollte sie gleich nach Pauls durchtrainierten Beinen grapschen.

Wir hatten etwa fünfzehn Kilometer auf der belebten Uferstraße zurückgelegt, als Pauls Mobiltelefon klingelte. Ich fragte mich bereits, über wie viele Millionengeschäfte wir am Straßenrand würden verhandeln müssen, als Paul mir das Handy reichte. Es war Birna.

»Irgendetwas Ungewöhnliches in deiner Trikottasche?«, fragte sie, und noch bevor ich meine Nieren nach neuen Steinen abklopfte, wusste ich, was sich dort befand. Es waren die Wagenschlüssel.

Der See glitzerte fast schmerzhaft im Licht der hoch stehenden Sonne, als ich zurück nach Evian bretterte, während Paul in einem Café am Wasser auf mich wartete. Eine halbe Stunde später traf ich Birna vor dem Casino und händigte ihr mit einer Miene, die man normalerweise mit dem Endstadium der Cholera in Verbindung bringt, die Schlüssel aus. Wortlos. Dann machte ich mich zum dritten Mal innerhalb einer Stunde daran, die fünfzehn Kilometer am Seeufer zurückzulegen. In diesem Moment schossen zwei Radfahrer in rosafarbenen Trikots ohne Seitenblick an mir vorbei, ein Vorfall, den ich zunächst als schlechtes Omen deutete, der sich aber schnell als Segen herausstellte.

Straßenrennen haben eine Menge mit Physik zu tun, insbesondere mit den Gesetzen des Luftwiderstandes. Wie ich möglicherweise bereits erwähnt habe, verbraucht ein Fahrer, der auf flacher Straße im Windschatten eines anderen fährt, zwanzig Prozent weniger Energie als der vor ihm liegende, woraus sich verschiedenste taktische Erkenntnisse ableiten lassen. Eine Soloflucht ist in der Regel zum Scheitern verurteilt, weil sich die Fahrer im Peloton die Arbeit im Wind teilen und auf lange Sicht eine wesentlich höhere Durchschnittsgeschwindigkeit aufrechterhalten können. Und ein Teamkapitän, der von seinen Helfern in den Windschatten genommen und gezogen wird, kann zwar nicht seine Beine hoch nehmen, aber wenigstens ab und zu durchschnaufen. So bleibt er frisch für den letzten Sprint oder Anstieg.

Dieser letztgenannte Aspekt war es, der mich am meisten interessierte. Nach einem geisteskranken Sprint hatte ich es irgendwie geschafft, zum Hinterrad des zweiten rosafarbenen Radfahrers aufzuschließen. Sein Freund machte mächtig und zuverlässig Dampf, und zu meiner großen Freude stellte ich fest, dass eine gelegentliche lockere Pedalumdrehung ausreichte, um meine Geschwindigkeit und Position zu behaupten.

Ich kann diese Erfahrung nur als sensationell beschreiben. Rad an Rad rauschten wir in Richtung Schweiz, und mir wurde klar, dass mein frisches Wissen einen wichtigen Vorteil gegenüber meinem neuen Teamkollegen bedeuten konnte. Es sollte doch möglich sein, Paul zu überreden, vorneweg zu fahren, während ich in seinem Windschatten bummelte – als Kapitän, ein Amt, das ich unbestritten verdiente. Er würde mich ahnungslos hinter sich herziehen, und am Ende des Tages würde ich glorreich und entspannt auf den Hotelparkplatz rollen. 20 Prozent weniger Anstrengung – das waren bessere Resultate als bei einer ganzen Ladung EPO. Angesichts seiner Verwirrung ob meiner Frische und seiner Erschöpfung wäre es am nächsten Morgen ein leichtes, Pauls Moral endgültig zu brechen. Ein »Halt durch, Marathon-Mann« hier, ein »Bist du sicher, dass du okay bist?« da, und schon würde er die neue Hierarchie akzeptieren: ich der Boss, er der eingeschüchterte und demütige Domestike.

Oh, ja. Das waren schöne Aussichten. Ruddle würde mein Wasser tragen, die Karte lesen, in Restaurants die Beschwerden vorbringen und meine Klamotten waschen. So lautete das eherne Gesetz der Tour. 90 Prozent aller Profis bestritten ihre Karrieren im Dienste der wenigen Auserwählten und fanden dabei, selbst angesichts lachhafter Entlohnung, ihr bescheidenes Glück. Paul Kimmage erhielt 1987 ganze 700 Pfund im Monat von seinem Team. Zwei Jahre zuvor verdiente ein Radprofi im Schnitt etwa 400 Pfund, und das zu einer Zeit, in der die nationalen Gewerkschaften für einen landesweiten Mindestlohn von 450 Pfund kämpften.

Jeder Fahrer hatte sich in der Teamhierarchie hochzudienen. Der junge Eddy Merckx musste 1967 einen sicheren Sieg bei Paris-Nizza an seinen Kapitän abtreten – der hieß Tom Simpson, und Paris-Nizza war sein letzter Sieg. Paul Ruddle mochte vielleicht talentierter sein (Vielleicht? Die einzigen Maschinen, die ich je durch übereifrige physische Behandlung zerstört hatte, waren solche gewesen, die irrtümlich mein Wechselgeld einbehalten hatten...), aber er musste sich seine Meriten erst noch verdienen. Wo war er gewesen, als Moore sich durch die endlosen Wälder Aquitaniens geplagt oder den mächtigen Galibier überquert hatte?

Oh, und wie ermüdend die eigenen Lehrjahre auch gewesen sein mochten, Merckx führte seine Domestiken mit eiserner Hand; ein weiterer seiner berühmten hölzernen Aussprüche lautete: »Man muss seine eigenen Interessen über die Kameradschaft stellen.« Louison Bobet schickte einmal einen seiner Helfer auf eine endlose Suche nach Erfrischungen. Der fand schließlich eine Kneipe, hatte aber kein Geld bei sich. Der herzlose *Patron* bestand auf Bezahlung, der Helfer rannte hinaus und bettelte bei Ortsansässigen um das nötige Kleingeld. Er rannte wieder rein, erstand das Wasser, rannte wieder raus und stieg aufs Rad. Nach einer entsetzlichen Quälerei – das Peloton hatte inzwischen acht Minuten Vorsprung – schloss er keuchend zu seinem Kapitän auf, gepeinigt von der kalten Flasche, mit dessen Inhalt er seine aufgerissenen Lippen nicht einmal zu benetzen gewagt hatte. »Wo bist du gewesen?«, fragte Bobet empört, als ihm sein mobiles Faktotum außer Atem die Flasche öffnete. Dann, als er das Etikett in Augenschein nahm, kreischte er: »Du weißt ganz genau, wie ich diese Marke hasse!«

Doch weder Bobet, noch Merckx, noch ich in meinen wildesten Machtphantasien konnten den autokratischen Exzessen René Viettos, Frankreichs erstem König der Berge, das Wasser reichen. Ein paar Monate vor der Tour von 1947 plagte sich Vietto mit einem faulenden Zeh und bat seinen Arzt, das lästige Ding zu entfernen. »Nimm ihn ab«, sagte er fröhlich, »und ich werde in den Bergen leichter sein.« Ziemlich exzentrisch das Ganze, da sind wir uns einig, doch für René war es erst das Vorspiel. Während der Vorbereitung auf die Tour fuhr er für ein Gespräch unter vier Augen an die Seite seines Edelhelfers Apo Lazarides. Apo war ein ungewöhnlich leicht zu beeindruckender Geselle: Als er im Jahr zuvor mit gewaltigem Vorsprung den Izoard hinaufgefahren war, hatte ihn die Angst vor einem Angriff wilder Bären gepackt. Also hielt er an, um auf den Rest des Feldes zu warten. Benehmen wie dieses mag ihn angreifbar für die irrsinnigen Launen Renés gemacht haben: Wir werden nie erfahren, was genau zwischen den beiden besprochen wurde, Tatsache aber ist, dass Lazarides 1947 ebenfalls mit einem Zeh weniger in Paris losfuhr und bis zum Tage seines Ablebens hinkte.

Ich brach mit einem frechen »Weiter so, Männer« aus der Formation aus und bog zu dem Café am Ufer ab. Paul saß unter einem Sonnenschirm, er hatte das Rad an die Kaimauer gelehnt, trug eine Sonnenbrille und genoss die prächtige Aussicht. In einer Hand hielt er eine Flasche Bier, die voll genug war, um seine zweite zu sein, in der anderen – das war mehr, als ich zu hoffen gewagt hatte – qualmte ein Zigarillo. »Das ging schnell«, sagte er mit einem trägen, zufriedenen Lächeln, und ich spürte ein leichtes Bedauern wegen dem, was ich ihm antun würde. Doch das ging schnell vorbei, und ich hörte mich sagen: »Gut, dann hast du ja Zeit für noch eins.«

»Was – Bier oder Zigarillo?«

»Na ja, die Schweiz ist nicht mehr weit, und dann wird alles dreimal so teuer«, sagte ich und blinzelte zu den roten Flaggen mit weißen Kreuzen, die am Grenzübergang in der Ferne schlaff an ihren Masten hingen.

»Am besten beides.«

Evian war zwar auch nicht gerade Detroit, doch nachdem wir die Grenze passiert hatten, war der Kontrast trotzdem erstaunlich. Unsere Reifen rollten über frischen, ebenen Asphalt, und die Felder am Straßenrand sahen aus, als wären sie von Handwerkern penibel mit kleinen Kellen gepflügt worden. Wir sahen eine Stunde lang keinen Müll am Straßenrand, und selbst dann war es eine italienische Bierdose.

Zugleich aber machte das Radfahren weniger Spaß. In Frankreich ist es anerkannte Praxis, Seite an Seite zu fahren, doch während ich mit Paul über dieses und jenes plauderte – zum einen, wie wichtig es ist, beim Radfahren eine Menge Zigarillos zu rauchen, zum anderen, was für zusätzliche Vorteile es bringt, dies in Führung liegend zu tun – wurden wir innerhalb von zehn Minuten gleich viermal wütend angehupt.

Dass die Übeltäter sich ausnahmslos hinter getönten Scheiben versteckten, die von elektrisch verstärkten Beats zum Vibrieren gebracht wurden, war das erste Indiz für eine ungeheuerliche Erkenntnis: Der semi-ländliche Schweizer hält sich für einen lockeren Typen. Im Verlauf der nächsten beiden Tage sahen wir Hunderte von jungen Gockeln, die stolz ihre engen Jeans, hochgekrempelten Ärmel, tollen Haarschnitte und abgedroschenen Oberarschloch-schnurrbärte zur Schau trugen. Außerdem schien jede Stadt ihren eigenen Sex-Shop zu haben, und obwohl wir zuerst an eine einmalige Kundenanfertigung glaubten, überzeugten uns wiederholte Sichtungen davon, dass Volkswagen eine spezielle Edition seines meistverkauften Produktes entwickelt und *Golf Bon Jovi* genannt hatte.

Die Straße stieg langsam an, und ich konnte sehen, wie sich auf dem Rücken meines Domestiken Schweißflecken bildeten, während er an seinen Gängen herumfingerte. Ich machte es mir hinter ihm bequem und erinnerte mich an ein Gespräch, das ich kürzlich geführt hatte. Lediglich mein Pflichtgefühl hielt mich davon ab, meinem Domestiken davon zu erzählen. »Der Col de Mosses? Oooh, das ist ein ganz schöner Brocken. Ich werde ihn irgendwann mal in Angriff nehmen, vielleicht nächsten Juli.« Ich hatte meine Reiseroute am Frühstückstisch mit einem Amerikaner erörtert, der auf irgendeine Weise in die Leitung unseres Hotels eingebunden zu sein schien, aber weil er sowohl älter als auch kahler als ich war, hatte er mich nicht sonderlich beunruhigt. Der Col de Mosses war nur ein Anstieg der zweiten Kategorie: der letzte große Hügel der Tour zwar, aber eben nur ein Hügel.

Wir kletterten durch hübsche, terrassenförmige Weinberge, und halbwüchsige Rennfahrer schlitterten in ihren *Golf Bon Jovi* um die Kehren. Es war eine ganz schöne Plackerei. Pauls Schultern wackelten hin und her, und mir fiel ein, dass er nur vier Stunden geschlafen hatte, und dann erinnerte ich mich meiner eigenen Mühen an meinem ersten großen Hügel in der Nähe von Poitiers, damals, vor so vielen Wochen. Erst später vergegenwärtigte ich mir die ganze Brutalität des Col de Mosses: ein Höhenunterschied von mehr als 1.000 Metern auf 17,5 Kilometern, vielleicht nicht ganz so steil wie einige Anstiege der ersten Kategorie, aber lang gezogener als viele der *Hors Catégorie*.

Als sich die Straße über einer schrecklichen Schlucht an die Felswand zu klammern begann und sich ab und zu unter einem gegen Steinschlag schützenden Betonbaldachin versteckte, musste ich einsehen, dass dies alles ein wenig extremer war, als ich erwartet hattet. Dann machte sie plötzlich einen jähen Bogen, sprang idiotisch über den Abgrund und erreichte über eine bescheidene kleine Brücke die Felswand auf der gegenüberliegenden Seite.

Dass so etwas während der Alpen nicht ein einziges Mal vorgekommen war, war für mich ein Quell verblüfften Entzückens gewesen, doch nun passierte es tatsächlich. Paul hielt mit einem ehrfürchtigen Ausruf an und wühlte in seiner Lenkertasche nach der Kamera. Ich heftete meinen Blick auf das Vorderrad und fuhr schnell auf die andere Seite. Meine Windschattentaktik als Teamkapitän wurde kurzerhand aufgegeben, und ich fuhr unbeirrt weiter, zum Teil bedingt durch Schuldgefühle ob meiner verabscheuungswürdigen Selbstsucht, zum Teil wegen der verzehrenden Angst, nur eine Sekunde eher zurückzuschauen, als dass dieses große Loch im Boden endlich verschwunden war.

Als ich irgendwann einen Blick nach hinten riskierte, war Paul ein kaum mehr lebendiger weißer Punkt vor einem grimmigen Panorama aus Fels und Beton. Wie mickrig er aussah, und was für ein Unmensch ich war. Mir kam in den Sinn, dass dies wahrscheinlich das erste Mal war, dass ich versucht hatte, jemanden auszunutzen, indem ich ihm

Bier und Tabak aufdrängte. Ich hatte seinen Windschatten gekapert und seine Lungen verstopft, und jetzt war er in Schwierigkeiten. Während ich im langen Schatten des Spätnachmittags auf ihn wartete, suchte ich erfolglos nach einer verlogenen Erklärung für mein Verhalten. »Tut mir Leid«, sagte ich, als er schließlich schnaufend zu mir aufschloss, und als er mir einen leicht gekränkten und verwirrten Blick zuwarf, wusste ich, dass das lächerliche Teamtaktik-Spielchen zu Ende war. »Ich werde eine Weile vorne fahren«, fuhr ich fort, »aber in einem vernünftigen Tempo, okay... Es... soll angeblich leichter sein, hinter jemandem zu fahren, heißt es wenigstens, wegen des, äh...«

»Des Windwiderstands«, keuchte Paul, der, wie ich mich später erinnerte, irgendeinen wissenschaftlichen Abschluss hatte, in dem die profunde Kenntnis echter Fakten eine wichtigere Rolle gespielt hatte als in meinem eigenen Universitätskurs, wo allein die pathologisch willkürliche Verwendung der Phrase »auf einer allgemeinen Makroebene« das Bestehen garantiert hatte.

Trotz meiner andauernden Versicherungen, dass dies der letzte nennenswerte Anstieg gewesen sei, zog Paul, als wir die Almen auf der Passhöhe erreichten, ein Gesicht, das nicht das eines Mannes im Urlaub war. Hungrig, müde und mittlerweile völlig durchgefroren überquerten wir Seite an Seite den grünen Gipfel in der Abenddämmerung. Deren bereits fortgeschrittener Zustand erklärte sich, als Paul trocken darauf hinwies, dass meine durch den Nebel am Joux-Plane irreparabel beschädigte Uhr die Zeit um zwei Stunden falsch einschätzte. Es war nach neun Uhr, die bei weitem späteste Zeit, zu der ich bisher auf der Straße gewesen war, und weder zum ersten noch zum letzten Mal wurden wir durch Pauls Mobiltelefon gerettet. Es klingelte, als wir uns auf die Abfahrt begaben, und fünfzehn Minuten später quetschten wir unsere Räder in einer alpinen Parkbucht zwischen schlafende Kinder.

Das Hotel in Châteaux d'Oex war stattlich, aber beängstigend leer, und zeichnete sich durch einen beklagenswerten Mangel an Personal aus. Birna bot sich großmütig als Babysitter an und gab Paul und mir somit die Gelegenheit, allein unter der hohen Decke des Raucherzimmers zu sitzen, auf Sofas so groß wie Hüpfburgen, während uns die türkische Kellnerin mit ein bisschen zu viel Wein versorgte. »Morgen wird es besser«, sagte ich und entfaltete eine große Karte.

»Ja, das wird es«, sagte er, »denn anstatt von hier nach hier nach hier« – er folgte auf der Karte der Route der Tour, die zuerst nach Westen Richtung Lausanne und dann hinauf zum Murtensee verlief – »werden wir hier entlangfahren.« Und mit der natürlichen Autorität eines erfahrenen Entscheidungsträgers verband er Start und Ziel des morgigen Tages mit einer geraden Linie.

»Bestens«, sagte, oder besser: rülpste ich. Paul hatte seine Zeit als Domestike abgedient. Das Gleichgewicht der Kräfte pendelte sich neu ein, und ich hatte nicht vor, Widerstand zu leisten.

Am nächsten Morgen kam ich mit blutverschmiertem Gesicht zum Frühstück. Sonnenverbrannte Narben auf Nase und Lippen waren durch den frostigen Nebel auf dem Gipfel am Vorabend aufgerissen und nässten nach wie vor, als ich mich mit dem Appetit des leicht Verkaterten über das Büffet hermachte. Ich begutachtete den Tisch, der unter der Last von gekochtem Fleisch, Cerealien, Obst und Käse ächzte, und erkannte, wie armselig das Frühstück in Frankreich war, wo man selbst in besseren Hotels lediglich ein paar Croissants und Konservenfutter bekam. Frühstück war ein Aspekt auf der – seien wir ehrlich – ziemlich kurzen Positivliste der Schweiz. Die einzigen weiteren Einträge, die ich bislang verzeichnen konnte, waren die hübschen kleinen Gipfel auf den Nummernschildern sowie saubere öffentliche Bedürfnisanstalten, die nicht mit dreisten Spannern bevölkert waren – vielleicht etwas überraschend in einem Land, das Oscar Plattners *Flying Circus* hervorgebracht hat.

Groggy von zu vielen Kalorien, einigten wir uns auf einen Treffpunkt und überließen meine Familie an ihrem letzten vollen Urlaubstag ihrem Schicksal. Paul und ich hatten einen herrlichen Morgen, genauer gesagt: einen herrlichen Tag. Eine endlose Parade von im Sonnenschein liegenden, glucksenden Bächen, wilden

Blumen und Rückenwind, rehäugigen Kühen auf saftigen Weiden und rehäugigen Blondinen in Mercedes Cabriolets. Wir jagten Schmalspur-Eisenbahnen durch Schmalspur-Dörfer und fuhren mit solch einer Leichtigkeit dahin, dass wir erst, als wir in Bulle die Tour-Route verließen und einen Blick zurückwarfen, bemerkten, dass es keine Schluchten und Gipfel und auf Felsen erbaute Burgen mehr gab.

»Ich glaube, das war's mit den Alpen«, sagte Paul und hatte Recht. Mir war nicht bewusst gewesen, wie flach weite Teile der Schweizer Landschaft sind. Während der nächsten beiden Tagen konnte man ihr nichts Schlimmeres nachsagen, als dass sie ein wenig wellig war. Mit dem Verschwinden der Berge kamen die Radfahrer zurück, und wieder waren es überwiegend Rentner, an denen wir in unserer neuen Teamformation in einer demütigenden Weise vorbeirauschten, die Paul ziemlich unhöflich fand.

»Fressen und gefressen werden, so ist es mit diesen alten Säcken«, behauptete ich vollmundig, während wir an einem Brunnen in Payerne große Fleischstücke verspeisten. »Gib ihnen den kleinen Finger, und sie nehmen die ganze Hand.«

Er sah mich so an wie in dem Moment, als ich ihn auf dem Col de Mosses zurückgelassen hatte, dann bestellte er noch zwei Bier.

Die Schweizer ziehen es im Allgemeinen vor, überhaupt nichts zu sagen, aber von denen, die es doch tun, sprechen nur 18 Prozent Französisch. Es war wenig überraschend, dass die Tour vor allem durch deren Territorium führte, und die Orte, durch die Paul und ich in den letzten eineinhalb Tagen gefahren waren, pflegten meist mit *La* oder *Le* zu beginnen und hatten haufenweise spitze *Accents*. Murten schien eine Art Grenze zu markieren. Dahinter lag ein Meer aus »achs« und Umlauten, inklusive eines sorglos übermäßigen Gebrauches des Buchstaben »z«. Kurz davor war alles durcheinander geraten – es hatte Dörfer gegeben, die Französisch begannen, zum Ende hin aber die Nerven verloren: La Corbaz, Greng, Faoug.

Murten selbst lag direkt an der Front, und die Deutschsprachigen hatten gewonnen. Entlang sorgfältig erhaltener mittelalterlicher

Straßen stach zwischen Hexenhuttürmen, gotischer Schrift und gefliesten Fischgeschäften eine verrammelte Ladenfront heraus. »BOUCHERIE/CHARCUTERIE« stand auf dem vergoldeten Glasschild darüber, doch der Rost von Jahrzehnten hatte die Vorhängeschlösser der Fensterläden zerfressen und alles war mit Spinnweben übersät. Der Metzger war offensichtlich der letzte Franzose von Murten gewesen, und man war versucht, sich vorzustellen, wie er von einem aufgebrachten teutonischen Mob aus der Stadt gejagt worden war. Doch das war nicht die Schweizer Art.

Schon den ganzen Tag über hatte ich überrascht festgestellt, dass die Dörfer der französischen Schweiz ihre Besucher mit diesen blauen Schildern begrüßen, auf denen die Sterne der Europäischen Union leuchten. Bisher hatte ich angenommen, dass sich die Schweiz mit ebenso hoher Wahrscheinlichkeit um eine Mitgliedschaft in der EU bemühen würde wie darum, Startpunkt der nächsten Segelregatta rund um die Welt zu sein. Aber nun waren da diese Schilder, mutmaßlich ein Symbol der tiefen soziokulturellen Schlucht, die jede französischsprachige Gemeinde von ihrem dominanten deutschsprachigen Gegenüber trennte. In fast jedem anderen Land hätte dies zu einer hässlichen Orgie ethnischer Säuberungen geführt, hier beließ man es bei einem leichten Klaps mit dem politischen Staubwedel.

Das Hotel war exzellent, zum Teil wegen der Türmchen und Steintreppen und der Terrasse, von der aus man einen schönen Blick auf den Sonnenuntergang über dem Wasser hatte, hauptsächlich aber, weil sich in meinem Zimmer ein riesiges rundes Bett mit Stereoanlage befand, das in eine Art Kaminecke aus Kalkstein und Leder-Imitat eingepasst war. Die Inhaber waren derart stolz auf dieses herrlich deplatzierte Einrichtungsstück, dass sie ein großes Foto davon an ihrem verliesähnlichen Haupteingang angebracht hatten. »Etwas fehlt auf diesem Bild«, frotzelte die mehrsprachige Bildunterschrift, gefolgt von einem schrillen »Sie!«, was Bilder von *Uncle Sam* heraufbeschwor, wie er erschrockene Hochzeitsreisende die Treppe hinauf aufs eheliche Schlachtfeld führte.

Ausgestreckt wie ein toter Mann, war ich in meinen Klamotten vor dem Fernseher eingeschlafen, als meine Familie hereinkam. »Baron Austin von Powers, nehme ich an?«, witzelte Birna, und als ich schläfrig in die glücklichen Gesichter der Kinder sah, während am Fußende des Bettes der Moderator der österreichischen Ausgabe von »Wer wird Millionär?« sein Unwesen trieb, wusste ich, dass sie ihren Tag genossen hatten, und, mehr noch, dass sie erleichtert darüber waren, dass es ihr letzter gewesen war. Wie ich atemlos informiert wurde, hatte man den größten Teil des Nachmittags in einem Wasserrutschenpark verbracht, und mir wurde klar, dass derlei Aktivitäten öfter hätten auf dem Programm stehen sollen. Birnas Geste, die Kinder nach draußen zu bringen, war das Netteste, was jemand seit vielen Jahren für mich getan hatte, aber letztlich ist es kein Zufall, dass Cliff Richard, als er von einer Fahrt in den Sommerurlaub sang, seine lyrische Inspiration unbeschwertem Strandvergnügen und nicht den Leiden eines gefolterten Elternteils verdankte.

Im Restaurant bestellten wir ein kleines und kostspieliges Abendessen, das uns von einem netten Mädchen aus Norwich serviert wurde, das gerade lange genug in der Schweiz war, um einen australischen Akzent anzunehmen. In den letzten eineinhalb Tagen hatten keine von uns befragte Menschenseele gewusst, dass die Tour bald an ihrer Haustür vorbeikommen würde, und auch die Kellnerin machte da keine Ausnahme. »Na, das wird nett, all diese durchtrainierten Beine zu sehen«, sagte sie und warf einen frechen Blick auf Paul. Dann schaute sie mich eindringlich an und verkündete von oben herab: »Obwohl die natürlich alle unter Drogen stehen.«

Wenn es jemanden gibt, der meine Kinder darin übertrifft, bei Sonnenaufgang unnötig Lärm zu machen, dann ist es mit Sicherheit der deutschsprachige Teil der Weltbevölkerung. Mir war es, als hätte ich Valdis gerade erst in einer schalldichten Gruft aus Eiderdaunen und Kunstleder beigesetzt, als auf dem Kopfsteinpflaster vor unserem Fenster eine gewaltige, misstönende Sinfonie menschlicher wie maschineller Aktivität ertönte. Ich zog ein verkrustetes Augenlid hoch und blinzelte wimmernd zur Uhr unter dem Fernseher: Es war 6:49 Uhr. Kurz darauf öffnete Kristjan die Fensterläden und lugte hinaus. War die mittelalterliche Hauptstraße in ein Einkaufszentrum aus Glas und Stahl verwandelt worden? Stand auf dem Parkplatz ein nagelneuer Flugzeugträger? Nein. »Ich glaube, da ist ein Mann, der die Mülltonnen streicht.« Und so war es.

Der Abschied von meiner Familie war liebevoll, aber hektisch – hätte Birna nicht ein Machtwort gesprochen, hätten sie bestimmt ihren Eurostar in Paris verpasst – und Paul lieferte eine weitere tadellose Vorstellung als Anstandswauwau ab. Auch auf die Gefahr hin, mit einem Damenschuh vermöbelt zu werden, muss ich festhalten, dass einer der traurigsten Aspekte ihrer Abreise die feierliche Wiederkehr meiner Satteltaschen war. Ich schaffte es zwar, Teile meiner Ersatzkleidung und einige *Procycling*-Ausgaben auszulagern, aber dennoch war es nach wie vor eine deprimierende Erfahrung, auf das ZR zu steigen.

»Das wäre ein Spaß in den Alpen geworden«, sagte ich zu Paul und prüfte das Gewicht, indem ich mühsam das Hinterrad anhob. Er kam und probierte es ebenfalls, dann radelten wir über die Pflastersteine davon.

»Wir können tauschen, wenn du willst«, sagte er.

»Okay«, entgegnete ich. »Wir tauschen, wenn wir das nächste Mal anhalten.«

Bevor wir Murten verließen, hielten wir an einem Lebensmittelladen und Paul ging hinein, um Wasser zu kaufen. Während ich mit den Rädern unter einer Markise wartete und die Thermometer an Banken und Apotheken schon jetzt 28 Grad anzeigten, fragte ich mich, was er mit seinem Angebot gemeint hatte. Ich schob eine Hand unter seinen Gepäckträger und hob das Rad hoch. Oder vielmehr, es blieb beim Versuch. Jesus. Sein Rad präsentierte sich ziemlich offensiv als eines der Marke Saracen, und Pauls keuchende Bemerkungen darüber, dass es wie der gleichnamige Panzer gebaut sei, erhielten plötzlich eine ganz andere Tragweite.

»Sollen wir gleich hier tauschen?« Paul schritt beherzt in Richtung des ZR und nahm dessen schlanke Teile aus Leichtmetall gierig unter die Lupe.

Ohne ihn direkt wegzustoßen, krallte ich rasch beide Arme um den Lenker und faselte etwas von der Schwierigkeit, den Sattel neu einzustellen.

»Kein Problem«, sagte Paul mit einem gezwungenen Lächeln. »Dann eben heute Mittag.«

Auf einem sanft auf und ab schwingenden Radwanderweg in Richtung Solothurn übernahm ich die Führungsarbeit und stellte bald fest, dass sich Pauls Rad nicht nur bergauf quälte, sondern dass er auch bergab und in meinem Windschatten in die Pedale treten musste, um den Anschluss nicht zu verlieren, während ich es im Freilauf rollen ließ. Unsere gesamte Radfahrbeziehung hatte sich auf die unausgesprochene Annahme gegründet, dass ich viel besser als er war. Nun sahen wir beide, dass davon nicht die Rede sein konnte.

Ich fühlte mich ähnlich bloßgestellt wie damals, als Kristjan herausgefunden hatte, dass Papa nicht mit Lance Armstrong um das Gelbe Trikot fahren würde, und wusste, dass Pauls alsbaldige Gehorsamsverweigerung unvermeidlich war. Als zu unserer Linken jenseits des breiten und trägen Flusses Aare ein kleiner Gebirgszug auftauchte, rief ich nach hinten: »Das müssen die Ausläufer des Jura sein.« Von hinten kam ein leises Geräusch, die Sorte trostloses Brummen, die ich von mir gebe, wenn mir jemand etwas über Pferderennen erzählt.

Wir befanden uns jetzt inmitten jener ländlichen Vororte, auf die diese Nation spezialisiert zu sein schien, mit geleckten Rasenflächen und ferngesteuerten Garagentoren. »Das Wort ›*Jurassic*‹ ist von Jura abgeleitet«, fuhr ich ungerührt fort und ignorierte ein weiteres schwaches Winseln, »wegen der... na ja, wegen der alten Steine.«

Ein Mann mittleren Alters im Trainingsanzug wickelte sorgfältig Absperrband um ein frisch gejätetes Blumenbeet, was mir dann doch übertrieben schweizerisch vorkam. Schulkinder und Mütter schritten ruhig und korrekt einher, und ich stellte fest, das die ganze

Szenerie etwas vom Modell eines Architekten hatte: das unnatürlich grüne Gras und die brutal auf Linie gebrachte Vegetation, chromblitzende, rechtwinklig eingeparkte BMWs, ordentliche Menschen in ordentlichen Häuser. Der Architekt Le Corbusier ist in der Schweiz geboren worden, und daher muss man es ihm vielleicht nicht allzu sehr ankreiden, nicht vorausgesehen zu haben, dass sich die Bewohner seiner verhängnisvoll einflussreichen Betonsilos in der restlichen Welt nicht wie Schweizer verhalten würden, und stattdessen lieber mit ihrer Umgebung interagierten und in Fahrstühle pinkelten oder Fernseher von den Dächern warfen.

Ähnliche Gedanken beschäftigten mich auch regelmäßig, wenn ich meiner Leidenschaft für das Frühstücksfernsehen der Schweiz frönte, wobei es sich um Livebilder fest installierter Kameras von Gebirgswetterstationen handelte, menschenleer und mit Akkordeongejodel unterlegt. Versuchen Sie das in Großbritannien, und nach zwei Tagen schleichen sich Studenten ohne Hosen ins Bild. Und nach dreien gibt es einen blutigen Volksaufstand.

»Der Architekt Le Corbusier...«

»Warum machst du das immer?«

»Entschuldige, ich versuche nur... ich wollte nur sagen, dass...«

»Nein – das. Du hast es gerade wieder getan.«

»Was?«

Ich schaute mich um, und Paul warf mir einen gequälten Blick zu, dann wisperte er: »Spucken.«

Wie scheußlich und wie wahr. Nach einer Stunde auf dem Rad ergriff mich stets das dringende Bedürfnis, auszuspeien, und obwohl ich mich in den ersten Tagen noch vergewissert hatte, dass keine Zeugen in der Nähe waren, bevor ich lange Speichelfäden in die Hecken absonderte, hatte wiederholter Kontakt mit rotzenden Franzosen und der Fernsehblick auf den gesammelten Schleim des Giro-Pelotons zu einer gewissen Gleichgültigkeit geführt. Nach drei Wochen merkte ich nicht mal mehr, was ich da tat.

»Aber jeder Sportler...«, fing ich an, brach ab und fing wieder an. »Okay, ich weiß, es ist nicht toll, aber es ist so wie... na ja, so wie... ich würde nicht auf einem französischen Klo sitzen wollen, aber in der Schweiz...«

Ich hatte absolut keine Ahnung, was ich zu sagen versuchte, aber was auch immer das war, es hätte zweifellos nichts geholfen.

»Ach, Tim«, sagte Paul sichtlich bestürzt, »bleib mal schön auf dem Teppich.«

Wir machten Mittag an der Barockkathedrale in Solothurn und sahen Studenten dabei zu, wie sie wacklig über das Kopfsteinpflaster radelten. Bier und Pasta wurden nach einer Ewigkeit gebracht und stellten sich leider als unzureichend heraus, also aßen wir rasch auf, gingen zum Nachbarrestaurant und bestellten das Gleiche noch einmal, ein Vorgang, der von unserer ersten Kellnerin mit Interesse verfolgt wurde.

Als wir fertig waren, hatte Paul eine Besessenheit für einen Mann mit nacktem Oberkörper entwickelt, der eine kurze Jeanshose trug, wie man sie normalerweise mit Blondinen auf Werkstattkalendern in Verbindung bringt, und die Gesichtsbehaarung von Privatdetektiv *Magnum* zur Schau stellte. Zwanzig Minuten lang klapperte er die Verkaufsstände auf der anderen Straßenseite ab, begutachtete nachdenklich Plastiksandalen und strich sich mit der Hand über den Rumpf.

»Für wen zum Teufel hält er sich?«, fragte Paul. Anfällig, wie ich nun mal bin, mich mit den Neurosen anderer zu infizieren, war ich in Bezug auf abfällige Bemerkungen bald die treibende Kraft. Als der Mann die Fäuste in die Hüften stemmte und den Himmel über der Kathedrale mit einem anhaltenden, starren Blick fixierte, wusste ich, dass es sehr wichtig war, die Schweiz schnell zu verlassen.

Das mussten wir sowieso. Ich hatte mich in den letzten eineinhalb Tagen wie ein Despot aufgeführt und Paul weitergetrieben, wenn er anhielt, um Fotos zu machen – getrieben von einer durch dreiwöchiges Dauerradfahren entwickelten, Kilometer fressenden Rastlosigkeit. Aber er hatte am nächsten Morgen seine Maschine am Baseler Flughafen zu erreichen, was bedeutete, dass wir noch an diesem Abend dort ankommen und deshalb weitere 90 Kilometer fahren mussten. Das war mehr, als ich je an einem einzigen Nachmittag geschafft hatte, aber das würde ich ihm nicht auf die Nase binden, genauso wenig, wie ich ihn daran erinnern würde, dass wir die Räder tauschen wollten.

Die Straße bog in Richtung des Fußes des Jura-Gebirges ab, führte aber glücklicherweise nur über den großen Zeh. Die Côte de Oberer war lediglich ein Hügel der dritten Kategorie, stellte sich aber trotzdem als steil und heiß genug heraus, dass wir von drei Teenagermädchen überholt wurden, die sich nur durch eine idiotische Anstrengung wieder einholen ließen. Aber die Abfahrt war ein Kracher: Wir rasten auf eine Ebene von prärieartigen Ausmaßen zu, kamen in den Windschatten eines Mopeds, warteten, bis dessen Motor zu stottern anfing, zogen glanzvoll vorbei und versohlten ihm den Zweitakter-Arsch bei 60 km/h.

Ich hielt vermutlich noch immer diese Geschwindigkeit, als irgendein Insekt unversehrt unter mein offenes Trikot geriet, und bevor ich es durch fieberhaftes Schlagen und Kratzen erlegen konnte, gelang es ihm, mich an zwei Stellen zu stechen. Nachdem ich an einer Tankstelle mit quietschenden Reifen zum Stehen gekommen war, riss ich mir fast sämtliche Kleider vom Leib und fuhr fort, mir wie ein gequältes Alter Ego des frühen *Hulk* die Haut abzuziehen. Als Pauls Heiterkeit nach einer Weile soweit unter Kontrolle war, dass er wieder verständlich sprechen konnte, beschrieb er in aller Ausführlichkeit die denkwürdigen Gesichtsausdrücke, die dieses Spektakel vorbeifahrenden Autofahrern entlockt hatte.

Auf dem Gipfel hatte ich in einem Hotel in der Nähe des Baseler Flughafens angerufen und mit einem durchtriebenen kleinen *Beavis* gesprochen, der jeden Satz mit einem Kichern begann, das so abstoßend war, dass ich es nicht über mich brachte, ihn nach dem Weg zu fragen. Die Dummheit dieses Versäumnisses machte sich bemerkbar, als wir bei Sonnenuntergang um acht Uhr durch die endlosen industriellen Vorstädte Basels kurvten. Uns steckten eine Menge Kilometer in den Knochen – 125, um genau zu sein, und zweifellos würden noch ein paar dazukommen – und der Spaß war uns schon vor einer ganzen Weile vergangen. Durch Unterführungen und Kreisverkehre, an Rangierbahnhöfen entlang – es gab nicht viel zu sehen und nicht viel zu reden.

Von Straßenbahnen bedrängt und Lastwagen schikaniert, hatten wir uns bald verirrt. Da ich bereits eine engere Beziehung zu unserem heutigen Hotel aufgebaut hatte, egal wie unbefriedigend sie bisher verlaufen war, lag es an mir, die Sache in die Hand zu nehmen. So griff ich mir widerwillig Pauls Mobiltelefon und vergegenwärtigte mir meine ganze Routine als Nicht-Entscheidungsträger. »Höhöhöhö...«, gackerte *Beavis* beinahe unhörbar, da wir an einer lauten Kreuzung standen. »Kirche... höhöhö... Straßenbahn... höhö...«

»Hören Sie zu«, schrie ich durch das Freitagabend-Getöse von tausend *Golf Bon Jovi*, »wir sind an der Kreuzung von...« Ein hoffnungsloser Blick auf den achtspurigen Verkehr. »...wir sind an einer großen Straße mit... Hallo...? Hallo???«

Paul schaute mich erwartungsvoll an. »Kirche – Straßenbahn«, verkündete ich selbstsicher und in einem Tonfall, der klarstellte, dass ich meinen Teil getan hatte, und es jetzt an ihm war, aus dieser kryptischen Aussage schlau zu werden.

Irgendwie wusste ich, dass er es schaffen würde, aber es wäre nett gewesen, wenn er wenigstens etwas länger dafür gebraucht hätte. Sechs Minuten später kicherte *Beavis* angesichts unserer Passbilder, zwanzig weitere Minuten später ließen wir uns nieder, um das erste von vielen Gläsern Rotwein zu uns nehmen, warteten auf ein *Châteaubriand* und waren auf dem bestem Weg zu einem Aufsehen erregenden Grad rauschhaften Frohsinns.

Wir tranken auf die 313 Kilometer, die wir in drei Tagen bewältigt hatten, auf den Sonnenuntergang, der die Fachwerk-Spielzeugstadt um unsere Terrasse herum vergoldete, auf die glänzende kleine Straßenbahn, die vorsichtig um den mit Blumen geschmückten Kreisverkehr schepperte, und auf Basels fein herausgeputzte Bürger, die sich ordentlich hintereinander aufstellten, um in die Bahn einzusteigen. Wir tranken auf die Beine des jeweils anderen, Paul auf meine gemeißelten Waden, ich auf seine schleppkabeldicken

Archillessehnen, und wir tranken auf unsere elastischen Arschbacken. »Ich habe vergessen, dir zu sagen, dass du Savlon auf dein Perineum schmieren musst«, sagte ich, und auf dieses Versehen tranken wir den herzhaftesten Schluck von allen.

Einer der wenigen Vorteile des ganztägigen Radfahrens ist, dass man danach meist unvernünftige Mengen Alkohol zu sich nehmen kann, ohne einen Kater zu produzieren. Einer der vielen Nachteile ist, dass dies gleichwohl nicht unmöglich ist.

Als ich am späten Abend noch meine Kleidung ausgespült hatte, hatte ich das Badezimmer umfassend geflutet, da es mir nicht gelungen war, herauszufinden, wie man beim Waschbecken das Wasser abließ. Am nächsten Morgen entdeckte ich, dass diese Operation mit Hilfe eines robusten Stabes unter dem Bassin durchgeführt wurde, und dass der einzige Weg, diesen Stab aufzuspüren, darin bestand, mit dem Hodensack dagegen zu stoßen. Die Familie war mit meiner Zahnpasta abgehauen, was mich zu einer unbefriedigenden Improvisation mit zerbröselten Rennies nötigte, und der Bund meiner Shorts war immer noch triefend nass.

Feucht und gebeugt nahm ich im Frühstücksraum Platz, wo eine Kellnerin *»Jacques! Deux oeufs!«* in eine Gegensprechanlage bellte, obwohl ich nicht wusste, für wen die hätten sein sollen, da der einzige andere Gast ein gigantischer Keramikhase war. Ich weiß nicht, was mit den Schweizern los ist, aber als ich dieses auffällige Stück sah, erinnerte ich mich, dass beide vorigen Hotels eine ähnliche Menagerie aufzuweisen gehabt hatten: ein Bernhardiner aus Porzellan am Empfangsschalter des Châteaux d'Oex, ein gläserner Schäferhund, der das Treppenhaus in Murten bewachte. Der Hase spielte allerdings in einer anderen Liga. Er war nicht nur surreal überdimensioniert – locker so groß wie ein gut genährter Zirkusseehund – sondern auch eindrucksvoll mit einer riesigen Blumengirlande dekoriert, die man ihm nach Art einer hawaiianischen Kette um den glänzenden braunen Hals geworfen hatte. Sein eingefrorener, frustrierter Blick machte deutlich, dass er sich sowohl dieses erniedrigenden Accessoires, als auch seiner eigenen Unfähigkeit, es zu entfernen, bewusst war.

Bei dem Hasen handelte es sich um jene Art Objekt, bei der man zwangsläufig auf dumme Gedanken kommt, und bevor Paul sich einfand, versuchte ich, über seinen Erwerb zu verhandeln.

»Ich muss ihn haben«, sagte ich zur Kellnerin, starrte sie mit der blassen Eindringlichkeit des Verkaterten an und deutete starr auf die Bestie. »Wenn ich ihnen nun sagen würde«, zitierte ich meinen Lieblingsspruch aus *Antiques Roadshow*, während sie verlegen zu lächeln begann, »dass ein minderwertiges Exemplar kürzlich für 68.000 an einen konkurrierenden Sammler verkauft wurde...« Dann hielt ich inne, denn ich entnahm dem Ausdruck der Kellnerin, dass das Charisma des Hasen sie zwar keineswegs zum ersten Mal nötigte, mit einem wenig witzigen Gast zu verhandeln, dass dies aber noch nie in englischer Sprache passiert war. Also sagte ich lieber: »*Deux oeufs, s'il voux plait.*«

Paul traf ein, und wir machten uns mit überschaubarer Begeisterung über *Jacques' oeufs* her. Unsere Räder hatten die Nacht auf einer Kegelbahn im Hotelkeller verbracht, und als ich das ZR die Treppe hinauftrug, schlug Paul vor: »Wir könnten hier die Räder tauschen – bis zum Flughafen ist es nicht weit.«

»Wie bitte?«, rief ich viel zu laut und radelte eilig los, ohne mich einzuhaken.

Der Baseler Flughafen befand sich hinter der französischen Grenze, folglich standen mir 90 Minuten Dreck am Straßenrand und herzliche Verabschiedungen bevor, bevor ich über den Rhein nach Deutschland fahren würde, zum ersten Mal seit den Pyrenäen allein auf der Straße. Als wir Pauls Rad mehr schlecht als recht mit Gepäckband und Pappe mumifiziert hatten, befiel mich plötzlich eine tiefe Melancholie, das Los des Weintrinkers am Morgen danach.

»Du hast nur noch 500 Kilometer vor dir«, sagte Paul aufmunternd, als wir das Ende der Schlange am Check-In erreicht hatten.

Ich nickte, brachte aber nur ein halbherziges Lächeln zustande. Wir gaben uns die Hand, und ich dankte ihm zum wiederholten Male.

Als er dann sein eingesargtes Saracen zum Schalter für übergroße Gepäckstücke schleppte, rief ich kleinlaut: »Hey – jetzt können wir die Räder tauschen.«

## Fünfzehn

Deutschland tat sein Bestes, um mich zu trösten, mit blauem Himmel, Kirschbäumen und unglaublich billigen Lebensmittelläden, aber ich hätte das alles gegen Rückenwind eingetauscht. Am westlichen Rand des Schwarzwaldes – die Straße führte auf der Karte direkt durch das »S« – war es noch nicht so schlimm, weil Bäume und Hügel mir Schutz boten, doch die letzten 35 Kilometer bis Freiburg im Breisgau waren zermürbend. Freiburg ist die Heimatstadt von Jan Ullrich, Deutschland bestem Radfahrer und gewissermaßen der Nummer Zwei auf der Welt hinter Lance Armstrong, und nach der Ignoranz und Teilnahmslosigkeit der Schweizer tat es gut, wieder unter Bekehrten zu sein. Ein selbst gemaltes Plakat in einem Maisfeld tönte »Hier kommt sie durch! Tour de France am 20. Juli 2000 ab 11 Uhr!«, und den ganzen Nachmittag über kamen mir ambitionierte Radfahrer mit dem Wind im Rücken entgegen.

Falls es die Franzosen interessiert, warum sie in den letzten fünfzehn Jahren keinen Tour-Sieger mehr hervorgebracht haben, empfehle ich ihnen, Freiburg einen Besuch abzustatten. Auf dem Weg in die Stadt fiel mir auf, dass die Radfahrer in der Regel nicht dreißig Jahre älter, sondern zehn Jahre jünger waren als ich, und als ich ins Stadtzentrum rollte, gab es am Hauptbahnhof die größte Ansammlung abgestellter Fahrräder, die ich außerhalb einer Dokumentation über China jemals gesehen hatte. Drei an jeder Parkuhr, fünf an jedem Baum – es waren Zehntausende, ein deutliches Indiz für eine pulsierende und jugendliche Fahrradkultur.

Das riesige Meer an Fahrrädern war das Beste an Freiburg – ehrlich gesagt, machte ich sogar Fotos davon. Ansonsten gab es eine Hänsel-und-Gretel-Kathedrale, einige uncharakteristisch schmuddelige Straßen aus dem 19. Jahrhundert und eine gedämpfte Atmosphäre, die eher an einen Sonntagnachmittag denn an einen Samstagabend erinnerte. Das Zentrum war wahrscheinlich im Krieg dem Erdboden gleichgemacht worden, aber es sah so aus, als hätte man gerade erst damit begonnen, es wieder aufzubauen. Bürogebäude mit bronzefarbenen Fenstern wechselten sich mit großen unbebauten Grundstücken ab, und über dem mit Baugerüsten vernagelten Bahnhof erhob sich ein vielstöckiges Hotel, das so neu war, dass die Knöpfe am Fahrstuhl noch mit Folie beklebt waren. Ich weiß das, weil ich dort eincheckte – für fünfzig Pfund die Nacht, aber ich hatte keine Lust, etwas anderes zu suchen – und weil die besagten Knöpfe nicht mit den üblichen nach oben beziehungsweise unten zeigenden Pfeilen gekennzeichnet waren, sondern mit den Worten »Auf« und »Ab«, was mir genauso wenig sagte wie den anderen mutlosen Zufluchtsuchenden, die ich vom Keller zur achten Etage und wieder zurück begleitete.

Ich duschte, zog mich um und wanderte in einen Abend hinaus, der nach einem sich zusammenbrauenden Unwetter roch. Ein Restaurant im amerikanischen Stil versprach »Live Euro Fußball und Great Bier«. Am Ende blieb es beides schuldig, doch das war mir egal. Ich war müde und morgen würde ein großer Tag werden: das Zeitfahren, allein gegen die Uhr, *Contre le Montre*. Da würde sich auf 58,5 flachen Kilometern erweisen müssen, aus welchem Holz ich geschnitzt war und inwieweit die Berge meine physische und mentale Stärke verbessert hatten. Mit meiner Familie oder Paul um mich herum war ich gelegentlich abgelenkt gewesen, aber nun war ich ganz auf mein Ziel fixiert. In dieser Nacht war es nicht rauschendes Schmelzwasser, das mir mein Wiegenlied sang, statt dessen waren es Güterzüge, Bahnhofsdurchsagen und die gequälten Schreie Verrückter. Das machte mir nichts aus. Keine Moskitos, kein Rosé, keine urlaubstypischen Ablenkungen. Und ich war in Deutschland. Das allein reichte aus, um die Gedanken zusammenzuhalten. In Deutschland entwickelt man keine Urlaubsgefühle.

Wenn die Tour bis hierhin noch nicht entschieden wäre, dann spätestens nach dem Zeitfahren. Man nennt es den Moment der Wahrheit – keine taktischen Spielchen, keine Wasserträger, hinter denen man sich verstecken kann, nichts als ein leichtes Spezialrad, ein dämliches, aerodynamisch vorteilhaftes Ganzkörperkondom und etwas mehr als eine Stunde jenseits der Schmerzgrenze.

Ich schlief dreizehn Stunden und schaufelte beim Frühstück einen Berg von Fleisch und Eiern in mich hinein, inmitten einem Haufen Deutscher in Jogginganzügen. Ich nahm diese Sache ernst. Ich markierte die Route auf der Karte: den Rhein hinunter zurück nach Süden, dann rüber nach Frankreich und bis Mulhouse. Ich holte das ZR aus dem Abstellraum, dehnte mich und schlug mir auf die Beine, um meine Muskeln zu lockern. Dann ging ich zur Rezeption und zerschmetterte eine kupferne Leselampe. Das war nicht nur peinlich, sondern störte auch meine Konzentration. »Es tut mir sehr Leid«, sagte ich zur Empfangsdame, während sie mit einer Postkarte, auf der die Kathedrale abgebildet war, die Splitter einer Energiesparbirne zu einem Häufchen zusammenkehrte. »Ich weiß wirklich nicht, wie das passieren konnte.« Sie demonstrierte es mir unverblümt mit einem Zeitlupenschwung ihres Ellenbogens. »Danke sehr«, sagte ich, »jetzt weiß ich es.«

Ich hatte gehofft, dass der Wind vom Vortag anhalten und mich die Auen hinunterblasen würde, aber er hatte sich zusammen mit der Sonne verzogen. Es war einer dieser Saunatage, still und schwül. Die Luft war derart abgestanden, dass sie einem wie schon einmal gebraucht erschien, und sie war so dick, dass sie den Lärm des nahen Verkehrs aufsaugte und zu einem gedämpften Rauschen filterte. Ich fuhr langsam einen Radweg entlang und hielt gelegentlich nach Flaggen Ausschau, die anzeigen würden, dass ich den Leopoldring erreicht hatte, den Ort, wo die Etappe begann. Doch als ich beim Überqueren einer Kreuzung aufsah, stellte ich fest, dass Leopoldring der Name einer Straße war, und dass ich mich bereits auf dieser Straße befand. Verdammt! Es war, als würde man zu spät zu einer Prüfung erscheinen. Ich bekam einen Adrenalinstoß, raste viel zu schnell los und musste gleich an der nächsten Ampel brutal bremsen. An einer Ampel warten - das war nicht sehr professionell. Demnächst, so schwante mir, würde ich auch noch meinen Scheißarm ausstrecken müssen, um die Richtung anzuzeigen. Es dauerte weniger als eine Minute, bis es soweit war.

Ich platzte beinahe vor Wut und schlängelte mich durch die Stadt bis zu einem Radweg. In Frankreich hatte es die kaum gegeben, aber da man dort Radfahrern auf den Straßen die gleichen Rechte einräumte wie Autofahrern, waren sie eigentlich auch unnötig. In Deutschland und der Schweiz aber gab es überall Radwege, und die Autofahrer hassten es, wenn man nicht darauf fuhr. Meistens benutzte ich sie auch, doch leider hatten sie die Angewohnheit, sich in den Wald zu verabschieden oder selbst noch so kleine Kreuzungen weiträumig zu umfahren, und da meine Durchschnittsgeschwindigkeit auf lächerliche 22,9 km/h gesunken war, waren zusätzliche Kilometer das Letzte, was ich brauchen konnte. Ich hatte bei meinem Prolog 27,7 km/h erreicht, und wenn ich jetzt nicht mehr drauf hatte als damals, wäre alles vergebens gewesen.

Als ich fern der Kreisverkehre und Ampeln über flache Felder und durch stickige Wälder fuhr, machte ich Fortschritte. Ich schuftete im höchsten Gang und fing an, Metall zu schmecken, behielt aber meinen Rhythmus. Ich hatte auf durchschnittlich 26 km/h beschleunigt, als ich in noch wesentlich höherem Tempo um eine Kurve fuhr und unvermittelt sah, dass der Weg von zwei auf Campinghockern sitzenden Mädchen blockiert war. Um es kurz zu machen: Ich kam zum Stehen. Diejenige der beiden, die verwegen genug gewesen war, sich nicht rücklings von ihrem Hocker zu stürzen, blickte auf das dreckige, heiße Rad vor ihrem Gesicht, dann auf den Piloten. »Sorry«, keuchte ich und bemerkte zum zweiten Mal innerhalb einer Stunde, wie unhöflich es war, sich in einer fremden Sprache zu entschuldigen.

Einen sehr kurzen Moment lang versuchte ich, die etwa ein Dutzend mir bekannten deutschen Wörter zu einer der Situation angemessenen Frage zu kombinieren, war aber erst bis zu »Schnell,

Herr Kapitän: Vorsprung durch Technik!« gekommen, als vor uns ein träges Peloton auftauchte. Als die in Führung liegenden Fahrer an uns vorbeirauschten und in Richtung eines benachbarten Gewerbegebietes abbogen, machten die Mädchen Kreuze und schrieben Nummern auf. Ich schloss daraus, dass es sich um eine Art offizielles Radrennen handelte und nahm die Verfolgung auf.

Ich trat wie ein Wahnsinniger in die Pedale, hetzte an den Nachzüglern vorbei und erreichte 45 km/h, als ich hinter den letzten Industrieanlagen die Spitze des Feldes erreichte und drei Beinrasierte in identischen Trikots abfing. Die ängstlichen Rufe eines Ordnertrupps ignorierend, rumpelte ich auf den Bordstein, danach fuhr ich zurück zum Radweg und ließ sie weiter in Frieden ihre Runden ziehen. Jämmerliche Amateure.

Ein Inlineskater hörte mich nicht kommen und wäre fast auf die Nase gefallen, dann zweigte die Route auf eine winzige, von überwachsenen Bunkern flankierte Straße ab. Es war jetzt ganz still, und wieder mal senkte ich meinen Kopf und starrte die sonnengebleichten Haare auf meinen braunen Knien an. Ich biss die Zähne zusammen, denn obwohl ich auf dieser Strecke niemals auch nur in die Nähe der durchschnittlich (!) 50 km/h kommen würde, die die Profis erreichten, konnte ich doch immerhin denselben mörderischen Einsatz zeigen. In beschaulichen Ortschaften schaute ich auf mein verzerrtes Ebenbild, das über die konvexen Spiegel an jeder versteckten Einfahrt huschte. Ich versuchte, selbst vor scharfen Kurven und Zebrastreifen die Bremsen zu ignorieren, und setzte so meine Prioritäten: Geschwindigkeit vor Unfallverhütung. Mein Schnitt hatte sich auf 31 km/h erhöht, als ich nach 38 absolvierten Kilometern über eine Kreuzung auf den Rhein und die französische Grenze zuraste. Und ich versichere, es waren bereits 32 km/h, als ich knapp zwanzig Minuten und gut zehn Kilometer später dieselbe Kreuzung zum dritten Mal überquerte. Ich hatte mich verirrt. Angesichts des gradlinigen Streckenverlaufs ergab das überhaupt keinen Sinn, andererseits: In meinem Zustand war womöglich auch ich das Problem.

Ich durchlebte verschiedenste Stadien der Verzweiflung gleichzeitig, schulterte das ZR und rutschte tollwütig eine schlammige Böschung hinunter zu einer Tankstelle, die ich an der Autobahn unter mir bemerkt hatte. Ein Mann mit einem riesigen, haarigen Gesicht tankte seinen alten Transit auf. »Frankreich? *France? France?*«, faselte ich und fühlte, wie meine Beine einrosteten. »Da?«, sagte er mit einem fetten Akzent, und ich schleuderte das ZR gegen einen Ständer mit Frostschutzmittel und stürmte in den Laden. »Frankreich?«, kläffte ich ein altes Ehepaar an, das sich dem Kekssortiment widmete. Der Ehemann nickte langsam und hob nachdenklich eine Hand in Richtung seiner weißen Bartstoppeln, doch bevor er sie erreichte, war ich bereits im Getränkegang und nahm mir einen Mann im Overall zur Brust, der meine Frage nur mit einer Gegenfrage beantworten konnte, und ein Teenagermädchen, das nicht einmal das zustande brachte. Mir drohten bereits die Tränen zu kommen, als ich mich umdrehte und einen Jüngling mit nacktem Oberkörper und einem Handtuch über der Schulter sah, und bevor ich irgendwas sagen konnte, fragte er in fließendem Lancaster-Englisch: »Die Straße nach Frankreich, was?« Ich nickte und keuchte während seiner einfachen Instruktionen - mein Fehler war natürlich gewesen, einem Wegweiser mit der Aufschrift »Frankreich« zu folgen - und mit einem kurzatmigen Geräusch, das Dankbarkeit ausdrücken sollte, rannte ich wieder nach draußen und sattelte auf. Wenngleich nicht für lange. Das aufkommende muskuläre Unbehagen ließ vermuten, dass meine Beine die Pause genutzt hatten, um eine offizielle Protestnote einzureichen, und der Krampf, der meine erste Pedalumdrehung begleitete, brachte all die aufgestauten Tränen zum Fließen und sorgte für einen unbeholfenen Abstieg.

Als der Transit-Mann dies sah, kam er mit einem besorgten Gesicht zu mir herüber. Er legte mir eine Hand auf die zitternde Schulter und die andere auf den Lenker des ZR und bewies ein besonderes Gespür für *La Mot juste*, als er sagte: »Da?«

Was für ein freundlicher Mann, dachte ich, was für ein gütiger Mensch, doch weil Müdigkeit Teile meines Gehirns neu sortiert hatte, überlegte ich auch, wie verwirrt und bestürzt er wohl wäre, wenn ich eine Flasche Frostschutzmittel öffnen und sie ihm übers Hemd kippen würde.

»Da«, antwortete ich und begann mich seltsamerweise besser zu fühlen. Immerhin waren 48 Kilometer lediglich zehn weniger als die Gesamtstrecke. Trotz der Fallstricke des Verkehrsleitsystems hatte ich eine dreimal so lange Distanz wie beim Prolog in einer wesentlich höheren Geschwindigkeit zurückgelegt. Es war alles in bester Ordnung. Fünf Minuten später ging ich zurück in den Laden und gab meine letzten Deutschmark für zwei Dosen *Red Bull* und etwas Zahnpasta aus, die, wie ich bald feststellen musste, nach zerbröselten Rennies schmeckte. Als ich vorsichtig wieder aufstieg, tauchte erneut der Kerl mit dem Handtuch auf und verschwand interessanterweise in einem Wohnwagen mit platten Reifen, der ohne Frage nicht erst seit gestern am ruhigen Ende des gewaltigen LKW-Parkplatzes stand. Dann fuhr ich ohne große Eile zurück nach Frankreich.

## Sechzehn

Mulhouse war das Ziel des Einzelzeitfahrens, doch die nächste Etappe startete in Belfort, das 45 Kilometer weiter westlich lag, oder vielmehr 60, nachdem ich mich einfallsreich in einem endlosen Labyrinth aus mit knutschenden Teenagern bevölkerten Sackgassen verirrt hatte. Unter einem Himmel wie geschmolzenes Blei und mit einem abscheulichen Wind, der mir die halbe Landschaft ins Gesicht blies, zogen sich diese Kilometer am Spätnachmittag quälend lang hin. Wenn ich jetzt auf die Karte schaue, kann ich mich immer noch an jeden einzelnen Ort erinnern: Reiningue, wo eine Kuh in die Maisfelder ausgebüchst war; Bernwiller, wo mir Kirchenbesucher einen warmen Applaus spendeten; Balschwiller, wo eine Krähe abscheulich an zwei auf der Straße getöteten Fuchswelpen herumhackte.

Während ich dahinkroch, fiel mir auf, dass die chaotischen Ansammlungen verfallener Scheunen zwar auf der anderen Seite des Rheins undenkbar gewesen wären, dass die Dörfer aber dennoch ausnahmslos auffällig deutsche Namen trugen. Als ich den Rhein-Rhône-Kanal überquerte, mich also bereits gut 50 Kilometer jenseits der französischen Grenze befand, entdeckte ich am Straßenrand einen Schrein von beträchtlichem Alter, der »Herrn Jesus Christus« gewidmet war. Bis 1919 war diese als Elsass-Lothringen bekannte Region deutsches Territorium gewesen. Als ich ein Mahnmal für »*Nos enfants*, 1914–1918« sah, begriff ich, dass die besagten *Enfants* im Zweifel Pickelhauben getragen und ihr Leben für den Kaiser gegeben hatten.

Ich folgte ein Stück dem trostlosen, mit Schilf bewachsenen Kanal, in der Annahme, es sei dort zumindest flach. Dann aber endete der

Uferweg, und bei einbrechender Dunkelheit ging es wieder über die dunstigen Hügel, vorbei an einer Straußenfarm, vorbei an einem Haufen zugedröhnter Raver, die neben ihren Autos auf dem Parkstreifen saßen, vorbei an einem alten Sack, der das Regenwasser von seinen Verandamöbeln kippte und mir derart begeistert zuwinkte, dass ich gegen meinen Willen aus dem Sattel ging und eine kleine Show für ihn abzog.

Es war schon fast Nacht, als ich nach 131 Kilometern durchnässt in Belfort eintraf, wo eine mit Scheinwerfern beleuchtete, mächtige rote Festung von einem steilen Hügel aus auf die Stadt hinabstarrte. Aus der Ferne herüberwehende, elektrisch verstärkte Klänge und durch den Regen scheinendes Flutlicht sprachen dafür, dass irgendetwas im Gange war.

Mein Besuch traf mit dem 14. *World Festival of University Music* zusammen. Das Gute daran war die sich abzeichnende Gelegenheit, riesige Döner Kebabs inmitten eines erfrischenden Meeres geschmeidiger junger Körper verzehren zu können. Das Schlechte war, dass das einzige Hotel, das noch Zimmer frei hatte, das »Grand Hotel zum Goldenen Fass« war. Die Frau an der Rezeption, die in einer Lobby mit Säulengang residierte, die zu einer pompösen Opernhaus-Treppe führte, setzte einen Gesichtsausdruck auf, der eloquent über eine innere Debatte Auskunft erteilte, in der zwischen Barmherzigkeit und Schicklichkeit abgewogen wurde, und sah dabei zu, wie ich das ZR über den Marmor in ihre Richtung schob. Es war die Sorte Dilemma, mit der man vermutlich konfrontiert wird, wenn man nach einem Betriebsfest den Hausmeister in extrem schlechter Verfassung auf dem Bürgersteig kauern sieht.

»*La Tour de France passe par ici?*«

Es war das einzige Mal, dass es funktionierte. Ihr langes Gesicht hellte sich auf, und in einem Englisch, das so erstaunlich gut war, dass ich ihr sofort verzieh, dass sie es als Erste benutzte, begann sie zu erzählen.

»Ja, das stimmt. Hier beginnt die...« – und an dieser Stelle konnte sie sich nicht das genießerische Lächeln eines Menschen verkneifen, der im Begriff ist, etwas Gescheites in einer fremden Sprache zu sagen – »...vorletzte Etappe am 22. Juli. Interessieren Sie sich für dieses Ereignis?«

Ich erklärte ihr mein Vorhaben, und als ich fertig war, neigte sie den Kopf, schenkte mir ein ganz neues Lächeln und sagte: »*Chapeau!*«

Ich hätte sie küssen können.

Wie auch immer, es folgte ein wenig Geplänkel über Belforts Radsportstar Christophe Moreau, dessen guter Ruf während des berüchtigtsten Dopingskandals der letzten Jahre, der Festina-Affäre, ein wenig gelitten hatte, der seitdem aber (ein weiteres stolzes Grinsen) »eine weiße Weste« hätte und derzeit gut drauf sei. Schließlich sagte sie: »Oh, Sie müssen ja am Verhungern sein«, half mir, das ZR in einer Wäschekammer unterzubringen und gab mir den Zimmerschlüssel. Ich wandelte unter einer hohen Decke, wo kleine dicke Engel auf Quellwolken herumtollten, und auf einem Korridor, in dem vor jeder zweiten Tür ein Champagnerkühler lag. Mir war nicht ganz klar, wie dieses Zimmer nur acht Pfund teurer sein konnte als der spartanische Klotz am Freiburger Bahnhof. Es lagen sogar Pralinen auf den Kopfkissen.

Ich zog lange Hosen und Espandrilles an und ging los, um vor einer nordafrikanischen, von Frankreichs betrunkener Huckepack-Gemeinde bejubelten Band den bereits erwähnten Kebabtanz auszuführen. Dann begannen meine Beine, sich wie eine Ziehharmonika aufzuführen, und eine halbe Stunde später stolperte ich ins Bett.

Um der Öffentlichkeit einen Dienst zu erweisen, möchte ich Besuchern von Belfort mit einem Interesse an hydraulischen Anlagen, landwirtschaftlichen Produkten oder Matratzen raten, das Zimmer 124 des Grand Hôtel du Tonneau d'Or zu meiden. Die genannten Sparten waren sämtlich auf Seite 188 der örtlichen Gelben Seiten aufgeführt, deren klägliche Überreste jetzt vor mir liegen. Obwohl es durchaus möglich ist, dass ich eines Tages einmal ein Futon mit Mais ausstopfen und auf Hubkolben montieren will, galt mein Interesse an jenem Morgen der gegenüberliegenden Seite 187, genauer dem Abschnitt *Masseurs*.

Das alles war Teil eines großen Planes, den ich mit Paul an unserem letzten Abend ausgeheckt hatte, und dessen detaillierte Verfeinerung während vieler nachfolgender Stunden im Sattel geholfen hatte, einen leeren Kopf mit Inhalt zu füllen. Dieser Plan sah vor, die vorletzte Etappe von Belfort nach Troyes, mit 254,5 Kilometern die längste der Tour 2000, an einem einzigen Tag zu fahren. Ich hatte die Berge geschafft, doch der Sisyphus-Arbeit eines gewaltigen langen Tages in der Ebene hatte ich mich bisher noch nicht gestellt. Sicher, 2.673 Kilometer in 27 Tagen waren nicht schlecht – in der Tat fiel es mir schwer, nicht jedes Mal, wenn ich mir das vorrechnete, zum Zeichen des Triumphes einen Arm in den Himmel zu strecken – doch das Weiteste, das ich je in einem Zeitraum von 24 Stunden geschafft hatte, waren die vom Wind begünstigten 151 Kilometer nach Agen gewesen. Abgesehen von meinem absurden Prolog und dem kastrierten Zeitfahren hatte ich noch nie das gesamte Tagespensum eines richtigen Radsportlers absolviert, und das war ein Makel, den zu beseitigen ich mich verpflichtet fühlte.

Frühmorgens loszufahren, würde natürlich der Schlüssel zum Erfolg sein, doch auch eine physische Feinjustierung, meine 2.700-Kilometer-Inspektion, war zwingend erforderlich. »Ganz ehrlich, du wirst eine Massage brauchen«, hatte Simon O'Brien gesagt, und auch wenn er dies vermutlich in Vorfreude auf peinliche Missverständnisse bezüglich des ausführenden Etablissements getan hatte, war ich inzwischen geneigt, ihm zuzustimmen. Mr. Boardmans Dehnübungen allein würden bei Beinen, die zusammen 72 Jahre alt waren, nicht viel ausrichten können.

Verstohlen informierte ich mich bei einem teuren Croissant über die auf Seite 187 aufgeführten Fachleute, was eine zutiefst traumatische Erfahrung war. Ich konnte Simon beinahe kichern hören, als ich mit einem Finger die Namensliste herunterfuhr. Was würde Francis Yoder im Schilde führen, während ich mit dem Gesicht nach unten auf der Massagebank lag? Wollte ich wirklich hören, wie Patrick Baumgartner seine geölten Finger knacken ließ? Und allein der Name Dennis Klingelschmitt ließ an ein höllisches Repertoire an komplexen und kostspieligen Extras denken. Ein wenig niedergeschlagen aufgrund meines vorhersehbaren Charakters, ging ich schließlich zurück auf Zimmer 124 und wählte mit einer lüsternen Grimasse die Nummer von Dominique und Delphine Masson.

Am anderen Ende meldete sich jedoch keineswegs einer von Belforts aufregendsten Zwillingen, sondern ein gelangweilt klingender Mann. Oje. »Guten Morgen, ich sitze auf einem Fahrrad, und meine Beine benötigen Aufmerksamkeit«, sagte ich. Es war ein Satz, an dem ich schlaflos im Morgengrauen gefeilt hatte. Erst jetzt erkannte ich, dass er eher in einem Gespräch über kostspielige Dienstleistungen der zwielichtigen Art angemessen war. Ich musste ihn noch zwei weitere Male sagen, bevor der Mann antwortete. Er verwendete viele Wörter, die ich ungefähr so verstand, dass *»les Massons«* zwar kürzlich ihre Praxis aufgegeben hätten, er selbst sich aber mit Freuden um mich kümmern würde, allerdings nicht vor morgen, denn heute war *»Pentecôte«*.

Ich war mir über diesen letzten Teil nicht ganz im Klaren, aber es klang nicht gut. Es hörte sich nach einem Kult an, dessen Jünger Kapuzen trugen, und der es ihnen verbot, sich an jedem zweiten Montag im Juni an fremdem Fleisch zu reiben. Warum waren die *Massons* nicht mehr da? Hatten sie etwa zu viel gewusst? Ich hatte nicht vor, noch einen Tag zu warten, um mich dann von einem bemalten, singenden Unhold mit Widdermaske an einen mit Kerzen geschmückten Altar nageln zu lassen.

Erst als ich eine Stunde lang bei Wind und Sonne spazieren gegangen war, fiel mir auf, dass selbst für französische Verhältnisse eine Menge Läden geschlossen waren, und dass dies in Verbindung mit der Tatsache, dass wir Montag hatten, nahe legte, dass *»Pentecôte«* Pfingsten bedeutete und folglich heute ein Feiertag war. Das bedeutete eine weitere Nacht in einem teuren Hotel und ein weiteres peinigendes Gespräch mit dem Mörder der *Massons*, um einen Massage-Termin für neun Uhr am Dienstag zu arrangieren. Aber es war schon in Ordnung. Das Festival lief noch, und ein Ruhetag würde mir gut tun.

Belfort hatte einen Kater. Die Musik hatte bis zum Morgengrauen weitergedröhnt, und nun waren die Straßen vollgekotzt und eine Menge Verkehrskegel schwammen im Fluss, einem Gewässer, das so seicht war, dass die Enten darin eher watschelten als schwammen. Ein riesiges Kaufhaus, ein Pferdemetzger mit der stolz über die Tür genagelten Büste eines Esels, ein schmuddeliger, faschistoid aussehender Bahnhof, der von noch schmuddeligeren Kebab-Buden umgeben war – es war nicht einfach, Belfort zu lieben, aber man konnte es irgendwie auch nicht hassen. Der Himmel war blau, und es lag bereits ein Hauch von Ferienstimmung in der Luft.

Derweil sich die Menschen allmählich auf den zwei mit Bierbuden gesäumten, zentralen Plätzen des Festivals versammelten, blickte ich zu der Sandsteinfestung auf, die das Stadtbild dominierte. Wie mich Tourismusbroschüren wiederholt informiert hatten, hatte Belfort mit Hilfe dieses mächtigen Bauwerks während des Krieges von 1870 die Deutschen zurückgeschlagen, während das übrige Elsass annektiert worden war. Den Namen des damaligen Kommandeurs, Denfert-Rochereau, kannte ich von zahlreichen Plätzen, Straßen und Metro-Stationen in ganz Frankreich. Ich betrachtete den riesigen roten Löwen, der in Erinnerung an Denfert-Rochereaus Verdienste vor dem die Festung stützenden Felsen platziert war und konnte nun gewissermaßen die Kultur der Heldenverehrung nachvollziehen, aus der die Tour de France hervorgegangen ist. Es war wohl kein Zufall, dass die Radsportnationen mit der glanzvollsten Tour-Tradition auch eine besonders romantische Bindung zu jenen ihrer Söhne und Töchter teilten, die durch außergewöhnlich tapfere Taten auf anderen Gebieten jeder Wahrscheinlichkeit getrotzt hatten. Da war eine bleibende und mächtige Zuneigung für diese Wenigen, die das scheinbar Unerreichbare erreicht hatten. Wer immer gerade »Belgien?« gesagt hat, wird mit einer Woche Kerkerhaft bestraft.

Der Wind ließ nach, und bald herrschte eine lähmende Hitze. Ich war angesichts dieser Bedingungen sehr froh darüber, dass ich nicht versucht hatte, 254 Kilometer zu fahren, und schlenderte schläfrig durch die Altstadt, beobachtete Eidechsen, die blitzschnell Häuserwände hinaufliefen, und wich der Bereitschaftspolizei aus, die jedes Mal, wenn jemand in der Ferne eine Flasche fallen ließ, eilig die Straße hinaufstampfte. Abseits der Plätze verschmolzen moldawisches Gejammer, Death Metal und Jazz zu einem Sound wie aus einem schlecht eingestellten Radio, aber überall war die Stimmung wunderbar gelassen, was nicht zuletzt mit einem völligen Verzicht auf Eintrittsgelder zu tun gehabt haben dürfte. Alle öffentlichen Gebäude waren in die Veranstaltung eingebunden, und in der Menge mischten sich Kleinfamilien und Kiffer, Paare in ihren besten Sonntagskleidern und Punks in ihren übelsten Mittwochsfetzen. Ich genoss es, und hätte es noch mehr genossen, wenn ich nicht wegen beginnender Blasenbildung gezwungen gewesen wäre, Socken in meinen Espandrilles zu tragen.

An diesem Abend spielte England bei der Euro 2000 gegen Portugal, und als die Sonne hinter den Hügeln, über die ich morgen zu fahren hatte, langsam verschwand, ging ich in eine Kneipe, die von zwei Schachteln geführt wurde, von denen die eine ziemlich und die andere sehr alt war. Unter der rosafarbenen Decke hing die enorme Mattscheibe, die mich angelockt hatte, und da ich der einzige Kunde war, hatte ich nach meinem ersten Bier bereits eine ganze Menge über das gute Stück und sein bisheriges Schicksal erfahren.

Toll, nicht wahr, sagte die Bardame. Ja, sagte ich. Mutter hat 49.000 Francs dafür bezahlt, sagte die Bardame. In Spanien, sagte die Mutter. Wegen der längeren Garantie, sagte die Tochter. Aber durch das Zusatzgeschäft während der letzten Weltmeisterschaft hat sich die Investition doppelt bezahlt gemacht, sagte die Mutter. Interessieren Sie sich für den Turm von Frankreich, sagte ich. Wir haben an dem Abend, an dem unsere Jungs Brasilien geschlagen haben, fast 20.000 Francs verdient, sagte die Tochter. Die Bildeinstellung ist ziemlich kompliziert, sagte die Mutter, aber es bringt Kundschaft. Fahrräder, sagte ich. Und man konnte ihn von der Steuer absetzen, sagte die Tochter. Sehen Sie mal, England führt 2:0, sagte ich. Im Moment herrscht in Belfort Ausnahmezustand, sagte die Mutter. Erst diese Musiker, sagte die Tochter, und im nächsten Monat die Tour de France. Ja, sagte ich. Christophe Moreau, sagte die Mutter, das ist er, auf dem Foto da an der Wand. Mit diesem kleinen Bärtchen hat er sich keinen Gefallen getan, sagte die Tochter, aber er ist ein netter Kerl. Er wohnt gleich um die Ecke, sagte die Mutter, gegenüber vom Novotel. Fünf Schlafzimmer und ein Swimmingpool, sagte die Tochter. Sehen Sie, Portugal hat ein Tor gemacht, sagte die Mutter. Und noch eins, sagte die Tochter. Oh, schau mal, unser Freund regt sich auf, sagte die Mutter, geben wir ihm etwas zu trinken. Bitte sehr, sagte die Tochter, ein schöner Dubonnet. Danke, sagte ich. Ihr Engländer liebt Dubonnet, sagte die Mutter. Ist das so, sagte ich. Ja, sagte die Tochter. Ich fahre morgen mit dem Rad nach Troyes, sagte ich. Mögen Sie meine Bluse, sagte die Tochter. Es sind 254 Kilometer bis Troyes, sagte ich. Oh nein, mein Lieber, sagte die Mutter, das glaube ich nicht. Philippe hat die Strecke mal in zwei Stunden geschafft, sagte die Tochter. Aber bestimmt nicht auf einem Fahrrad, sagte ich. Ein Fahrrad, sagte die Mutter, ich glaube nicht, dass irgendjemand auf einem Fahrrad nach Troyes fährt. Ich schon, sagte ich. Mögen sie keinen Dubonnet, sagte die Tochter. Doch, sagte ich, ich bin nur müde. Ja, sagte die Mutter, und wie heiß Ihre Hände sind. Und Ihre Wangen, sagte die Tochter. Als Sie reinkamen, wussten wir gleich, dass sie Sportler sind, sagte die Mutter. Die Beine, sagte die Tochter. Stehen Sie auf, und zeigen Sie sie uns noch mal, sagte die Mutter. Nun machen Sie schon, ist doch sonst niemand hier, sagte die Tochter, es ist doch nur Spaß. Warten Sie, sagte die Mutter, Sie haben da eine kleine Wunde am Hals. Komm her, verwundeter kleiner Soldat, sagte die Tochter, und ich sorge dafür, dass du dich besser fühlst. Na, das war aber nicht nötig, sagte die Mutter, sie wollte doch nur helfen. Entschuldigen Sie, sagte die Tochter, aber glauben Sie bloß nicht, dass Sie gehen können, ohne zu bezahlen. Ich habe bezahlt, sagte ich. Aber nicht für den Dubonnet, sagte die Mutter. Typisch Engländer, sagte die Tochter. Und Portugal schoss ein weiteres Tor.

Als ich langsam zurück zum Hotel trottete, hatten beim Festival die Aufräumarbeiten begonnen. Roadies hampelten mit den Instrumenten herum, während sie die Bühnen leer räumten, und als ich auf mein Bett fiel und die Wettervorhersage einschaltete, hörte ich von draußen einen bedenklichen, Unheil verkündenden Trommelwirbel: tosender Sturm und Gewitter. Dann klingelte das Telefon. Es war die Rezeption. »*Monsieur* Moore? Ich 'abe eine Nachricht wegen Ihre... *massage*.« Bitte sprich es nicht so aus. »Ist verlegt auf zehn dreißig. Gute Nacht.«

Das Schlimme an dieser Verzögerung war, dass sie den Zeitplan meines Marathons ernsthaft gefährdete. Selbst ohne Pausen würde es mir sehr schwer fallen, 254 Kilometer in weniger als zehn Stunden zu bewältigen. Das Gute war, dass ich eineinhalb Stunden mehr Zeit für die Vorbereitungen hatte.

Da mein übliches beschauliches Mittagessen nicht in Frage kam, deckte ich mich mit dem ein, von dem ich hoffte, dass es meinen Bedarf für 254 Kilometer decken würde: fünf Schokoriegel, ein Liter Aprikosennektar und zwei Liter *Yoplait Energy*, eine Packung *Fig Newtons* und reichlich Obstkuchen. Dann holte ich das ZR aus der Wäschekammer und fuhr den Hügel hinauf zu einer Tankstelle, wo ich unter den neugierigen Blicken des Personals und der Kundschaft zehn Francs bezahlte, um mit einem Hochdruckreiniger heißes Seifenwasser auf seine geschundenen und verschmutzten Flanken zu spritzen. Und nachdem ich das ZR vorübergehend ins Hotel zurückgebracht hatte, schlich ich mit einer Vorahnung, die auf ihre Art düsterer war als die, die ich kurz vor den Pyrenäen verspürt hatte, in einen Yves-Rocher-Schönheitssalon und bat eine weißgekleidete Dame, mir die Beine zu enthaaren.

Es musste getan werden. Ich hatte einfach schon zu oft über dieses Thema nachgedacht: warum sie es taten, wie und wann. Während all der ungezählten Stunden, die ich damit verbracht hatte, das Auf und Ab meiner haarigen Knie zu beobachten, hatte ich mich gefühlt, als würde ich auf die Beine eines Heuchlers sehen. Nun hatte ich die Berge geschafft und die Sonnenbräune erlangt, und wenn ich von meinem Masseur ernst genommen werden wollte, mussten die Haare weg.

Man war sehr freundlich in dem Salon. Einige der von mir befürchteten Fragen wurden gestellt (»Wollte ich eine Ganzbeinenthaarung oder eine nur bis zum Knie?« – »War mir klar, dass der Vorgang mit Beschwerden verbunden sein konnte?«), die meisten wurden es aber nicht (»Würde es mich stören, wenn man Passanten zum Zuschauen hereinholte?« – »Hatte es schon häufiger Transvestiten in meiner Familie gegeben?« – »Würde es mir etwas ausmachen, als erster Enthaarungskunde nach Pfingsten eine unrasierte Stelle in Form eines umgedrehten Kreuzes auf den Schienbeinen zurückzubehalten?«). Als Martine mich in ihr Enthaarungsstudio führte, äußerte ich meine Erleichterung darüber, dass eine solche Prozedur unter der männlichen Bevölkerung von Belfort offenbar weit verbreitet sei. Eher nicht, sagte sie, während ich mehr Kleidung ablegte, als mir lieb war. Ich sei der erste männliche Kunde, der sie jemals darum gebeten hätte.

Ich wusste, es würde weh tun, aber der Schmerz war eigentlich nicht schlimmer als damals, als ich mir das letzte Mal Kaugummi aus den Haaren gezogen hatte. Nach dem ersten Reißen schlossen sich meine Augen, während mein Mund das Gegenteil tat.

Während Martine ihren zweiten Kübel mit Streifen voller ausgerissener Haare füllte, gestand sie mir, dass sie einmal ihren Vater enthaart hatte. Er wäre »beinahe« Radprofi geworden und jahrelang jede Woche 500 Kilometer gefahren, doch nach dem ersten ausgerupften Haarbüschel sei er schreiend vom Tisch gesprungen und auf der Suche nach seinem Rasierer davon gehumpelt. Christophe Moreau, das sei aber nun wirklich ein superharter Mann. Der würde keinen Pieps von sich geben, nicht einmal jetzt – aua, aua, aua, SOFORT STOP – wenn die übrig gebliebenen Haare mühsam mit der Pinzette ausgezupft werden.

Ein Rasierer, dachte ich. Warum hatte ich meine blöden Beine nicht einfach mit einem Rasierer enthaart? Und warum machte ich mir überhaupt diese Mühe? Martine hatte mir versichert, dass die

Sache nichts mit Aerodynamik zu tun hatte: eher schon damit, die Massage zu erleichtern, aber nach allem, was ihr Vater ihr erzählt hatte, ging es hauptsächlich darum, bei den regelmäßigen, bösen Hautabschürfungen, die das Los des Radfahrers sind, das Risiko von Infektionen zu reduzieren. Wie furchtbar, dachte ich, was für eine schreckliche Begründung. Mir jeden Morgen das Gesicht zu rasieren, war eintönig genug, aber man stelle sich vor, man täte es nicht aus repräsentativen Erwägungen, sondern weil man irgendwo auf dem Weg zur Arbeit unweigerlich mit dem Kopf gegen einen Briefkasten stoßen würde.

Aus dem Salon zu gehen und jemandem für eine derartige Erfahrung zu danken und Geld zu bezahlen, war ein seltsames Gefühl, wenn auch nicht ganz so seltsam wie das meiner nackten Beine, an denen sich nun ungehindert die Hose rieb. Ich nahm ein Taxi vom Schönheitssalon zum Massagesalon, und dankbar dafür, dass mich selbst eine solche Reise in den Augen des Fahrers nicht zu einer halbseidenen Type machte, brachte ich den Mut auf, ihn darum zu bitten, zu warten. Ich dankte Gott und den beiden räuberischen alten Schachteln vom letzten Abend, dass ich nicht nach schalem Fusel stinkend einen Massagesalon betreten musste, und ging durch eine bescheidene Tür in eine bescheidene Praxis.

Später habe ich erfahren, dass Massagen in Frankreich nicht mit demselben Stigma wie in Großbritannien behaftet und als medizinische Dienstleistung anerkannt sind. Oh, was ich für dieses Wissen gegeben hätte, als ich im Wartezimmer neben einem abgewrackten, in einer zerlesenen *Marie-Claire* blätternden alten Penner Platz nahm. Er wurde von einem blassen jungen Mann von bedenklicher Erscheinung aufgerufen und richtete sich langsam und arthritisch auf. Kurz darauf hallte das Geräusch kräftig bearbeiteter, grober Haut durch eine halb geschlossene Tür. Als der alte Mann kraftlos protestierte, wurde sie zugeschlagen.

»Monsieur?«

Ich war hin- und hergerissen, ob ich bleiben sollte oder nicht, und hatte gerade beschlossen, zu flüchten, als der Lockenkopf eines aufgeräumten Mannes in den Vierzigern um die Ecke sah, und Sekunden später lag ich zum zweiten Mal innerhalb weniger als einer Stunde mit dem Gesicht nach unten und heruntergelassener Hose auf einer Bank und wartete darauf, dass sich ein gedrungener Fremder an mir zu schaffen machte.

»*Alors*«, sagte er und klatschte einen Spritzer kalter, weißer Creme auf meine unbehaarten, mit Gänsehaut überzogenen Schenkel. Ich hatte seit der Rückkehr nach Frankreich gemerkt, dass sich meine Fähigkeit, mit den Einheimischen zu reden, exponentiell verbessert hatte. Gleichzeitig wünschte ich mir, es wäre nicht so gewesen. Noch vor zwei Wochen hätte ich mehr oder weniger still in die Kopfstütze gebissen, jetzt aber fühlte ich mich verpflichtet, wohl überlegte Erwiderungen zu formulieren, während er mich systematisch bearbeitete. Die Waden waren nicht so schlimm, und ich war in der Lage, ihm meine Unternehmung zu erläutern, und die aufrichtige Begeisterung, die sie ihm entlockte, mit angemessenen, Bescheidenheit ausdrückenden Tönen zu kommentieren. Für einen kurzen Augenblick waren wir zwei Männer mittleren Alters, die beiläufig Sportanekdoten austauschten, doch als wir gerade dazu übergingen, über die Radsportstars der Region zu diskutieren, presste er seinen Daumen auf die Sehne unterhalb meines rechten Knies, und mit einer Schärfe, mit der man üblicherweise jemanden zum Teufel wünscht, kreischte ich: »CHRISTOPHE MOREAU!«

Das war mein letzter bedeutender Beitrag zu der Debatte, und auch meine Ängste, ich könne unbeabsichtigt eine Erektion bekommen, hatten sich inzwischen erledigt. Meine Vitalfunktionen waren noch immer ein Stück weit von der Normalität entfernt, als sich mein freundlicher Peiniger so weit hoch gearbeitet hatte, dass er auf ein verspanntes Ganglion aus Muskelgewebe auf der Unterseite meines linken Oberschenkels stieß. »Aah«, sagte er, und ich sagte es ebenfalls, allerdings mit einer gehörigen Portion stummer »G« und zahlreichen Ausrufezeichen. Nach zehn Minuten knuffte er spekulativ meine Wirbelsäule, und nachdem ich ein kurzes Geräusch an der oberen Grenze der menschlichen Wahrnehmung von mir gegeben hatte, schüttelte ich heftig den Kopf. Die Beine waren das eine; hätte ich etwas für meinen Rücken tun wollen, hätte ich ihn... keine Ahnung, einbalsamieren lassen.

»*Eh bien*«, sagte er und wischte sich die Hände ab, während er meine eingeölten, kahlen Gliedmaßen begutachtete, »*c'est pas mal. Vous avez... trente-six, trente-sept ans?*« Das waren böse Worte. Ich hatte gedacht, er wäre von meinen Leistungen im Allgemeinen beeindruckt, aber ich hatte mich getäuscht. Mir wurde klar, dass all der Zuspruch und die freundlichen Worte, die ich in den letzten Tagen empfangen hatte, eine unausgesprochene Codierung enthielten: nicht schlecht für einen alten Mann.

Als Birna gepackt hatte, hatte ich, der Heldentaten der Herren Kannibale und Dachs überdrüssig, die meisten meiner Tour-Bücher in ihrem Koffer verstaut. Alles, was mir noch geblieben war, war Paul Kimmages *Rough Ride* und ein Roman, den Birna mitgebracht hatte, *The Yellow Jersey*, und der von niemand anderem als dem »legendären fiktiven Radfahrer« Terry Davenport handelte. Die Geschichte eines etwas abgehalfterten, 36-jährigen Engländers, der ein unglaubliches Tour-Comeback feiert, war mir während der letzten Woche eine Herzerwärmende Bettlektüre gewesen. Nach der Disqualifikation der meisten Franzosen wegen Dopings, und nachdem er einen Mob belgischer Fieslinge mit einer Luftpumpe zurückgeschlagen hat, findet sich Terry zwei Tage vor Ende der Rundfahrt zum Erstaunen der Fachwelt in besagtem Trikot wieder. Am vorigen Abend hatte ich es mir, noch immer verstört wegen der grapschenden Großmütter, im Bett gemütlich gemacht, um mich von Terrys triumphaler Fahrt auf den Champs-Elysées aufheitern zu lassen.

Schwer vorstellbar, dass der Literaturredakteur des Magazins *Bicycling* ein viel beschäftigter Mann ist, doch ohne sich über sein mutmaßlich unwiderlegbares Urteil, *The Yellow Jersey* sei »der beste Radsportroman aller Zeiten«, streiten zu wollen, muss ich sagen, dass ich schon nach der ersten Seite meinte, vorhersagen zu können, was auf der letzten passiert. Wie falsch ich damit lag. Was *The Yellow Jersey* fraglos von allen anderen Radsportromanen unterscheidet, sind die gänzlich unerwarteten Katastrophen an seinem abrupten Ende. Auf Seite 282 ist Terry auf dem besten Weg, unsterblich zu werden. Dann wird er sehr müde und lässt die verbissene Entschlossenheit, die ihn alle bisherigen Krisen hat überstehen lassen, auf einmal vermissen. Auf Seite 283 gibt er auf. Danach sitzt er im Fond seines Teamautos und versucht, mit dieser Wende der Ereignisse fertig zu werden, als ihm jemand einen Brief der Mutter seiner Freundin gibt. Er öffnet ihn auf Seite 284 und erfährt auf Seite 285, dass Bobbie aus heiterem Himmel ihre Verlobung mit einem jüngeren Mann »mit Geld wie Heu und einem dicken Auto vor der Tür« bekannt gegeben hat. Ende.

Ich war schwer geschockt, und die Moral von der Geschicht' war eindeutig: Die Tour ist ein Spiel junger Männer, und wenn du versuchst, sie dabei zu besiegen, wirst du sehr müde werden und gibst auf. Dann fährt ein anderer junger Mann in seinem großen Auto mit deiner Freundin davon. Ende.

Als ich völlig erledigt aus dem Massagesalon schlurfte, überholte mich der alte Penner und schien sichtlich belebt. Es war, als hätte man unsere Körper vertauscht. Ich fühlte mich noch immer, als würde mich meine Lebenskraft durch die geöffneten Poren meiner Beine verlassen, und ließ mich zum Hotel zurückfahren, wo ich das allmorgendliche Savlon-Ritual hinter mich brachte und die Fahrradklamotten anzog. Dann schnappte ich mir das ZR und bat die Rezeptionistin, Ross und Reiter am Fuße der geschwungenen Treppe abzulichten. Es war zehn nach elf, und mir war klar, dass ich bis lange nach Einbruch der Dunkelheit im Sattel sitzen würde.

Mein Körper schien sich durch die Beanspruchung zu erholen. Als ich den ersten von vielen sanften Hügeln an diesem Tag erreichte, begann ich zu glauben, dass die Massage trotz allem ein Segen und keine Bestrafung gewesen war, und die bessere Kontrolle meines Rades gestattete mir mittlerweile eine mobile Nahrungsaufnahme. Bei Ronchamp bog die Route von der großen Straße ab, und zum letzten Mal kehrte ich zu den ländlichen Wurzeln der Tour zurück und bahnte mir meinen Weg durch vergessene Weiler, in denen kein

Mensch zu hören war, sein bester Freund dafür umso lauter; Orte, wo das Gras hüfthoch auf den Friedhöfen stand und ausrangierte Autos auf Bauernhöfen verrotteten, Orte mit verrückten, altertümlichen Namen wie Esboz oder Quers.

Luxueil war ein Marktstädtchen der alten Schule. Die Banner an den schmalen Straßen kündigten einen weiteren Tag des Blutes an sowie – was habe ich gelacht – ein bevorstehendes Nacht-Radfahr-Festival. An jedem anderen Tag hätte ich hier einen Kaffee getrunken, stattdessen nahm ich routiniert eine ProPlus aus meiner Trikottasche und spülte sie mit chloriertem Aprikosennektar herunter.

Die gewaltigen Stürme, die Ende 1999 fast zwanzig Millionen französische Bäume fällten, hatten in dieser Gegend am schlimmsten gewütet, und als ich von der Michelin-Karte 243 zur Nummer 241 überging, hatte jedes Gebüsch oder Dickicht wenigstens ein Opfer zu beklagen, hingestreckt wie Soldaten, die während einer Parade in Ohnmacht gefallen sind. Ich dachte an den vorhergesagten Wind und fragte mich, wo er geblieben war. Die Totenblässe des Morgenhimmels war wie weggebrannt, und inzwischen war es wirklich sehr heiß. Als ich auf meine Schulmädchenknie sah, war die Bräune bereits dabei, in ein Rot überzugehen.

Es ist kein gutes Zeichen, wenn man von Lastwagen überholt wird und ausschert, um dem kühlenden Fahrtwind näher zu sein. Schon bald konnte ich nur noch an Flüssigkeit denken, eine Obsession, die dadurch verstärkt wurde, dass alles, was bei 165 noch zu fahrenden Kilometern an fester Nahrung übrig war, mit Obstkuchen zu tun hatte. Simon O'Brien hatte ihn mir als ideale Stärkung auf langen Strecken empfohlen, aber er konnte nicht ahnen, dass die von mir gewählte Marke weder Kuchen noch Obst enthalten würde, sondern in erster Linie gefärbtes Schweineschmalz.

100 Kilometer waren geschafft, und um kurz nach drei winkte ich schlapp einem rostigen Invaliden mit Krücke zu, der mich stumm dazu aufforderte, meinen Aufenthalt in Bourbonne-les-Bains zu genießen. Seine auffällige Ähnlichkeit mit Josef Goebbels ließ vermuten, dass die Blütezeit dieses Kurortes noch weiter zurücklag

als die von manch anderem. Dann wurde die Straße unvermittelt fürchterlich steil und vor mir lag mein vorletzter Anstieg. Die Côte de Chagnon wurde zwar bloß als Berg der vierten Kategorie geführt, doch schon lange bevor ich seinen wenig bemerkenswerten Gipfel überquerte, trieb ich mich an wie eine Mutter ihr aufsässiges Kleinkind: »Komm schon, komm schon – nein, ich habe dir bereits gesagt, dass es kein warmes *Yoplait* gibt, bevor du nicht deinen Obstkuchen gegessen hast.«

Der letzte Tag vor der Ankunft in Paris soll angeblich so etwas wie eine mobile Party sein. Paul Kimmage berichtet von Gesängen, Bummelei und allerlei Schabernack, doch als ich nach Dammartin hineinfuhr, fühlte ich mich nicht wie jemand, der bald am Ziel ist, sondern eher wie einer, der eben erst losgefahren ist und die erste große Erschöpfung beklagt. Ich überquerte die Maas und wurde von einem Schild daran erinnert, dass ich gerade den wahren französischen Norden erreicht hatte: Der letzte große Fluss war kurz vor Bourbonne die Saône gewesen, die bei Lyon mit der Rhône zusammentrifft und danach weiter zum Mittelmeer fließt. Die Maas aber nimmt die andere Richtung und bahnt sich ihren Weg zum Ärmelkanal. Wäre ich bereits in der Nähe von Troyes gewesen, hätte mich diese Symbolik für das letzte Stück bestens gewappnet. Doch ein benommener Blick auf den Streckenverlauf bestätigte, was ich befürchtet hatte: Ich hatte noch nicht einmal den halben Weg geschafft, und es war schon nach vier Uhr.

Der versprochene Wind kam dann doch noch auf und drückte mich auf den Seitenstreifen. Die Sonne schmiegte sich an den Horizont und blendete mich sowohl, wenn ich aufschaute, als auch – was häufiger der Fall war – wenn ich nach unten blickte, weil sie von der hochdruckgereinigten Kette und den Zahnkränzen direkt in meine Augen reflektiert wurde. Die Straße wand sich gleich einer Folge von Parabeln zahlreiche große, grüne Buckel rauf und wieder runter, es war deprimierend. Als die Abenddämmerung kam, füllten sich die Talsohlen mit Mücken und anderen leckeren fliegenden Snacks.

Mein Schatten war bereits zweimal so breit wie die Straße, als ich nach Chaumont hinaufkletterte, dessen Internationales Posterfestival am Vortag zu Ende gegangen war. Infolgedessen war der Bevölkerung wohl die düstere Erkenntnis gekommen, dass es in den nächsten zwölf Monaten keinen Grund gab, die Häuser zu verlassen, was die leeren Straßen eindrucksvoll belegten. Die Sonne war untergegangen, doch ihre letzten silbernen Strahlen erleuchteten noch immer den Horizont, als ich benommen aus der Stadt hinaustaumelte. 150 Kilometer waren geschafft. Bald würde ich meinen Tagesrekord übertreffen und unerforschtes Terrain betreten, und so quälte ich die letzte wächserne Handvoll Obstkuchen in meinen protestierenden Rachen.

Alles, was ich in dieser Situation wollte, war eine Art kontrollierter Hungerast: einen Körper, der zu erschöpft war, um zu klagen, an der langen Leine gehalten von einem Gehirn, das zu erschöpft war, um noch zu wissen, was es tat. Ich musste an einen Ort gebracht werden, an dem nichts real war, wo jeder Eddys Beine, Lance' Lunge und Tommys Drogen hatte, und der letzte Hügel der Tour de France, die Côte d'Alun aus der vierten Kategorie, brachte mich dorthin.

Ich kann nicht viel darüber sagen, wie ich hinaufkam, und noch weniger darüber, wie ich es wieder herunterschaffte. Am Fuße des Hügels lag Colombey-les-deux-Eglises, de Gaulles früheres (und in gewisser Weise auch heutiges) Zuhause, und jener Ort, wo die Große Alte Nase 1960 das ganze Peloton aufgehalten hatte, um sich mit dem Träger des Gelben Trikots ablichten zu lassen. Seit Tagen hatte ich mich gefragt, was für eine Schau dieses äußerst französische Dorf sich diesmal für dieses äußerst französische Ereignis hatte einfallen lassen, doch als ich das nächste Mal versuchte, in der Düsternis Karte und Streckenverlauf zu entziffern, befand ich mich in Bar-sur-Aube. Ich war fünfzehn Kilometer zuvor durch Colombey gefahren, ohne es zu bemerken.

Es war eine Woche vor dem längsten Tag des Jahres, sonst wäre es bereits lange stockdunkel gewesen, bevor mich Troyes – Stadt der Kunst, Geschichte und Gastronomie – endlich willkommen hieß. So aber senkte sich die Nacht gerade erst endgültig herab, als ich mich vor einem McDonalds ungeschickt aushakte. Scheiß auf die Gastronomie: Wenn jemals jemand *Fast Food* im wörtlichsten Sinne nötig gehabt hat, dann ich in diesem Moment. Es war 22:17 Uhr. Ich hatte mehr als elf Stunden im Sattel gesessen, doppelt so lange, wie die Profis brauchen würden. Die Etappe sollte 254,4 Kilometer lang sein, doch als ich unter einer Straßenlaterne auf meinen Tacho schaute, stellte ich fest, dass ich unterwegs irgendwo noch 3,2 zusätzliche Kilometer mitgenommen hatte. Alles, was ich während der letzten 50 Kilometer registriert hatte, waren viele lange Namen gewesen – Montier-en-l'Isle, La Villeneuve-au-Chêne, Saint-Parres-aux-Tertres – und ein schlimmer Geruch von Poupou-sur-les-Feldern. Ich war durch fünf Departements und über große Teile von zwei Michelin-Karten gefahren. Nicht schlecht für einen alten Mann.

Ich fühlte mich fast körperlos und klackerte mit den fetttriefenden letzten Gliedern der Nahrungskette auf meinem Teller verkrampft über die Kacheln. Es war Dienstag, und die einzigen anderen Gäste waren Studenten, die meine Erscheinung mit einer Gelassenheit hinnahmen, die zugleich aufmunternd und bedrückend war. Nachdem ich mir im wahrsten Sinne das Maul gestopft hatte, sattelte ich mit vorhersehbaren Schwierigkeiten wieder auf und machte mich auf den Weg zum besten Hotel, das Troyes zu bieten hatte.

Ich brauchte nicht lange, um es zu finden, angelehnt an die Kathedrale in einer theatralisch beleuchteten Allee. Dann aber benötigte die sehr freundliche und sehr junge Nachtrezeptionistin noch weniger Zeit, um mich mit entsetzlich schlechten Nachrichten wieder hinaus in die Nacht zu schicken. In der Stadt fand eine Tagung statt. Kein Zimmer frei in diesem Hotel, und auch nicht in den drei anderen, bei denen sie sich für mich erkundigt hatte. »Versuchen Sie Bahn'of«, sagte sie und reichte mir einen Stadtplan von Troyes, während ich um einen dankbaren Gesichtsausdruck bemüht war.

Der Bahnhof lag nicht in der Nähe, und wie befürchtet machte sein semi-industrielles Ambiente ihn zum natürlichen Lebensraum für die heruntergekommensten Absteigen der Stadt. Einige hatten »*complet*«-Schilder im Eingangsbereich, eines aber nicht, wohl nicht zuletzt deshalb, weil der Empfang in der zweiten Etage lag. Das allein war sicher kein Grund, das ZR direkt durch das Restaurant im Erdgeschoss und über die Füße von einem Dutzend Gästen zu schieben, doch ich spürte, wie eine Art trunkene Rücksichtslosigkeit, eine aggressive animalische Entschlossenheit von mir Besitz ergriff. Mann braucht Bett. Gib Mann Bett. Ich schulterte das ZR und schleppte es die Treppe hoch, mit Satteltaschen und allem drum und dran. Oben wurde ich von einer groß gewachsenen, skelettähnlichen Krähe von einer Frau begrüßt, die grimmig den Kopf schüttelte.

Ich begriff noch immer nicht, wie mir das passieren konnte, oder warum gerade jetzt, fand eine Telefonzelle und rief Birna an. Mein selbstmitleidiges, dummes Geschwätz war zu dieser Zeit bereits fester Bestandteil unserer Telefonate geworden, und sie hörte geduldig zu, derweil ich auf Atmung und Interpunktion verzichtete und erklärte, dass ich in einer Stadt ohne Hotel sei, dass sie den Hotelführer habe, und dass ich nach 94.000 Meilen auf dem Rad vergessen hätte, wie man Französisch spricht. »Du willst, dass ich ein Zimmer für dich finde und dann zurückrufe«, rekapitulierte sie, und mit einem inzwischen traditionellen Mangel an Charme stimmte ich zu.

Fünf Minuten später klingelte es. »Ich habe das letzte freie Zimmer in Troyes für dich gefunden«, sagte Birna. Ich gab Töne von mir wie ein junger Hund, der seine Mutter wiedergefunden hat. Und dem man dann auf den Schwanz tritt. »Aber es gibt ein kleines Problem. Es ist nicht direkt in Troyes.«

Die Dame vom Holiday Inn Forêt d'Orient, mit der Birna gesprochen hatte, hatte gesagt, ihr Etablissement läge 13 Kilometer außerhalb von Troyes. In der Theorie hätte mich diese Information dazu bewegen sollen, nach anderen Wegen zu suchen. Es war eine warme Nacht, und ich hätte mich in einem Park aufs Ohr hauen können. Es hätte mir in meinem Zustand egal sein sollen, wo ich schlief. Aber das war es nicht. Es war mir überhaupt nicht egal. Ich hatte Außergewöhnliches geleistet, und ich wollte eine Belohnung.

»Sag ihnen, ich bin in einer halben Stunde da«, murmelte ich, und nachdem ich die Wegbeschreibung notiert hatte, machte ich mich auf in die Nacht.

Dreizehn Kilometer waren eine Menge Holz, insbesondere weil es bedeutete, auf der N19 wieder zurückzufahren. Nachdem ich die Großmärkte an der Peripherie hinter mir gelassen hatte, geriet ich in eine dunkle Welt, deren Geheimnisse von meiner schwachen Fahrradlampe nicht enthüllt werden konnten. Sie war dazu gedacht, unter den Straßenlaternen der Städte zum Einsatz zu kommen, für diese ländliche Umgebung aber war sie völlig ungeeignet. Selbst der Mond brachte mehr. Es war beängstigend. Die einzigen anderen Verkehrsteilnehmer um diese Zeit – und es war mittlerweile nach Mitternacht – waren gewaltige Sattelschlepper, die Autobahngebühren vermeiden wollten und mit einem ohrenbetäubenden Was-zum-Teufel-hast-du-hier-zu-suchen-Stoß in ihre Nebelhörner vorbeirauschten.

Ich war erleichtert, als ich die N19 verließ, doch nicht lange. Die Bäume ragten in den Himmel hinein und verdeckten den Mond. Wären die Straßen nicht schnurgerade gewesen, ich hätte es niemals geschafft. Ich konnte kaum die Wegweiser entdecken, und wenn doch, musste ich direkt an sie heranfahren und meine Lampe auf die Schrift richten, um sie entziffern zu können. Eine Eule schrie, und ich fuhr über etwas Matschiges. Es gab noch andere Geräusche. Ich hatte seit ewigen Zeiten keine Anzeichen menschlichen Lebens gesehen. Die Vorstellung, irgendwo in dieser bewaldeten Wildnis könne ein Holiday Inn sein, widersprach jeder Logik. Wölfe – sicher. Umherstreifende Irre – jede Wette. Der Fuß eines Radfahrers, der aus kürzlich aufgeworfenem Erdreich herausragt – naja, die Nacht war noch jung.

Dreizehn Kilometer waren eine Menge Holz, aber nicht gar so viel wie die 22, die ich von Troyes aus zurückgelegt hatte, als ich durch ein Paar beleuchteter Glaskugeln am Straßenrand an der Zufahrt zum Holiday Inn Forêt d'Orient willkommen geheißen wurde. Das machte dann insgesamt 279,7 Kilometer für diesen Tag. Ich holperte und stolperte durch die dunklen Reihen der BMWs und bugsierte das ZR unbeholfen durch die automatische Eingangstür. Zwei kräftige junge Männer beugten sich in gedämpftem Licht über einen Billardtisch, dahinter wusch ein kahlköpfiger Barkeeper Gläser ab. Zu meiner Linken hatte mich bereits die Frau von der Rezeption erspäht und betrachtete mich ohne großes Interesse, und als sich die drei anderen Gesichter zu mir umdrehten, schlug ich mir mit der freien Hand auf die linke Arschbacke und sagte in einem überraschend lieblichen Singsang: »Schön, Sie zu sehen.«

Und zehn Stunden später war ich zurück in Troyes.

## Siebzehn

Es war interessant zu bemerken, wie wenig außergewöhnlich ich mich fühlte, als ich auf dem Bahnsteig auf den 11:39-Uhr-Zug nach Paris wartete. Radfahrer von Lance Armstrong bis Terry Davenport waren angesichts dieser unglaublichen Tortur wenigstens zu einer inneren Einsicht gelangt. »Ich habe auf diesem Berg einen Kerl getroffen, den ich richtig ins Herz geschlossen habe, und wollen Sie wissen, wer dieser Kerl war? Genau, das war ich.« Irgendwas in der Art. Doch wenn ich auf die ohnehin leicht unwirklichen Ereignisse der letzten 24 Stunden zurückblickte, war die einzige Offenbarung die, dass an manchen Vormittagen selbst fünf Croissants nicht genug sind.

Obwohl, da war noch etwas anderes. Bevor ich das ZR durch die Automatiktüren des Holiday Inn zurück in den dunstigen Sonnenschein schob, kam ich an einem Raum mit Deligierten einer Marketingtagung vorbei, die freudlos in ihre Styroporbecher starrten. Während ein kahlköpfiger Mann mit Hilfe eines Overhead-Projektors Tortendiagramme an die Wand warf, drehte sich einer der Teilnehmer zu mir um, und als sich unsere Blicke trafen, schienen wir uns über etwas Wichtiges einig zu sein: Wie elend mein Tag auch werden würde, ja selbst, wenn ich nach Belfort und zurück fahren müsste, seiner würde weit schlimmer sein.

Es überraschte mich nicht, dass Troyes bei Tageslicht wesentlich besser aussah: verwinkelte Straßen mit Fachwerkhäusern, die auf gepflegte und gerade Boulevards führten, eine gotische Kathedrale, Marktplätze – eine echte französische Stadt, gegen die man als Partnerstadt wenig einzuwenden hätte, insbesondere, da man mit dem *Maire* jedes Mal über den nach der Schlacht von Agincourt geschlossenen Frieden von Troyes plaudern könnte, der Englands Heinrich V. als französischen Thronfolger anerkannte.

Es gab zwei Fremdenverkehrsämter, und angelockt durch Schaufensterdekorationen mit Rädern und Trikots und *Ville d'Étape*-Postern besuchte ich beide. Ich erwartete nicht viel und bekam auch nicht viel – nicht mal eine Trinkflasche als Souvenir. Aber wenigstens war die Inkompetenz des Personals diesmal erheiternd: Eine Dame bemühte sich zu helfen, indem sie sagte, ich hätte meinen Helm falsch herum auf, doch damit hatte sie Unrecht.

Immerhin erfuhr ich, dass es tatsächlich möglich war, mein Rad mit in den Zug zu nehmen, und auf diese Weise wenigstens ansatzweise den Profis nachzueifern, die mit dem Orient-Express nach Paris transportiert würden. Die letzte Etappe war eine ausgedehnte Bummelfahrt durch die Hauptstadt, gefolgt vom traditionellen irren Gedrängel der Schlussrunden auf den Champs-Elysées. Nach mühsamen Verhandlungen am Fahrkartenschalter und Konsultationen des Fahrplans ermittelte ich mit einer Gewissheit, die sich jeder Tourist nur erträumen kann, dass Fahrräder auf dem 11:39 nach Paris Est kostenlos mitgeführt werden durften.

Der 11:39 war ein Gerät aus der Sechzigern, eines mit schiefer Windschutzscheibe, und wohl deshalb der einzige Zug, bei dem man sein Rad mitnehmen durfte. Doch er quälte sich pünktlich auf den fast verlassenen Bahnsteig, und ich hievte das ZR unter einigen Mühen an Bord.

»*Eh! Non! Eh! Monsieur! C'est interdit!*«

Ich hörte schnelle Schritte und weitere Schreie, und plötzlich waren zwei Kontrolleure draußen auf dem Bahnsteig, gestikulierten in Richtung des Fahrers und rüttelten am Türgriff. Jemand hatte bereits in eine Trillerpfeife geblasen, und so veranstalteten wir ein Tauziehen durch die offene Tür, mit dem ZR als Seil. Ich hatte mich die ganze Zeit gefragt, wann ich für die ungeheuren Anstrengungen von gestern würde bezahlen müssen, und jetzt erhielt ich die Antwort. Ich hatte wenig körperlichen und noch weniger mentalen Widerstand entgegenzusetzen: ein Ruck von vier Armen, und das ZR war zurück auf dem Bahnsteig; ein leichter Schubs vom Schaffner in meinem Rücken, und ich war es auch.

»*Oh, c'est joli, le maillot*«, sagte einer der Kontrolleure und staubte mein Trikot ab, während der Zug mit einem langen, eingerosteten Gähnen erwachte und gemächlich davonzog. »*Un rétro?*«

Seine freundliche, vertrauenswürdige Stimme war so entwaffnend, dass ich mich dabei ertappte, ruhig über Merckx, Simpson, Bernard Thévenet und andere ehemalige Peugeotfahrer zu diskutieren, wo ich doch von Rechts wegen in eine physische Auseinandersetzung hätte verwickelt sein sollen, an deren Schluss ich die Bedingungen des Friedens von Troyes brüllen würde, derweil mich die Gendarmerie an den Füßen vom Bahnsteig schleifte. Als mich das Pärchen freundlich aus dem Bahnhof eskortierte, lenkte ich ihre Aufmerksamkeit halbherzig auf meinen Taschenfahrplan, insbesondere auf das Radsymbol neben dem 11:39, doch sie lächelten nur wie Onkels, denen man die unbedarften Zeichnungen ihres kleinen Neffen zeigt. Eigentlich war es ja auch egal. Direkt nebenan befand sich eine Autovermietung, und so schoss ich eine halbe Stunde später an fliederfarbenen Mohnfeldern vorbei, den Lenker des ZR im Ohr und mit unbehaarten Oberschenkeln, die an den erhitzten Sitzbezügen eines Opel Corsa festklebten.

Einerseits war es schade, nicht mit dem Rad nach Paris hineinzufahren und zu sehen, wie sich der Eiffelturm am diesigen Horizont abzeichnete und mit jeder Radumdrehung allmählich näher kam. Andererseits aber auch wieder nicht. Jedermann war verschwitzt und übel gelaunt, als ich mich den Vorstädten näherte – dies war kein Ort, an dem man auf einem Fahrrad sitzen sollte. Schilder empfahlen Fußgängern, die Straße in zwei Etappen zu überqueren, doch so, wie es zuging, war es wahrscheinlicher, in zwei Teilen auf der anderen Seite anzukommen. Nachdem ich von der Umgehungsstraße abgefahren war, wurde es schlimmer, und die vermeintlich leichte Aufgabe, ein Hotel zu finden und das Auto zu parken, erforderte mehrere Dutzend Verstöße gegen die Straßenverkehrsordnung, von unerlaubtem Wenden bis hin zum

Befahren einer Einbahnstraße in die Gegenrichtung. Und das auch noch auf dem Bürgersteig.

Das Hotel in der Nähe des Place d'Italie im unattraktiven Süden der Stadt erwies sich als geradezu empörend unzulänglich, dabei sah es von außen lediglich ein wenig heruntergekommen aus. Es lag hinter einem großen Krankenhaus und war von jener Sorte schmuddeliger, gesichtsloser Regierungsgebäude flankiert, bei denen man nur ahnen konnte, für welch undurchsichtige bürokratische Kleinkrämerei sie verantwortlich waren: Lizenzen zum Krabbenfang, Exportquoten für Artischocken, die Liquidierung von Umweltaktivisten im großen Stil.

Ein rundgesichtiger Mann mit schweißigem Nacken ließ mich im Voraus bezahlen und trug meinen Namen mühevoll in sein angestaubtes Verzeichnis der Verdammten ein. Als ich vorsichtig in Richtung Fahrstuhl trottete, artikulierte er ein zweistimmiges Grunzen und deutete, ohne aufzuschauen, auf ein düsteres Treppenhaus. Mein Fenster im vierten Stock ging auf einen vergessenen Hinterhof mit toten Tauben und einer avantgardistischen Installation mit dem Titel »Die 100 Jahre des Zigarettenstummels« hinaus. Der Anblick des Zimmers selbst war kaum besser. Der Kleiderschrank hatte die Größe eines Kindersarges und enthielt ein Gemüse. Als ich die Landstreicher-Decke auf einem Bett im 08/15-Design zurückwarf, erblickte ich einen Kissenbezug, der als Kaffeefilter verwendet worden sein mochte. Aber das war er natürlich nicht: Wozu gab es schließlich das Handtuch im Badezimmer? Dennoch wünschte ich, ich hätte es benutzt, bevor ich mit nassen Händen auf den Lichtschalter drückte. Der Schlag war so gewaltig, dass er mich beinahe zurück bis aufs Bett warf – nicht übel, wenn man bedenkt, dass es sich um ein Gemeinschaftsbad am Ende des Korridors handelte.

Aber wissen Sie was? All das interessierte mich nicht die Bohne. Es war egal, weil es mich an die kitschig-romantischen Hotels erinnerte, die ich während meines ersten Paris-Besuches als Jugendlicher bewohnt hatte. Es war egal, weil es billig war. Und es war vor allem deshalb egal, weil ich mich mit einer Flasche Champagner im Magen auf den Weg in einen makellosen Sommerabend machte, weil ich die Flasche innerhalb weniger Minuten in mich hineingekippt hatte und bereits seltsam unbeschwert die negativen Aspekte meiner Behausung vergaß, und weil der Grund für diese Flasche Champagner gewesen war, dass ich es geschafft hatte. Ich war eine große Schleife durch ein riesiges Land gefahren und hatte dabei das gewaltigste Gebirge Europas überquert: 2.952 Kilometer, und fast zehn Prozent davon an einem einzigen, historischen Tag. All dies hatte ich geleistet, und das, was ich noch immer nicht begreifen konnte, als ich zwischen Zickzack fahrenden Motorrollern, Äpfel polierenden türkischen Händlern und affektierten, ihre Pekinesen ausführenden alten Damen hindurchdrängelte, war, dass ich es auf einem blöden, verdammten Fahrrad getan hatte.

Ich fühlte mich prächtig, ich war ein Star. Selbstzufrieden schlenderte ich zum Place d'Italie. Es ist bemerkenswert, dass ein nach Pariser Standard so eintöniger Ort – er ist nur einer der kleineren *Étoiles*, jener riesigen Kreisverkehre, wo die Boulevards aufeinandertreffen – nach britischen Maßstäben als Verkörperung kontinentaler Kultiviertheit gelten konnte. Was ihm in London noch am Nächsten kam, waren brutale Albträume aus Beton, pulsierendes Ödland wie der Bahnhof *Elephant & Castle*. Hier aber gab es Licht und Raum und die riesigen Glaswände eines gewagten neuen Kinokomplexes und Kopfsteinpflaster und Kneipen, vor denen man sitzen konnte: ein richtiger urbaner Mittelpunkt für eine richtige urbane Gemeinschaft.

Schweden spielte gegen die Türkei, und die ortsansässigen Anhänger der türkischen Elf füllten die Bars bis unters Dach oder standen draußen auf den Stühlen, um einen Blick auf die Bildschirme zu erhaschen. Es war alles sehr aufregend. Ich spähte durch eine Tür, und nach sieben ohrenbetäubenden Sekunden hatte ich ermittelt, dass »*deuxième poteau*« zweiter Pfosten hieß, und dass der Darsteller des Ross aus *Friends* im linken türkischen Mittelfeld spielte. Und es gefiel mir, dass selbst in einer solchen Umgebung »*oh la la*« der Standardsatz der erregten Pariser war.

Ich fand einen Außentisch vor einer Kneipe, in der das Spiel nicht gezeigt wurde, und saß neben zwei alten Männern, die fast unvermeidlich mit einer Schachpartie beschäftigt waren. Liebende saßen auf den Statuen um uns herum und streichelten sich in der Abendsonne die warmen Gesichter, und als mein großes, kaltes Bier kam, betrachtete ich die Szenerie mit der onkelhaften Zärtlichkeit des einigermaßen Betrunkenen. Dann aber erlag ich der Anfälligkeit dieser Bevölkerungsgruppe für heftige Stimmungsschwankungen und empfand plötzlich eine tiefe Traurigkeit. Ein Schnappschuss vom gestrigen Tag kam mir in den Sinn, drei Teenagermädchen, die sich vor einer von verlassenen Häusern umgebenen Bar schweigend eine Cola teilten, in einer verfallenden ländlichen Stadt an einer donnernden Hauptverkehrsader.

Wie konnte man erwarten, dass irgendein junger Mensch ein solches Leben ertragen konnte, wenn es, wie hier, auch ganz anders ging? Im Geiste fuhren diese Mädchen mit jedem mit, der an ihnen vorbeikam - selbst mein müdes Gastspiel in ihrem Leben hatten sie traurig und neidisch verfolgt - und eines nicht fernen Tages würde jemand anhalten und sie mitnehmen, und sie wären für immer fort. Es war tragisch, dass, als die Tour das erste Mal Loudon oder Obterre, Carpentras oder Chaumont oder tausend andere Städtchen besucht hatte, jeder einzelne dieser Orte auf seine bescheidene Art genauso lebhaft gewesen war wie Paris und seinen eigenen Place d'Italie gehabt hatte. Doch die Industrialisierung, soziale Mobilität und andere demographische Phänomene hatten die Menschen in die großen Städte gelockt, und selbst jene ländlichen Orte, die sich nicht davonschlichen, um allein zu sterben, waren dem Untergang geweiht. Sie würden ihre paar Millionen Francs bezahlen, ihre Fahnen aufhängen und ihre kleinen Verkehrskreisel auf Vordermann bringen, aber wenn die Tour vorbei war, würde dieser eine glamouröse Tag die dröge, sittenstrenge Engstirnigkeit der übrigen 364 nur noch mehr betonen.

Ich machte mich auf den Weg zurück zum Hotel, so wehmütig, wie es jemandem mit einem triefenden Kebab im Mund eben möglich war. Um halb elf herrschte noch immer ein mörderischer Verkehr, und ich wusste, dass meine letzte Etappe quer durch Paris nur im Morgengrauen machbar war, und dass ich infolgedessen sofort ins Bett musste.

Ins Bett zu gehen war das eine, Schlaf zu finden etwas ganz anderes. Das Laken war zu kurz für die Matratze, und die Rosshaardecke fühlte sich an meinen rasierten Schienbeinen wie das rüde Tasten eines lüsternen Betrunkenen an. So fing es an. Am Abend zuvor war ich sofort in ein erschöpftes Koma gefallen, und erst jetzt, als das Bettzeug an meiner seidenweichen Haut kratzte, stellte ich fest, wie sonderbar es sich anfühlte, rasierte Beine zu haben. Ich knetete meine massigen Waden, die mittlerweile so fleischig und wohl geformt wie Hühnerbrüste aus Granit waren. Ich befühlte die Umrisse der ganz und gar neuen Muskeln auf der Vorderseite meiner Oberschenkel, die wie Doppelkinne über meine Kniescheiben quollen; ich streichelte die kräftiger gewordenen Sehnen, die noch von der Massage schmerzten. (War das wirklich erst gestern?)

Es war wie eine Variante jenes Witzes darüber, warum Männer keine Brüste haben: Denn wenn sie welche hätten, würden sie zu Hause bleiben und die ganze Nacht damit spielen. Ich wartete eigentlich nur darauf, geohrfeigt zu werden. Selbst, als ich endlich aufhörte, mich zu betatschen und einnickte, war es nicht vorbei – zweimal in jener Nacht (und in vielen weiteren während der folgenden Wochen) wachte ich erschrocken auf: Was zum Teufel machte diese Frau mit den dicken Knien in meinem Bett?

Als es zum dritten Mal passierte, konnte ich nicht wieder einschlafen. Meine Beine zuckten krampfhaft und wunderten sich, dass sie nicht in die Pedale traten – das Vermächtnis eines Tages, an dem ich 279,7 Kilometer auf dem Rad zurückgelegt hat, gefolgt von einem, an dem ich in Staus gestanden und mich betrunken hatte. Als das erste Tageslicht durch die schmutzigen Vorhänge kroch, stieg ich steif aus dem Bett und stellte mich vor den Spiegel. Sogar um diese Uhrzeit und mit einem leichten Kater war es ein derart grotesker Anblick, dass ich kurz irre lachen musste.

Die Beine, die von der therapeutischen Tortur noch immer gerötet waren, sahen wie Sektflöten aus: An den Knöcheln waren sie dünn wie Handgelenke, wurden dann nach oben hin immer dicker und mündeten schließlich in mächtige Schinken. Die rotbraune Haut machte auf halbem Wege schlagartig einer magnolienfarbenen, mit Adern durchzogenen Drahtwolle Platz, was aussah, als trüge ich helle, behaarte Shorts. Auf meinem ebenso bleichen Torso – geschmückt mit den neuen, scheußlichen Bauchhaaren – und einem vernarbten Hals saß ein hagerer, in der Sonne gerösteter Kopf, von dem die Haut abpellte. An den Seiten baumelten zwei dünne, gleichfalls zweifarbige Arme. Ich würde niemals meine Spuren bei der Tour hinterlassen, aber das war auch nicht nötig. Sie hatte ihre Spuren bei mir hinterlassen.

Ein letztes Mal tat ich Chlor in meine *Bidons*, ein letztes Mal nahm ich über Nacht getrocknetes Lycra von der Vorhangstange eines Hotels, ein letztes Mal warf ich eine Handvoll Vitamine ein, ein letztes Mal salbte ich mir den Arsch. *Du pain, du vin, du Savlon* – ich würde meine Routinen vermissen, wie affig oder ekelhaft sie auch sein mochten. Um 5:30 Uhr klackerte ich durch das dunkle Treppenhaus, hinterließ meine Schlüssel am verwaisten Empfangsschalter, kämpfte gewaltsam mit einer Reihe aufsässiger Riegel und Schlösser und trat in einen Tag hinaus, der, wie ich erfreut und traurig zugleich bereits jetzt sehen konnte, wunderschön werden würde.

Jede europäische Stadt, in der ein Mann bei Sonnenaufgang erhobenen Hauptes in einem Netzhemd eine große Straße entlanglaufen kann, hat meinen Segen. Er passierte mit einem lebhaften Nicken, als ich gegen das Auto gelehnt mein Frühstück beendete – drei Zellophanpäckchen Kekskrümel, die sich noch in besserem Zustand befunden hatten, als ich sie im Holiday Inn hatte mitgehen lassen. Das ZR war bereit, war von geübten Händen zusammengesetzt. Ich warf die Satteltaschen in den Kofferraum, hob ein Bein über die Querstange und rollte über den leeren Boulevard.

Ich hatte nicht erwartet, die gesamte Etappe fahren zu können – die Strecke vor den Runden auf den Champs-Elysées war ungeheuer komplex und ihre Einzelheiten blieben selbst nach einem ausführlichen, wenn auch vom Rausch beeinträchtigten Studium der Hauptstadtkarte ein Geheimnis. 48 Kilometer würden reichen: Das waren vermutlich genug, um die üblichen Empfindungen – Hitze, Müdigkeit und Angst – hervorzurufen und, viel wichtiger, in jedem Fall genug, um die magischen 3.000 Kilometer voll zu machen. Zwischen Taxis und Polizeiwagen nahm ich Geschwindigkeit auf und hämmerte die Boulevards hinauf in Richtung Eiffelturm, dem Startpunkt der 21. und letzten Etappe der 2000er Tour de France. Ich sauste an einem Bus vorbei, in dem drei Personen saßen, völlig erledigte Raver, die sich fragten, wie es so weit hatte kommen können. Vier Stockwerke über mir spielte jemand auf einem Synthesizer und aus einer Seitenstraße kam ein fertiges, trunkenes Gebrüll: »Jean! Jean!«

Ich erreichte den Eiffelturm, als eine gewaltige Sonne hinter ihm aufging. Der Eiffelturm ist eines der besten Dinge der Welt, und als ich im Mittelpunkt seiner vier Eisenfüße anhielt, hatte ich ihn ganz für mich allein. Ich erinnerte mich an ein Bild von Hitler, wie er vor dem Arc de Triomphe steht und ungläubig grinst, weil ihm all dies gehört, und grinste ungläubig. Ich hatte es bis nach Paris geschafft. Mit meinen glänzenden, durchtrainierten Beinen sah ich allemal danach aus, und jetzt fühlte ich mich auch so: Gigant der Straße war vielleicht etwas übertrieben, aber als ich am Pont d'Iena losfuhr, spürte ich ein Stechen in meinen Gelenken, das nur von Wachstumsschmerzen herrühren konnte.

Der Himmel wechselte von cremefarben zu blau, und ich rollte die Seine entlang, vorbei an Hausbooten mit einer beneidenswerten Aussicht, an Joggern und Hot-Dog-Verkäufern, die bereits um viertel nach sechs die ersten Würstchen heiß machten. An der vierten Brücke bog ich links ab und steuerte das gepflasterte Niemandsland des Place de la Concorde an. Nach einem schnurgeraden Kilometer konnte ich rechts von mir den mit einem Baugerüst versehenen Louvre ausmachen, und zwei Kilometer die Champs-Elysées hinauf schien die Sonne durch den Arc de Triomphe wie durch ein winziges Schlüsselloch.

»Auf den Champs-Elysées gibt es keine müden Beine«, sagen die Fahrer, und wenngleich Paul Kimmage diesem Ausspruch ein wenig die Romantik genommen hat, indem er auf die Abwesenheit von Dopingkontrollen am Schlusstag hinwies, verstand ich, warum sie es sagen. Ich fühlte mich beschwingt und kein bisschen müde, fuhr auf den kilometerbreiten Bürgersteig und absolvierte einen Slalom zwischen Kellnern, die die ersten Tische und Stühle rausstellten. Auf dem Weg zurück – die Profis würden zehnmal vor dem Arc de Triomphe umkehren – nahm ich auf den Champs-Elysées mit beunruhigender Leichtigkeit Geschwindigkeit auf. 35 km/h fühlten sich an wie 25. Während ich an Gendarmen vorbeifuhr, die einen auf dem Mittelstreifen liegen gebliebenen Lastwagenfahrer befragten, zwinkerte ich innerlich Eddy Merckx zu und beschleunigte auf 50.

Ich fuhr noch ein paar Runden auf den Champs-Elysées und bog dann wieder in Richtung Seine ab, über Gitter, die seltsame Schwaden heißer Metroluft meine Beine hinaufbliesen. An Notre Dame vorbei, den ganzen Weg zurück zum Eiffelturm, und dann den ganzen Weg zurück zum Hotel. Eine weitere Stunde lang war es herrlich, doch gegen halb acht war der Zauber vorbei. Die Pendler stürzten sich in Henri-Paul-Manier in die Unterführungen, Lastwagenfahrer stießen in ihre Nebelhörner und ließen ihre Motoren hoch drehen, und als ich auf den Radweg floh, folgten sie mir. Von Hitze, Hatz und Hunger geplagt, blickte ich auf meinen Bordcomputer und drehte eine Runde um den Jardins des Plantes, dann noch eine, und noch eine. Es war genug. Ich erreichte die 3.000, als ich den Boulevard Vincent Auriol verließ, mit einem unachtsamen Fußgänger ein paar knappe Beschimpfungen austauschte und zum Auto rollte.

Das war's. Heute war der 15. Juni: Ich hatte auf den Tag genau innerhalb eines Monats 3.000 Kilometer auf einem Fahrrad zurückgelegt. Es hätte Blumen, Blondinen und Blubberwasser geben sollen, doch dass es all das nicht gab, machte mir nichts aus. Eddy, Tom und meine Begleitcrew hatten mir auf die Alpen geholfen, und Paul Ruddle hatte mir wieder runter geholfen, aber im Grunde war dies allein mein Erfolg, ein 3.000 Kilometer langer, einsamer

Ausreißversuch, und ich war glücklich, den Höhepunkt in einer angemessenen Art und Weise feiern zu können.

Schließlich war ich, mit Verlaub, mit dieser Leistung fast besser als jeder andere. Mit anderen Menschen um mich herum hätte es Eifersucht und schlechte Laune gegeben, und wer weiß, vielleicht sogar ein paar lästige Fans. Selbst mit Stalkern musste gerechnet werden. Ich zog meine heißen, nass geschwitzten Handschuhe aus, öffnete den Kofferraum, und begleitet von einem epischen inneren Monolog, begannen Moores dankbare Hände jene Maschine zu demontieren, die sein Sklave, Meister, Vertrauter und Peiniger gewesen war, auf einer Reise, auf der Leid und Ruhm Seite an Seite... und so weiter.

Mit einer für das Autofahren in Innenstädten wenig geeigneten seligen Entrücktheit machte ich mich auf in die Rush Hour und befand mich bald inmitten von Massen britischer Kraftfahrer, die Kanus auf dem Dach transportierten und ebenfalls auf dem Weg zurück nach Calais waren. Die Franzosen hatten an den nicht gerade überwältigend attraktiven Stränden südlich des Fährhafens Liegestühle aufgestellt und machten sich bereit für den Sommer, einen Sommer, dessen Eckpfeiler wie immer die Tour sein würde.

Ich parkte auf dem Abstellplatz für die Mietautos, baute mein Fahrrad zusammen und brachte die Taschen an, dann radelte ich über den heißen Asphalt zum Avis-Büro.

»*Voilà!* Sie sind zurück!« Es war der Mann, der mir vor einem Monat geholfen hatte, das ZR auseinander zu bauen.

»Ja, das bin ich«, sagte ich mit schlichter Würde.

»Oh, Ihr *vélo*...«, sagte er und blickte über den Tresen auf das zerkratzte Oberrohr und die verschmutzten Reifen des ZR. »...Ihr *vélo* 'at gefahren viele Meilen, *non*?«

»3.000 Kilometer.«

Diese Information veränderte seinen Gesichtsausdruck. »Dreitausend? *Oh, c'est bien fait!* Auch *montagnes*?«

»Na ja, schon. Ich bin die Strecke der Tour de France gefahren.« Ich konnte mich erinnern, ihm dies bereits gesagt zu haben, und erinnerte mich auch daran, wie er darauf reagiert hatte. Anscheinend hatte er es vergessen.

»Also... *le Mont Ventoux?*«

»Ja.« Na ja, fast.

»*L'Aubisque?*«

Ich blies die Backen auf und rollte mit den Augen, um eine teilweise Bewältigung anzudeuten, und hoffte, dass er nicht nach Hautacam fragen würde. Er tat es nicht.

»*L'Iozard? Le Galibier?*«

Das war besser. »Beide am selben Tag.«

»*Eh bien*«, sagte er lächelnd. Dann fasste er an die Krempe eines imaginären Hutes und lüftete ihn. »*Chapeau!*«

Zwei Hüte in drei Tagen – das war ein schönes Gefühl. Und zehn Minuten später hätte ich beinahe einen Hattrick geschafft, indem ich den düsteren Vorhersagen des Mädchens am Ticketschalter trotzte und die beachtliche Strecke zwischen ihrem Büro und der Fähre in weniger als neunzig Sekunden zurücklegte, jenem Zeitraum, der mir blieb, bis die Rampe hochgezogen wurde. Nach einer Überfahrt auf dem überfüllten Sonnendeck fegte ich in Dover durch den Zoll und wurde von Beamten durchgewunken, die sich beim besten Willen nicht vorstellen konnten, dass ein solch ehrenwerter Sportsmann sich ein Kondom voller Krügerrands in den Hintern schieben würde. Leichtgläubige Dummköpfe!

Auf dem Hinweg war mir die Bahnreise zur Fähre wie eine holprige Achterbahnfahrt durchs Gebirge vorgekommen, auf dem Weg nach Hause bemerkte ich das Gefälle, ehrlich gesagt, gar nicht. Derselbe Schaffner-Waggon, dasselbe Rütteln und Schütteln, die Landschaft zog träge vorbei. Wir fuhren durch Staplehurst, und als ich mir diesen Namen vorsagte, wusste ich irgendwie, dass meine einstige Faulheit sich bereits wieder ankündigte, dass diese Anstrengung kein Wendepunkt in meinem Leben gewesen war, sondern bloß eine denkwürdige Umleitung, und dass dies daran liegen mochte, dass das Radfahren in Avignon etwas an sich hat, was dem Radfahren in Staplehurst abgeht.

Und zwei Stunden später radelte ich durch meine Straße, ungeachtet der Gefahren, die mich so verunsichert hatten, als ich in Richtung London Bridge losgefahren war. Birna öffnete die Tür und lächelte. Dann blickte sie auf das Fleisch zwischen meinen Shorts und den Socken und lächelte nicht mehr.

»Das ist nicht dein Ernst«, sagte sie.

## Epilog

Ich kann nicht behaupten, dass es unerfreulich war, sich wieder Aktivitäten zu widmen, in denen nicht entweder enorme körperliche Anstrengungen oder der Versuch, sich davon zu erholen, im Mittelpunkt standen, aber es war schon etwas seltsam. Der Tag begann nicht mehr mit einer verzehrenden Angst vor den anstehenden Schrecken, und er endete nicht mehr mit den im Wachkoma verbrachten Abendessen, während derer ich mit toten Augen wortlos zusah, wie Teilchen von Wespen und Bergen und sonnenverbrannter Nase auf einen halb gegessenen Teller Pasta fielen.

Gleichwohl bereiteten mir die Mahlzeiten die meisten Probleme. Man musste mir erst wieder beibringen, dass das Frühstück eine Gelegenheit war, Tee zu schlürfen und die Zeitung zu lesen, und kein automatisierter Prozess, bei dem es darum ging, sich ein Kilogramm Cornflakes direkt aus der Packung in den Rachen zu schütten, und beim Mittag- und Abendessen suchte ich verzweifelt nach den Eimern mit Cola und Pommes Frites. Ich wurde nicht mehr betrunken, bevor ich den dicken Teil der Weinflasche erreicht hatte, und konnte einen Kater nicht länger dadurch vermeiden, dass ich mich bis zum Boden vorarbeitete. Der Wetterbericht hatte seinen Status als bedeutendstes Medienereignis des Tages eingebüßt, und die Nährstoffinformationen auf Lebensmittelpackungen spielten bei meinen nächtlichen Überlegungen eine untergeordnete Rolle.

Während der ersten Nächte juckten und zuckten meine Beine mangels Ertüchtigung. Einmal musste ich aufstehen und im Bad zehn Minuten lang auf der Stelle laufen, ein anderes Mal war ich kurz davor, mich aufs Rad zu setzen und loszufahren. Nach zwei Wochen waren meine Beine mit Stoppeln übersät und all die schönen Muskeln verkümmerten wie Obst, das am Baum verrottet. Das ZR stand zusammen mit den Kinderrädern hinterm Haus, an seinem Oberrohr hingen Spinnweben, und die Kette rostete im Juniregen.

Der Juli war gerade zwölf Stunden alt, als die Tour begann, und vierzehn Stunden später saß ich mit einem mitfühlenden Stechen in den Eingeweiden auf meinem Bett, hatte die Michelin-Karten um mich herum verteilt und hielt die ersten von 21 Nachtwachen ab, um zwei Uhr früh bei der ausführlichen Tageszusammenfassung auf *Channel 4*. Der Prolog am Futuroscope wurde von einem ungläubigen, 22-jährigen Schotten namens David Millar gewonnen, der seine allererste Tour bestritt. Sollte ich beim Betrachten der Bilder ob der Verwandtschaft mit meinem eigenen Erlebnis ein Gefühl erhofft haben, das die Brust schwellen ließ, so wurde ich rasch enttäuscht. Die Kameras konzentrierten sich ganz auf die Gesichter der in Führung liegenden Fahrer und zeigten zumindest auf den Flachetappen nur weniges, was ich wiedererkannte. Der Blick durch die Zäune und Gerüste war durch Massen von Ausflüglern versperrt, die mit all dem Kram winkten, der von der Werbekolonne durch die Gegend geworfen worden war: gelbe Proviantbeutel, gepunktete Mützen, grüne Papphände, die so groß wie Mülleimerdeckel waren.

Das Getreide war schwer und gelb, und als das Rennen allmählich den Süden erreichte, ging der Mais den Fahrern bis zu den Schultern, und auch die unvermeidlichen Sonnenblumen standen in voller Blüte. Die Etappe nach Limoges wurde von einem Franzosen gewonnen. Es war der erste Sieg des Gastgeberlandes seit zwei Jahren, doch der Mann hatte einen italienischen Namen und ein Gesicht wie ein Nasenaffe, und so hielt sich die Begeisterung in überschaubaren Grenzen. Ein alternder Niederländer gewann nach einer ausgedehnten Alleinfahrt die darauf folgende Etappe, und als ihn Paul Sherwen von *Channel 4* neben dem Podium interviewte, musste er weinen. Die Fahrer fuhren fast 50 km/h im Schnitt, und es regnete ständig. Pauls älterer Kollege Phil Liggett sagte, er würde seit

30 Jahren über die Tour berichten, und dies sei so ziemlich das schlechteste Wetter, das er jemals erlebt hätte.

Die Tour erreichte Dax, das wie alle anderen *Ville d'Étapes* nun, wo alles herausgeputzt war, wesentlich besser aussah. Doch als sich das Feld auf den Weg in die Pyrenäen machte, verschwendete ich keinen Gedanken mehr an Blumenbeete in Fahrradform und all die anderen Früchte ihrer Millionen teuren Anstrengungen. Flankiert von einer schlafenden Ehefrau und einer mir in die Rippen tretenden Tochter saß ich im Bett und fieberte mit: Jetzt kam das, worauf ich gewartet hatte. Bis zu dem Zeitpunkt war alles von Taktik geprägt und eher gemächlich gewesen, doch als die Zusammenfassung direkt am Fuße des Col de Marie-Blanque in das Rennen einstieg, wusste ich, dass ich bald Zeuge der extremsten menschlichen Empfindungen werden würde. Ich wollte Männer dort hochfliegen sehen, wo ich aufgegeben hatte, ich wollte sehen, wie sie durchhielten, wo ich aufgegeben hatte, ich wollte sehen, wie man es richtig macht. Aber ich wollte auch sehen, wie man es nicht macht, schreckliche Qualen und Niederlagen, Männer, die ebenso versagten wie ich.

»Ein harter kleiner Anstieg, der Marie-Blanque«, sagte Phil, und an diesem Tag war er noch härter als sonst. Es war bedeckt und regnete in Strömen. Am Straßenrand waren einige wenige durchweichte, schwach winkende Papphände zu sehen, doch umso mehr vom Wind gebeutelte Regenschirme. Damals hatte es eiskaltes, Magenkrämpfe verursachendes Brunnenwasser gegeben, jetzt gab es *Bidons* mit heißem Tee.

Plötzlich verlief die Tour wie in Zeitlupe. Eine Woche lang war das Peloton wie ein Blitz aus zischendem Metall und künstlichen Farben an den Zuschauern vorbeigerauscht, nun waren nasse, fette, in Flaggen eingewickelte Belgier in der Lage, neben den Fahrern herzuwatscheln und ihnen Beschimpfungen oder Anfeuerungen zuzurufen. Vier Männer gaben vor dem Gipfel das Rennen auf, ein fünfter stürzte auf der Abfahrt und wurde von einem Krankenwagen fortgeschafft. Zerrissenes Lycra und aufgeschlitzte Haut. Wenn ein Fahrer das Handtuch geworfen hatte, wurde dies mittels einer Grafik auf dem Bildschirm verkündet, bei der ein Männchen sein Rad energisch auf den Boden warf und wutentbrannt das Weite suchte. Doch keiner jener Fahrer, denen man in die Mannschaftswagen half, machte den Eindruck, als sei er zu so etwas noch in der Lage. Mit Drogen voll gepumpte Männer im Grenzbereich menschlicher Leidensfähigkeit, denen man gequälte Verwünschungen von den Lippen ablesen konnte und die sich in ihre engen Hosen pinkelten: In bestimmten Kreisen galt dies möglicherweise als verführerischer Anblick, doch er taugte ganz sicher nicht als angemessene Inspiration für eine nationale Liebesgeschichte.

Ich verfolgte den Anstieg auf den Aubisque und fühlte mich dabei wie jemand, der einen Albtraum noch einmal durchleben muss. Die Städte mochten wegen der Menschenmengen und Transparente verändert aussehen, jetzt aber waren bei Schneckentennis-Regen alle noch halbwegs nüchternen Zuschauer zu Hause geblieben, und ich hatte freie Sicht auf jede verhängnisvolle Haarnadelkurve, jeden Tunnel und jeden Scheingipfel. »Bei diesem eiskalten Wind erstarren dir die Gliedmaßen auf dem Weg nach unten«, sagte Paul, und ich ballte instinktiv die Fäuste und steckte sie in meine warmen Achselhöhlen.

»In Stücke gerissen«, lautete der bevorzugte Refrain an einem Tag voller brutaler Klischees. Immer wieder holten Leute den Hammer raus oder fuhren gegen die Wand. Lance Armstrong lag fünfzehn Plätze hinter dem in Führung liegenden Spanier, als der Anstieg nach Hautacam begann. Dann aber ging er scheinbar mühelos aus dem Sattel, flog hochmütig an schwankenden menschlichen Wracks vorbei und ließ seine Gegner in der Ferne zurück. Danach hatte Armstrong das Gelbe Trikot und vier Minuten Vorsprung, und die Tour war als Wettkampf gelaufen.

David Millar quälte sich als beachtlicher 33. über die Ziellinie und berichtete danach mit gehetztem Blick über »die Furcht«, der er auf seiner Reise durch »eine Welt des Schmerzes« begegnet sei. Dann sah man ohne Vorwarnung das runde, ausdruckslose, mit einem Toupet überdachte Gesicht von Eddy Merckx. »Diese Anstiege sind gar nicht so schwer«, erläuterte er Paul Sherwen mit der Monotonie eines Roboters und drehte sich schon zum nächsten Interviewpartner um, als Paul gerade sagte: »Und das von einem Mann, der die Tour de France fünfmal gewonnen hat und ein bisschen was über sie wissen sollte.«

Fahr zur Hölle, Merckx. Warum hatte er das sagen müssen? Als der Abspann über den Bildschirm lief, war es mir, als wäre jedes Wort meiner Kapitulation in den Pyrenäen gewidmet. Phil und Paul hatten etwa ein Dutzend mal erklärt, dass die Tour in den Bergen gewonnen und verloren wurde. Armstrong hatte dort gewonnen, und ich hatte verloren.

Als sie den Ventoux erreichten, wurde das Wetter noch schlechter. Auf dem Gipfel lag Schnee, und es brauste ein schrecklicher Sturm, in dem die Bäume verzweifelt um Hilfe winkten, während Gary Imlach von *Channel 4* seinen Bericht in die Kamera brüllte. Es war furchtbar, ein Ereignis, bei dem die Grenzen zwischen Urlauber und Flüchtling verwischten. Dennoch befanden sich, wenn man Gary glauben konnte, erstaunliche 300.000 Menschen auf dem Ventoux. Männer mit Pudelmützen und Daunenjacken kämpften mit vom Winde verwehten Fahnen und Möbeln, und die Getränkeverkäufer hatten Geschirrtücher um ihre Zapfhähne gewickelt und trieben stattdessen einen schwunghaften Handel mit Glühwein. Ich mochte den Profiradsport, doch manche Leute mochten ihn offenbar sehr, sehr gerne. Hinter Gary quälte sich ein wackliges Peloton aus tapferen Amateuren durch die schmale Gasse zwischen Plakaten, Peugeots und Pastis pichelnden Pilgern. Eines der robusten Absperrgitter fiel scheppernd um, und unmittelbar davor wurde ein Fahrer im Gelben Trikot von einer Böe erwischt und zum Stillstand gebracht, wobei es ihm gerade noch gelang, seinen Fuß aus der Bindung zu drehen. Sein Jersey war das erste gelbe, dass ich in den letzten Wochen gesehen hatte. Offenbar war der Status dieses Kleidungsstücks derart heilig, dass nur ein Ketzer es wagen konnte, damit auf die Straße zu gehen. Und wenn er es tat, kam ein göttlicher Windstoß und katapultierte ihn aus dem Sattel.

Danach begann die Berichterstattung über das eigentliche Rennen, der Jubel wurde immer lauter – wie schrecklich es sein musste, den ganzen Tag diesen Krach um die Ohren zu haben – und dann kam Lance Armstrong, die Sonnenbrille lässig nach oben geschoben, kein bisschen gezeichnet bis auf einen winzigen Schweißfilm auf seiner Haut. Als die Kamera am Feld entlang schwenkte, sah man die Leidenden, ein unregelmäßiges Rinnsal schmerzerfüllter Männer. Das war schon besser, das waren meine Leute. Christophe Moreau, der König von Belfort, kam alleine vorbei, und die Zunge hing ihm bis auf den Ziegenbart (Eigentlich aber fuhr Moreau eine glänzende Tour und überraschte sich selbst und seine vielen engen Freunde in Belfort als Vierter des Gesamtklassements und bester Franzose). Schließlich das Ende des Pelotons, Männer, die sich aufgegeben hatten und einfach nur in einem Stück den Gipfel erreichen wollten. Man sah David Millar, dem Blut an den Beinen herunterlief, und der eine entsetzliche Vampirwunde an der Kehle hatte. Er war zuvor gestürzt, wobei sich sein Hals in der Kette eines anderen Fahrers verfangen hatte, eine Vorstellung, die mir noch heute Übelkeit verursacht, wenn ich bloß daran denke. »Es tut nur weh, wenn ich atme«, lautete Millars trockene Einschätzung der Lage. Er fuhr die Tour zu Ende, viele andere taten es nicht. «Da sind heute schon wieder zehn Fahrer drin«, sagte Paul, als der Besenwagen an Tom Simpsons Mahnmal vorbeifuhr. Es war auf den Tag genau 33 Jahre her.

Die folgende Etappe, von Avignon nach Draguignan durch die Provence, wurde in einem erstaunlichen Tempo gefahren. Wie konnten das nur die gleichen Leute sein, deren Hälse sich noch 24 Stunden zuvor in Fahrradketten verfangen hatten, und die sich, gebadet in den übelsten Ausdünstungen des menschlichen Körpers, einen Berg hinaufgequält hatten? Doch erst die Etappe danach war das Monster, der Abschnitt, vor dem sich die meisten Fahrer mehr fürchteten als vor jedem anderen.

Zwischen Draguignan und Briançon lagen 250 Kilometer und drei Berge, die höher waren als 2.000 Meter. Wenn es ein Golgatha der

Tour gab, dann war es diese Etappe. Das war auch dem bärtigen deutschen Teufel bewusst, und so watschelte er in seiner schmutzigen roten Ganzkörperverkleidung über die Berghänge, und seine italienische Nemesis tat es ihm gleich: ein weißer Engel, der an seinen gefiederten Flügeln herumspielte, derweil er in der Nähe des letzten Gipfels des Tages, des Col d'Izoard, auf dem Dach eines Wohnwagens der Dinge harrte.

Den Aufwärmanstieg gleich hinter Draguignan, diese grässliche ausgedörrte Straße durch das Truppenübungsgelände, kannte ich wie meine eigene Westentasche, wenn auch nicht ganz so gut wie die Oberseite meiner Knie. Hier war ich das Rennen gegen den Mechaniker gefahren, da hatten mich diese dämlichen österreichischen Motorradfahrer fast überfahren, dort hatte ich massenweise Fanta gekauft und dort hatte ich... mich ihrer wieder entledigt – ein ganzes Leben voller Krankheit und Leid, komprimiert in vier lächerlichen Minuten, wo doch zumindest eine respektvolle Parade in der Geschwindigkeit eines Leichenzugs angemessen gewesen wäre.

Aber es war der vorletzte Anstieg des Tages, der mich in gespannter Erwartung auf den Bildschirm starren ließ. Zu jenem Zeitpunkt, als die Fahrer am Fuße des Col de Vars die Reißverschlüsse ihrer Trikots öffneten, hatten sie bereits 167 Kilometer innerhalb von knapp sechs Stunden zurückgelegt, und als die Führungsgruppe die Stelle passierte, wo mich die rostige Fahrradleiche beschämt hatte, schwenkte die Hubschrauberkamera über eine ausgedehnte Fläche aus Grasbüscheln, Schafmist und Schotter. Darüber waberte ein grauer Nebel wie Trockeneis, der dem baumlosen Ödland ein Aussehen verlieh, das mich an Island erinnerte.

Derweil dampfen am Boden die Thermoskannen, und italienisches Geschnatter und Anfeuerungsrufe wie bei Skirennen – hopp, hopp, hopp, hopp – treiben manch verlorene Seele den Berg hinauf. Dann windet sich die Straße steil nach oben, und die Kamera folgt der siebenköpfigen Ausreißergruppe, allesamt krasse Außenseiter, die auf einen einzigen ruhmreichen Tag hoffen. Aus diesem Winkel wird die brutale Steigung des Abschnitts deutlich, und damit auch der Schmerz: Alle sieben sind aus dem Sattel gegangen und fahren im Wiegetritt.

Die Kamera begleitet den hintersten Fahrer der Gruppe, einen Holländer im orangefarbenen Trikot von Rabobank, und zoomt auf sein qualvoll verzerrtes Gesicht: Mit jedem Atemzug, und es sind viele, scheint eine weitere Rippe zu brechen; jede Pedalumdrehung, und das sind nicht ganz so viele, läutet ein kompliziertes, misstönendes Medley aus Elend und Verzweiflung ein. Vorbei an einer Wellblechhütte, vorbei an noch mehr Geschrei und Gesten am Straßenrand. Er nimmt eine Hand vom Lenker und schmiert sich ungeschickt Scheußlichkeiten über Gesicht und Haare. Die Zuschauer stehen dicht an dicht und geben erst unmittelbar vor den Fahrern einen Streifen der pockennarbigen Straße frei, der gerade breit genug für ein Fahrrad ist. Es sind nur noch zwei Kurven, und während die anderen sechs davonziehen, treten im Gesicht des Holländers die Muskeln hervor und vibrieren verzweifelt: Der Teufel soll ihn holen, wenn er sich bei der Tour de France so nah vor dem Gipfel abhängen lässt. Er fällt kurz auf den Sattel zurück und schnellt dann wieder heraus, vielleicht in dem Bewusstsein, dass er noch nie so nah dran war, sich seinen Jugendtraum zu erfüllen, wohl eher nicht in dem Bewusstsein, dass seine Anstrengungen für große Aufregung in einem dunklen Schlafzimmer im westlichen London sorgen.

Eine Kurve noch, und jetzt ziehen Namen und Parolen langsam unter seinen Reifen dahin. Er liest sie nicht, ich dagegen schon. Da steht ein PANTANI und ein ULLRICH und ein NO SAHAJA YOGA, was zum Geier auch immer das sein mag, und kurz vor dem Gipfel, als Rabobank wieder Anschluss an seine Gruppe findet, oh Mann, oh Mann, oh seliges Entzücken, da ist es, klar und deutlich, selbst als sie wieder zurück zur Hubschrauberkamera schneiden, und ich schreie den Fernseher an, als läge mein 500-zu-1-Außenseiter beim Grand National kurz vor der Zielgerade nur eine Nasenlänge hinter der Spitze zurück.

Die einzigen beiden Worte, von denen ich bisher zugegeben habe, sie oben auf dem Col de Vars geschrieben zu haben, waren »Die Schande«, die ich mit Kugelschreiber auf eine feuchte Seite meines Trainingstagebuchs geschmiert hatte. Doch in Wahrheit war da noch ein drittes gewesen. In Castellane hatte ich drei Liter weiße Farbe und eine Rolle erstanden, und an jenem Spätnachmittag war ich aus dem Auto gesprungen und hatte, von einem halben Dutzend deutscher Motorradfahrer beobachtet, fünf Großbuchstaben auf den vom Frost rissigen Asphalt gemalt.

»Für wen hält der sich?«, fragten die Gesichter der Deutschen, und selbst in meiner gegenwärtigen Begeisterung wusste ich, dass das ein guter Einwand gewesen war. Für wen hatte ich mich gehalten? Nicht für Eddy, der keine Gefühle kannte. Nicht für Bernard, der zu viel davon hatte. Nicht für Tom, der das Zeug dazu hatte, sich selbst zu zerstören. Und auch nicht für all die Mitläufer, denen diese Eigenschaft fehlte.

Firmin Lambot, der älter als ich gewesen war, als er 1922 gewann, hatte dies auf schlechten Straßen und mit gusseiserner Technologie geschafft. Und doch war seine Durchschnittsgeschwindigkeit von 24,1 Kilometern pro Stunde auf insgesamt 5.468 Kilometern höher gewesen als meine eigene an jedem einzelnen Tag – wenn man einmal von dem verkümmerten Zeitfahren absah. Aber möglicherweise war es nie um Zeiten und Geschwindigkeiten gegangen. Indem ich zwischen Schicksalen hin und her pendelte, ehrte ich Ruhm und Scheitern in gleichem Maße: ein gewöhnlicher Mann, der versucht, seinen Platz irgendwo zwischen den Göttern und den Tieren zu finden.

In einer Typographie, die so groß und derart grell war, dass man sie eher mit Phrasen wie »KRANKENTRANSPORT – BITTE ABSTAND HALTEN« in Verbindung bringen würde, hatte es damals sogar im Dämmerlicht des frühen Abends förmlich zum Himmel geschrien. Jetzt, wo der Dunst von einer grellen Sonne weggebrannt worden war, leuchtete es über den ganzen Erdball. Während eine Milliarde Menschen dabei zusahen, wie das größte alljährlich stattfindende

Sportereignis der Welt über einen weiteren der Alpengipfel rollte, stand dort unausweichlich der nichtssagende und doch geheimnisvolle Name:

# MOORE

## Danke...

Mein Dank gilt Rachel Cugnoni, Paul Ruddle, Martin Warren, Simon O'Brien, Matthew Lantos, Richard Hallett, *Procycling*, *Pyrenean Pursuits*, Thordis Olafsdottir und meiner Familie. Nicht vergessen möchte ich das Pressebüro der Tour de France, ohne dessen Zutun nichts in diesem Buch so schwierig gewesen wäre.

## Über den Autor

Tim Moore wurde 1964 in Chipping Norton geboren. Nach einer unter suspekten Umständen beendeten Universitätskarriere begann er, sein Geld als Journalist zu verdienen – indem er Menschen interviewte, von denen er nie zuvor gehört hatte, und über Themen schrieb, von denen er keine Ahnung hatte.

1998 schiffte er durch Zufall auf eine Seereise in die Arktis ein. Das Ergebnis war *Frost on my Moustache* – ein von der Kritik begeistert aufgenommenes Reisebuch der komischen Art. Anschließend wandelte Tim Moore in *Continental Drifter* auf den Spuren der ersten britischen Touristen. Mit *French Revolutions* – unter dem Titel *Alpenpässe und Anchovis* erstmals auf Deutsch – gewann der exzentrische Abenteurer nicht nur zahlreiche neue Fans, sondern auch Auszeichnungen. In seinem bisher letzten Buch *Do Not Pass Go* erzählt Tim Moore die Geschichte der britischen Hauptstadt aus der Perspektive der 22 Straßen auf dem Monopoly-Spielbrett.

Wenn Tim Moore nicht gerade an einem neuen Buch sitzt, geht er auf Reisen und berichtet darüber im *Daily Telegraph*, im *Observer*, in der *Sunday Times*, in *Esquire* oder im *Conde Nast Traveller*. Tim Moore lebt mit seiner Frau Birna und etwas zu vielen Kindern im Westen von London.